作者简介

屈维彪 男，1957年生，湖南衡阳人。黔东南民族职业技术学院学生处处长。曾获贵州省中等农牧学校优秀班主任、贵州省农业系统先进工作者、全国中等农业学校优秀教师、黔东南州直机关优秀共产党员、优秀党务工作者。著有《心灵的契合——新形势下民族地区高职院校学生工作研究》一书，发表自然科学、社会科学论文多篇。

黔东南民族职业技术学院科研项目基金资助

当代人文经典书库

高职院校学生工作实务

屈维彪◎编著

光明日报出版社

图书在版编目（CIP）数据

高职院校学生工作实务 / 屈维彪编著 . -- 北京：
光明日报出版社，2017.6
ISBN 978 - 7 - 5194 - 3128 - 0

Ⅰ.①高… Ⅱ.①屈… Ⅲ.①高等职业教育—学生工
作—研究 Ⅳ.①G718.5

中国版本图书馆 CIP 数据核字（2017）第 154354 号

高职院校学生工作实务

编　　著：屈维彪

责任编辑：许　怡　　　　　　　责任校对：赵鸣鸣
封面设计：中联学林　　　　　　责任印制：曹　净

出版发行：光明日报出版社
地　　址：北京市东城区珠市口东大街 5 号，100062
电　　话：010 - 67078251（咨询），67078870（发行），67019571（邮购）
传　　真：010 - 67078227，67078255
网　　址：http：//book. gmw. cn
E - mail：gmcbs@ gmw. cn　xuyi@ gmw. cn
法律顾问：北京德恒律师事务所龚柳方律师

印　　刷：三河市华东印刷有限公司
装　　订：三河市华东印刷有限公司
本书如有破损、缺页、装订错误，请与本社联系调换

开　　本：710×1000　1/16
字　　数：296 千字　　　　　　　印　　张：16.5
版　　次：2017 年 8 月第 1 版　　印　　次：2017 年 8 月第 1 次印刷
书　　号：ISBN 978 - 7 - 5194 - 3128 - 0
定　　价：68.00 元

序

21世纪初,作为高等教育的一个重要类型而承担高等职业教育的高职院校,如雨后春笋般在全国各省区争先破土而出。之后,历经近20年的发展,学校数量和在校生人数已占据高等教育的半壁江山,担负着培养面向生产、建设、服务、管理第一线需要的高技能、应用型专门人才的使命,在我国的高等教育发展及加快推进社会主义现代化建设进程中发挥着举足轻重的作用。

高职院校数量上迅速崛起的同时,学校自身的教学、管理、服务等都面临着前所未有的挑战,学生工作也不例外。一方面,高职院校既有职业性的属性,又有高教性的要求,这就决定了高职院校与普通高校的教学、管理等都有差异;另一方面大多高职院校要么是普通中专升格而来,要么是中专学校合并组建而成,与普通高校比较而言,在高教性上先天不足、积淀欠缺是显而易见的。然而,高职院校的广大教育工作者没有因此而等待、观望,更没有退却。他们在我国高等教育大发展的背景下,无论是三尺讲台的教师,或是默默无闻的行政后勤工作者,抑或是自己的喜怒哀乐常常与学生同频的辅导员、班主任,卧薪尝胆,辛勤耕耘,积极进取,大胆探索,争做时代的弄潮儿、拓荒者。今与大家分享的《高职院校学生工作实务》一书,就是作者向广大读者交付的一份答卷。

《高职院校学生工作实务》以黔东南民族职业技术学院近20年学生工作实践为基础,对高职院校学生工作进行全方位的梳理、归纳和总结,以期能为蓬勃发展的高职院校学生工作带来新的启示和借鉴。书中几乎没有冗长的理论阐述,也没有华丽辞藻的装点,注重的是实际操作标准、操作方法、操作程序。全书27章和两个附录,尽可能涵盖高职院校学生工作的所有内容。除前五章外,"题"都比较小,但突出"是什么""怎么做",具有较强的针对性。如迎新工作、入学教育、辅导咨询、行为规范、资助工作、安稳工作、档案管理、会务工作、综合测评、评优表彰、实习管理、就业指导、毕业离校等在其他类似专著中,是不可能作为独立篇章来安排的。尤其是两个附录:黔东南民族职业技术学院辅导员、班主任工作规范和黔东南民族职业技术学院学生工作一览,更是将高职院校一线学生工作要求及内容的基本脉络展现给读者,清晰地体现了作者的写作初衷:实用。

本书作者屈维彪完成第一章、第二章、第四章、第五章、第二十一章和两个附录及全书的策划、统稿、定稿工作。张宜坤完成第三章、第九章、第十一章、第十三章、第二十五章撰写,姚莉完成第六章、第二十二章、第二十三章撰写,刘彦完成第七章、第二十七章撰写,丁爱芹、陈璇、钟媛媛完成第八章撰写,宋景耀完成第十章、第十九章撰写,杨宏松完成第十二章、第二十六章撰写,简才永、何山、范祥科完成第十四章撰写,陈晓明、孟林春、隆益强完成第十五章撰写,石开鹏完成第十六章撰写,刘静完成第十七章、第十八章撰写,杨国江、杨正杰完成第二十章撰写,苏晓红完成第二十四章撰写。《高职院校学生工作实务》作者有学生处长、团委书记、宣传部长、教学系党总支书记、辅导员、班主任、心理健康专职教师;有教授、副教授、讲师,亦有普通教师;有30余年资深学生管理工作经历的教育工作者,也有入行不足5年的年轻同志,写作班子背景可见一斑。当然,尽管我们一丝不苟做了最大努力,但限于水平与能力,也难免存有不当甚至错误之处,还请读者批评指正。

《高职院校学生工作实务》一书的出版,首先要感谢学校党委、行政的充分肯定与支持,感谢学校科研处作为科研项目予以立项,感谢黔东南民族职业技术学院这片热土给予学生工作的酿造,还要感谢学校广大师生的同心同向同行。

本书若能为高职院校学生工作的同人有所帮助,能为高职院校学生工作的创新与发展尽一份微薄之力,那将是作者莫大的荣幸与欣慰。

目 录
CONTENTS

第一章

队伍建设

第一节　概述

　　高校学生工作队伍是指高校从事教育、管理、服务的工作人员,是对大学生进行思想政治教育和管理工作的领导者、组织者和实施者。广义地说,应包含学校党政干部和共青团干部、思想政治理论课和哲学社会科学课教师、辅导员和班主任以及学生干部。而通常所讲的学工人员则是指在一线直接从事大学生日常思想政治教育及管理、服务工作的人员,如辅导员和班主任、院系学工组长、团总支书记、党总支副书记以及学工部、团委和其他从事学生工作的人员。

　　高校学生工作队伍的工作职责,一是加强和改进大学生思想政治教育;二是做好班级日常事务和大学生行为规范管理;三是组织开展主题教育活动和课外实践教育活动;四是为学生成长成才服务和维护校园的安全与稳定。

　　《中共中央国务院关于进一步加强和改进大学生思想政治教育的意见》(中发[2004]16号文)、教育部《普通高等学校辅导员队伍建设规定》、中宣部、教育部印发的《全国大学生思想政治教育工作测评体系(试行)》是高校实施学生工作队伍建设的政策法规依据。

第二节　辅导员队伍建设

一、配备与选聘

　　(一)学校总体按师生比不低于1:200的比例设置专科生一线专职辅导员岗位。辅导员的配备专职为主、专兼结合,每个院(系)的每个年级设专职辅导员,在核定的编制总额内全校专职辅导员数不少于辅导员总数的70%。每个班级都要配备一名兼职班主任。

（二）辅导员选聘坚持如下标准：

1. 政治强、业务精、纪律严、作风正。

2. 中国共产党党员，具备本科以上学历，德才兼备，乐于奉献，潜心教书育人，热爱大学生思想政治教育事业。

3. 具有思想政治教育工作相关学科的宽口径知识储备，具备较强的组织管理能力和语言、文字表达能力，及教育引导能力、调查研究能力，接受过系统的上岗培训并取得合格证书。

4. 注重在具有基层工作经验的青年人才中选拔辅导员。

（三）辅导员选聘工作在学校党委统一领导下进行，由学生工作部门具体负责，组织、人事等相关部门共同参与。根据辅导员职业能力标准和实际岗位需要，确定辅导员选拔条件，通过组织推荐和公开招聘相结合的方式，经过笔试、面试、公示等相关程序进行选拔。

（四）新聘任的青年专业教师，需从事一定时间的辅导员工作，并作为职务（职称）评聘的条件之一，与相关考核挂钩。专职辅导员可兼任学生党支部书记、院（系）团委（团总支）书记等相关职务，并可承担思想道德修养与法律基础、形势政策教育、心理健康教育、就业指导等以及其他课程的教学工作。专职辅导员每周课时量不得超过 4 学时。

二、要求、职责与考核

（一）辅导员工作的要求

1. 爱国守法。热爱祖国，热爱人民，拥护中国共产党的领导，拥护中国特色社会主义制度。遵守宪法和法律法规，贯彻党的教育方针，依法履行教育职责，维护校园和谐稳定。不得有损害党和国家利益以及不利于学生健康成长的言行。

2. 敬业爱生。热爱党的教育事业，树立崇高职业理想，以献身教育事业、引领学生思想和服务学生成长为己任。真心关爱学生，严格要求学生，公正对待学生。不得损害学生和学校的合法权益。在职责范围内，不得拒绝学生的合理要求。

3. 育人为本。把握思想政治教育规律和大学生成长规律，引导学生培育和践行社会主义核心价值观。增强学生社会责任感、创新精神和实践能力。尊重学生独立人格和个人隐私，保护学生自尊心、自信心和进取心，促进学生全面发展，为党和人民事业培养合格建设者和可靠接班人。

4. 终身学习。坚持终身学习，勇于开拓创新，主动学习思想政治教育理论、方法及相关学科知识，积极开展理论研究和实践探索，参与社会实践和挂职锻炼，不断拓展工作视野，努力提高职业素养和职业能力。

5. 为人师表。学为人师,行为世范。模范遵守社会公德,引领社会风尚,以高尚品行和人格魅力教育感染学生。不得有损害职业声誉的行为。

(二)辅导员的主要工作职责

1. 深入开展中国特色社会主义理论宣传教育,帮助学生树立正确的世界观、人生观、价值观,确立在中国共产党领导下走中国特色社会主义道路、实现中华民族伟大复兴的共同理想和坚定信念,不断增强中国特色社会主义的道路自信、理论自信、制度自信。积极引导学生不断追求更高的目标,使他们中的先进分子树立共产主义的远大理想,确立马克思主义的坚定信念。

2. 深入开展社会主义核心价值观教育,综合运用教育教学、实践养成、文化熏陶、研究宣传等方式,把社会主义核心价值观落实到学生日常管理服务各个环节,形成学生的日常行为准则,使学生自觉将社会主义核心价值观内化于心、外化于行。

3. 开展心理健康教育与咨询工作,协助学校心理健康教育机构开展心理筛查,对学生进行初步心理排查和疏导,组织开展心理健康教育宣传活动,引导学生养成自尊自信、理性平和、积极向上的良好心态,增强学生克服困难、经受考验、承受挫折的能力。

4. 积极学习和运用现代信息技术,构建网络思想政治教育阵地,加强与学生的网上互动交流,围绕学生关注的重点、难点、热点进行有效舆论引导,丰富网上宣传内容,努力把握网络舆论的话语权和主导权;及时了解网络舆情信息,密切关注学生的网络动态,敏锐把握一些苗头性、倾向性、群体性问题。

5. 了解和掌握学生思想政治状况,针对学生关心的热点、焦点问题,及时进行教育和引导,化解矛盾冲突,参与处理有关突发事件,维护好校园安全和稳定。

6. 做好学生日常事务管理工作,开展新生入学教育,做好毕业生离校教育、管理与服务工作,组织好学生军训工作,有效开展助、贷、勤、减、补工作,做好学生奖励评优和奖学金评审工作,为学生日常事务提供基本咨询,指导学生开展宿舍文化建设。

7. 积极开展学业指导,组织开展学风建设、课外学术实践活动,指导学生养成良好的学习习惯,增强学生的专业认同和学习热情;开展职业规划和就业指导工作,为学生提供高效优质的就业指导和信息服务,帮助学生树立正确的就业观念,引导毕业生到基层、到西部、到祖国最需要的地方建功立业。

8. 指导学生党支部和班团组织建设,做好学生骨干的遴选、培养、激励工作,做好学生入党积极分子培养教育工作,做好学生党员发展和教育管理服务工作,指导开展主题党日、团日等活动,参与学生业余党校、团校建设,讲授党课、团课。

9. 组织、协调班主任、思想政治理论课教师和组织员等工作骨干共同做好经常性的思想政治工作,在学生中间开展形式多样、有针对性的教育活动。

10. 努力学习思想政治教育的基本理论,运用理论分析、调查研究等方法开展思想政治教育工作的理论和实践研究。

(三)辅导员的主要工作任务

1. 常规工作。

(1)实施周日班会制度。辅导员每月每班召开一次班、团干会,一次班级总结会,一次主题班会(教育)。

(2)每班每月开展 2 次以上谈心活动,与学生家长联系 2 次以上,与任课教师联系 2 次以上。

(3)每月参加辅导员例会一次,组织每班学生政治业务学习一次,每学期开展专题讲座 2 次。

(4)每月每班检查晚自习 4 次以上,检查就寝 4 次以上。

(5)每月与学生网络交流 5 次以上(建 QQ 群,与学生广泛交流,及时了解、掌握学生的思想动态和生活、学习中的困难),积极组织学生参加校园文化活动,服从教学系安排的值日工作。

(6)做好班级建设,指导学生党支部和班团组织建设;做好学生骨干的遴选、培养、激励工作。

(7)参加学校或本系组织的升旗仪式;参与、督促学生的课外活动、晚自习以及早锻炼活动,负责对入住学生的作息管理。

(8)组织所带班级学生的评优及处理犯错违纪学生,参与学生突发事件的处置,负责所带班级学生评语的撰写、档案的建立与管理。

(9)做好迎新工作、新生军训和新生入学教育工作以及大学生预征入伍和应征入伍宣传工作。

(10)做好所带班级学生学籍档案的建立与完善,学生学籍相关信息的采集与校对工作;做好学生期中离校达两周及以上的及时上报工作。

(11)做好所带班级学生学籍管理宣传教育工作,掌握学生动向,定期、及时报送学生在校情况。

(12)做好所带班级学生国家级考试(英语等级和计算机等级考试)、技能鉴定的宣传、组织工作。

(13)辅导员入住学生公寓值班期间,要按照《辅导员入住公寓值班职责》要求,负责组织宿管员和宿舍管理小组成员对本栋学生宿舍学生就寝情况、卫生内务、就寝纪律、安全状况、违禁物品、大功率电器、设施设备进行认真细致的检查。

（14）积极参加教学系或学院组织的学生工作研讨会议,每学期撰写心得、论文各一篇,努力完成教学系、有关部门交办的工作任务。

2. 助困工作(助贷、勤工俭学、特困补助等)。

按时上交助学金档案,上报本班学生流失情况,负责奖助学金、贷款等国家政策介绍,做好以诚信教育为主题的班会,帮助特困学生解决实际问题。

3. 就业指导工作。

辅导学生做好职业生涯规划、职业道德教育,切实开展好就业创业讲座;掌握困难学生情况,有效开展就业援助;指导学生填写就业推荐表和就业协议书;保持与学生联络渠道,收集本班优秀毕业生素材,跟踪学生就业、创业情况,统计上报学生就业、创业数据。

4. 心理健康教育工作。

切实开展好以心理健康为主题的班会,配合学院心理健康教育中心搞好学生心理健康档案的建立,及时做好学生的心理疏导和信息沟通。

5. 社会实践工作。

积极组织文化、科技、卫生三下乡,积极开展科教、文体、法律、卫生四进社区,积极开展志愿者服务活动。

（四）辅导员的考核

教学系党总支根据学校《辅导员工作量化考核表》,按月对辅导员给出量化考核合计实得分;教学系考核组期末根据领导测评、同行测评、学生测评权重合计分,得出辅导员综合测评分,再将综合测评分与月平均量化考核分相加除2,最后得出辅导员的学期考评分。

三、培养与发展

1. 学校结合实际,按统一的教师职务岗位结构比例合理设置专职辅导员的相应教师职务岗位。专职辅导员可按助教、讲师、副教授、教授要求评聘思想政治教育学科或其他学科的专业技术职务。

2. 学校根据辅导员职业能力标准的要求,结合实际,制定专门的辅导员评聘教师职务的具体条件,单列指标,单独评审,突出其从事学生工作的特点。辅导员评聘教师职务坚持工作实绩、科学研究能力和研究成果相结合的原则,对于中级以下职务侧重考察工作实绩。

3. 学校成立专职辅导员专业技术职务聘任委员会,具体负责本校专职辅导员专业技术职务聘任工作。

学校专职辅导员专业技术职务聘任委员会一般由有关校领导,学生工作、组织人事、教学科研部门负责人等相关人员组成。

4. 学校根据辅导员的任职年限及实际工作表现,确定相应级别的行政待遇,给予相应的倾斜政策。

5. 辅导员的培养纳入学校师资培训规划和人才培养计划,享受专任教师培养同等待遇。

6. 学校鼓励、支持辅导员结合大学生思想政治教育的工作实践和思想政治教育学科的发展开展研究。

7. 学校负责对本校辅导员的系统培训,每年开展不少于4次的校级培训;积极选送辅导员参加国家、省级组织的校外培训学习。

8. 学校积极选拔优秀辅导员参加国内国际交流、考察和进修深造。支持辅导员在做好大学生思想政治教育工作的基础上攻读相关专业学位,鼓励和支持专职辅导员立足本职岗位,走专业化发展道路,成为思想政治教育工作方面的专门人才。

9. 学院努力为辅导员的工作和生活创造便利条件和提供必要保障,在政策福利待遇的基础上,每月给予相应的通信费补贴。

10. 学校把辅导员队伍作为学校党政干部队伍的后备人才库,加强辅导员政治培养和基层实践锻炼,在保证学生工作队伍相对稳定、专业化水平不断提高的基础上,有计划地向校内管理工作岗位选派或向地方组织部门推荐优秀辅导员。

四、管理与考核

1. 学校辅导员实行学校和院(系)双重领导。学校把辅导员队伍建设放在与学校教学、科研队伍建设同等重要位置,统筹规划,统一领导。

学生工作部门是学校管理辅导员队伍的职能部门,负责辅导员的招录、培养、培训和考核等工作,同时要与院(系)共同做好辅导员日常管理工作。院(系)要对辅导员进行直接领导和管理。

2. 学校根据辅导员职业能力标准,制定辅导员工作考核具体办法,健全辅导员队伍的考核体系。教学系根据辅导员工作考核办法对本系辅导员实施考核。考核结果与辅导员的职务聘任、奖惩、晋级等挂钩。

辅导员的考核由学生工作部门牵头,组织人事部门、院(系)和学生共同参与。考核结果与辅导员的职务聘任、奖惩、晋级等挂钩。

3. 学校将优秀辅导员表彰奖励纳入优秀教师、先进教育工作者表彰奖励体系,按一定比例评选,统一表彰。

第三节　学生干部队伍建设

学生干部是在学生群体中担任某些职务,负责某些特定职责,协助学校进行管理工作的一种特殊学生身份。是联系学校和广大学生的纽带和桥梁,在各级党、团组织、班主任指导下开展工作。

一、学生干部分类

学生干部按照不同类别分共青团干部(含校院系各级共青团)、班干部(含团支部)、学生会干部(含校院系各级学生会)、社团干部。

(一)共青团干部

共青团干部包括:书记、副书记、各部部长、委员、干事等。

(二)学生会干部

学生会干部主要包括:主席、副主席、秘书长,各部(宣传部、组织部、秘书部、学习部、文艺部、体育部、生活部、劳动部、治保部、勤工俭学部)部长、副部长,宿管委员会(校级学生会)主任、副主任、干事。

(三)班干部

1. 团支部成员包括:团支部书记、组织委员、宣传委员等。

2. 班委成员包括:班长、副班长、学习委员、纪律委员、文艺委员、体育委员、生活委员(或劳动委员)、心理观察员、寝室长等。

(四)社团干部

社团干部主要包括:社团联合会主任、副主任、社长、副社长、各部部长、副部长、干事。

二、学生干部的产生和任职条件

(一)产生程序

1. 拟定条件:对相应职务拟定任职条件。

2. 公开报名:采取自愿报名或者组织推荐的形式。

3. 民主选举:各级共青团干部、各级学生会干部通过召开各级团、学代表大会民主选举产生。社团干部通过召开社团代表大会选举产生。

4. 任前公示:选举产生拟任干部名单,进行公示,公示期为3天。

5. 正式任命:对公示无异议的学生干部发文任命。

(二)任职条件

1. 必须具有较高的政治觉悟和思想品质。以身立教,为人楷模,把学生紧紧地吸引和团结在自己的周围,同时明确自己所肩负的重托,严于律己、以身作则,这一点是开展工作的前提。

2. 要有较高的专业素质和合理的知识结构。

3. 要有一定的沟通能力、分析能力、决策能力、组织能力、协调能力、应变能力、创新能力等。

4. 要具备良好的心理素质,有坚强的自制力,善于控制自己的情绪,保持高度的自信心。

5. 要有团队观念。

三、学生干部管理

1. 校级学生会干部由学生处和校团委负责管理,系级学生会干部由各系党总支管理。

2. 各级团干部在校团委的统一领导下,由各级团组织负责管理和考核。

3. 班委会干部由班主任具体管理和考核,考核结果报系党、团组织。

4. 社团干部由校团委负责管理和考核。

5. 根据学生干部的表现和考核结果,学院每学年度评选一次优秀干部。

四、相关职位职责

(一)共青团、学生会干部:协助学校做好学生管理、上传下达工作。

(二)社团干部:管理本社团会员,开展各类社团活动。

(三)班委会:

团支书:负责班级团员整体管理工作。

组织委员:负责班级团员的发展工作,团员档案管理,团员转入、转出、统计。

宣传委员:负责本班黑板报,每月确定主题组织开展一次团组织生活。

班长:全面支持班级日常工作,领导各部委员搞好班级纪律、劳动、学习、生活、活动对外联络各项工作。监督考查班干部的工作业绩。传达和协助班主任工作。

副班长:协助班长工作。

学习委员:主抓班级学风建设,作业收集、与任课老师的沟通协调工作。

劳动委员:组织每天的教室及公共区域卫生,监督同学们日常卫生习惯。

纪律委员:负责本班同学考勤,上课期间学习纪律。

生活委员:负责班费开支与记载。

体育委员:组织开展本班体育活动,协助体育老师上好体育课,组织本班同学参加学校各类体育活动。

文艺委员:组织开展本班文艺活动;组织本班同学积极参与学校各类文艺

活动。

心理观察员:完成学校心理咨询中心下达工作,观察本班同学心理情况。

寝室长:团结寝室成员,搞好寝室管理。

参考文献:

《普通高等学校辅导员队伍建设规定》(教育部,2006)

第二章

制度建设

第一节　概述

制度,也称规章制度,是国家机关、社会团体、企事业单位,为了维护正常的工作、劳动、学习、生活的秩序,保证国家各项政策的顺利执行和社会团体、企事业单位各项工作的正常开展,依照法律、法令、政策而制定的具有法规性或指导性与约束力的应用文,是各种行政法规、章程、制度、公约的总称。

一、制度的主要特点

1. 指导性和约束性。制度对相关人员做些什么工作、如何开展工作都有一定的提示和指导,同时也明确相关人员不得做些什么,以及违背了会受到什么样的惩罚。因此,制度有指导性和约束性的特点。

2. 鞭策性和激励性。制度有时就张贴或悬挂在工作现场,随时鞭策和激励着人员遵守纪律、努力学习、勤奋工作。

3. 规范性和程序性。制度对实现工作程序的规范化,岗位责任的法规化,管理方法的科学化,起着重大作用。制度的制定必须以有关政策、法律、法令为依据。制度本身要有程序性,为人们的工作和活动提供可供遵循的依据。

二、学生工作制度建设的现实意义

制度建设是通过组织行为改进原有规程或建立新规程,以追求一种更高的效益的工作;又是一个制定制度、执行制度并在实践中检验和完善制度的理论上没有终点的动态过程,从这个意义上讲,制度没有"最好",只有"更好";更是高校学生管理实现教育目标的基础。学生工作制度建设,既要注意研究时代特点和现行的法律,更要研究大学生的心理特征和学校的特点;既要重视学生违纪后教育制度建设,又要重视保护学生权益的制度建设。

1. 加强制度建设,为学生工作顺利开展提供有效保证。

学生工作的核心问题和主体对象是学生。有效开展学生工作就是要最大限度地激发学生学习的创造性和创新性,参与活动的主动性和积极性,提高能力的锻炼性,同时做到协调同学间良好的人际关系,增强同学间的集体凝聚力。

学生工作制度是学生工作部门借以约束并激励学生,规范其日常行为,使学生工作能够正常有效运转,并发挥最大作用的基本制度。在学生工作制度建设过程中,参考的必要因素之一就是学生。所以在制度建设的过程中应有学生代表的主动参与,做到群策群力、民主协商、充分发表意见,并在充分酝酿的基础上制定一套符合自己学院实际情况的学生工作制度。

用制度规范学生的日常行为,用制度促进和引领学生学习生活,就要把学生工作制度宣传到位,让每一名学生都知道学校的学生工作制度是与之息息相关的,让同学们都知道他们的日常管理、学校的奖助贷等是有章可依、有据可依、有案可循的。让同学们都对学生工作制度有所了解,对自己日常行为的奖励与处罚都有一个清醒和正确的认识。久而久之,日常的学生管理工作就更规范,更具体,更有实效。

2. 加强制度建设,积极推进学校的学风建设。

学风是学校学习风气的主要体现,是学生在校学习生活中所表现出来的精神面貌和行为风尚。学风的好与坏直接影响到学校的校风,良好的学风是学校的宝贵财富,更是学生真切的收获,加强学风建设对每所高校来说都具有重要的现实意义。

学校的规章制度体现了治校的指导思想,对学生具有一定的控制力和约束力,有助于培养学生良好的行为习惯并促进学风建设。学风建设需要切实可行的规章制度做保障。学校要针对目前一些学生学习自觉性差、自制能力弱的情况,建立科学合理的规章制度,加强对学生的管理。其中,重要的就是让每个学生都了解学校的规章制度,清楚学校提倡什么、反对什么。在管理上要严格,做到是非分明,奖优罚劣,提高学生的自制力,以形成良好的学习氛围。特别要加强考风考纪的贯彻实施,考风是衡量学生工作管理水平和学生综合素质的重要标志之一,以考风促学风,是学风建设的具体体现,对此应严肃对待。

3. 加强制度建设,着力推进学生养成教育。

学生工作制度建设的基本原则就是以学生为本,围绕学生成长成才而开展的。制度建设应该让学生知道大学生活的日常行为规范,做到知行合一,行知有礼。要让学生知道什么样的行为及结果会得到表彰及奖励,通过学生工作制度,做到使学生的行为有所引导和启发,引导大学生思想和行为向着健康的方向发展和努力。做到对学生的教育,不应止于在校教育,应让在校教育影响学生日后走向社会的行为。

在学生养成教育工作上,学生工作制度应该明确学生的日常评比考核内容,对学生日常行为进行规范引导。对学生日常行为有着明确的要求,什么样的行为会获得何种相应的奖励,什么样的行为会受到相应的惩罚。随着时间的不断延续,良好的行为习惯就会固化下来。

4. 加强制度建设,切实推进思政工作者由管理型向服务型转变。

制度是为管理服务的。正如前言,当学生养成教育形成后,学生工作者就可以有更多的时间来思考如何更好地去指导和服务学生,而不是一味地去管理;就可以更加注重学生的需求,去为学生搭建素质提升的锻炼平台,真正做到以家人之心关心、爱护和对待学生,有效培养学生自立、诚信、勤奋、阳光、敢于担当、勇于超越的思想品格。

第二节　指导思想

学生工作制度建设是一项复杂而又艰巨的理论与实践相融合的系统工程。其指导思想是:育人为本,依法建章,规范管理,加强监督。

一、育人为本,促进学生全面发展。学校工作,育人为本;学生工作,德育为先。学生工作制度建设的根本目的和出发点在于最大限度地发挥学校教育功能,以管理育人、服务育人、制度育人等形式,促进学生的全面发展;在于充分体现以教育为主、处罚为辅的管理原则;在于总结和吸收多年来的成功的教育教学改革基本经验和借鉴国外先进的教育教学管理经验并使之制度化,为促进学生全面发展、个性发展营造更加宽松和谐的环境和空间。

二、依法建章,推进管理制度法制化。依法治国,建立社会主义法治国家,是我国确立的基本治国方略。完善社会主义法制体系,推进社会主义政治文明建设,是建设小康社会和构建社会主义和谐社会的重要内容。学生工作制度建设要坚持并遵循"依法治教、依法建章、依法管理"的基本原则。在对具体形式、内容和情形的规定中,要充分体现严格依据国家基本法律法规建章立制;充分体现与《教育法》《高等教育法》《普通高等学校学生管理规定》等有关上位法的承接性;充分体现出新形势下对上位法的细化、深化和发展。

三、规范管理,提高管理质量和效益。目前我国共有超过 2500 所大专院校,3000 多万名学生。在此背景下,如何规范管理行为,提高管理质量、水平和效益,尤其重要。在政府进一步转变工作职能,政府更加注重宏观、间接、法制管理以及学校获得更大管理自主权的今天,高校学生工作制度建设,更要注重各项制度建设和创新,规范管理的内容和程序。

四、加强管理,完善管理内容和体系。没有监督的管理,将导致管理的无序和无效。高校是国家公共事业单位,学校的管理权是一种公权,在学校获得行使管理自主权的同时,学校应自觉将其纳入被管理者和政府的监督之中。做到既要维护学校的教育教学秩序,维护管理者的合法权益,又要保护被管理者的合法权益。因此,学生工作制度建设,要明确规定和规范学生权益救济制度、学校制度的公示和备案制度等。

第三节　学生工作规章制度(名录)

一、高校学生规章制度建设的政策法规

1.《教育法》(中华人民共和国,1995)

2.《高等教育法》(中华人民共和国,1998)

3.《普通高等学校德育大纲》(国家教委,1995 年)

4.《中共中央　国务院关于加强和改进新形势下高校思想政治工作的意见》(中共中央　国务院,2017)

5.《中共中央　国务院关于进一步加强和改进大学生思想政治教育的意见》(中共中央　国务院,中发[2004]16 号)

6. 教育部关于切实加强高校学生住宿管理的通知(教社政[2004]6 号)

7. 教育部办公厅关于进一步加强高校学生住宿管理的通知(教社政厅[2005]4 号)

8. 教育部办公厅关于进一步做好高校学生住宿管理的通知(教思政厅[2007]4 号)

9. 教育部办公厅关于开展高校学生住宿管理情况自查工作的通知(教思政厅函[2008]35 号)

10.《教育部关于进一步加强辅导员、班主任队伍建设的意见》(教育部,2005)

11.《普通高等学校学生管理规定》(教育部令第 41 号,2017)

12.《普通高等学校辅导员队伍建设规定》(教育部,2006)

13.《全国大学生思想政治教育工作测评体系(试行)》(中宣部、教育部,2012)

14. 贵州省学校学生人身伤害事故预防与处理条例(2014 年 9 月 29 日贵州省第十二届人民代表大会常务委员会第十一次会议通过)

二、黔东南民族职业技术学院学生工作规章制度

1. 黔东南民族职业技术学院学生管理规定

2. 黔东南民族职业技术学院中职学生学籍管理实施细则

3. 黔东南民族职业技术学院学生交费管理办法

4. 黔东南民族职业技术学院学生宿舍管理办法

5. 黔东南民族职业技术学院学生安全防范制度

6. 黔东南民族职业技术学院学生申诉管理办法

7. 黔东南民族职业技术学院学生奖励办法

8. 黔东南民族职业技术学院学生处分办法

9. 黔东南民族职业技术学院学生注册管理办法

10. 黔东南民族职业技术学院校团秩序管理办法

11. 黔东南民族职业技术学院班级量化考核评比办法

12. 黔东南民族职业技术学院学生证、校牌管理办法

13. 黔东南民族职业技术学院周日晚自习班会制度

14. 黔东南民族职业技术学院学生宿舍检查制度

15. 黔东南民族职业技术学院学生操行分考核办法

16. 黔东南民族职业技术学院班级助理聘任管理办法

17. 黔东南民族职业技术学院奖、助学金管理办法

18. 黔东南民族职业技术学院学生勤工助学实施办法

第三章

文化建设

第一节 概述

校园文化是指在高等学校历史发展中形成的,反映着人们在生活方式、价值趋向、思维方式和行为规范上有别于其他社会群体的一种固体意识和精神力量,即凝聚力和向心力。主要体现在校园物质文化、制度文化、行为文化和精神文化四个基本形态。

校园物质文化是高校各种客观实体存在的总和(包括校容、校貌、自然物、建筑物等各种设施),是校园文化的基本载体。

制度文化是高校各项规章制度总和,是保证学校与外界、学校内部各项活动正常进行的机制。

行为文化是学校办学理念溶化到师生员工血液里的过程和外化,是学校育人活动中最直接、最广泛也是最深刻的部分。

精神文化是学校全体人员长期或短期的意识思维活动和一般心理状态的总和,包括价值观、行为模式、学校传统、校风、校训、教风、学风、班风、作风等,是校园文化的核心。

高职院校的校园文化,应该具有高等教育校园文化的内涵和共性,同时它的目标是培养面向基层,面向生产、服务和管理第一线职业岗位的实用型、技能型专门人才,因此要突出"职"的特点,融进更多的职业特征、职业技能、职业道德、职业理想、职业人文素质。

第二节   高职院校校园文化建设的指导思想

高职院校作为高等教育的组成部分,其校园文化具有高等学校校园文化所共有的特征,校园文化建设应当落实国家教育方针,传承我国优秀文化,坚持以人为本,育人为先,为国家培养合格的建设者和接班人的总原则。高职教育是职业教育的高层次,定位是地方性、行业性很强的"职业型"。因此,高职校园文化建设要突出技能性、操作性、职业性,建设具有各校自身特色的校园文化。

第三节   高职院校校园文化建设的基本原则

高职院校校园文化建设原则指的是集中反映高职院校校园文化建设的本质和根本价值,对校园文化建设主体、内容和途径具有统率作用的根本准则,它贯穿于高职院校校园文化建设的全过程。高职院校校园文化建设应遵循导向性、时代性、主体性、职业性、创新性和系统性原则。

一、导向性原则

导向性原则是指高职院校校园文化必须坚持社会主义文化方向,贯彻党的基本路线和教育方针,高扬社会主义、爱国主义和集体主义主旋律。

二、时代性原则

时代性原则就是要求高职院校校园文化建设把握规律性,准确把握时代特征,积极适应形势的变化,从而在内容和形式上富于创造性地建设高职院校校园文化,增强高职院校校园文化的吸引力和感召力。

三、主体性原则

主体性原则是指在高职院校校园文化建设中发挥校园文化主体作用,以人为本,同时满足主体全面发展需要。高职院校校园文化主体应该包括学生、教师、管理人员、后勤服务人员等,这些人在营造、参与建设校园文化的过程中发挥着不同的作用。

四、职业性原则

职业性原则指高职院校校园文化体现高职教育个性特征,这种特征突出体现在校园文化与职业素质培养上,促进学生职业性素质的提高,使学生具有较快的职业社会适应能力,为实现学校人才的培养与市场行业企业需求的"无缝"对接创造条件。

五、创新原则

创新原则指对一切符合新的时代、有利于高职教育发展的文化内容和形式都要大力提倡,使之发扬光大、为己所用。

第四节　体系建构

一、营造环境文化是构建高职院校校园文化的前提

中国儒家贤哲孔子十分重视教育环境对人的作用。他说:"性相近也,习相远也。"校园文化环境的影响与其他教育方式不同的特点:一是直接现实性。环境具有直观、具体、形象的特点,能让人看得见、摸得着、感觉得到。如校园的建筑风格、校风好坏、师德高低、学校管理作风的严谨与懈怠等可以直观或通过具体事件表现出来,使人很容易了解。二是长期性。环境对人的思想品德的影响与塑造,不是短期的、急躁的功利性行为,它是润物细无声的、在较长时间内发生作用的因素。三是潜移默化性。环境对人的影响不是强制的、显著的,而是通过感染、熏陶,使人在不知不觉中接受教育。

二、建设精神文化是构建高职院校校园文化的核心

精神文化及其表现是校园文化建设和发展的核心,反映了学校在自身存在和历史发展中形成的独特的文化历史传统和文化表现特征,是由一代代师生员工在长期的工作和学习中逐步形成、发展、传承而成的一种文化意识状态。它体现着一所学校的全体师生的价值观念、思想境界、精神风貌以及教育理念、办学思路、传统与特色、校训、校风与学风等。

三、加强职业性的行为文化引导是构建高职院校校园文化的关键

校园行为文化包括两类:一类是行为活动规范,也就是校园人在从事行为活动时所依据或自身制定或自发约定而成的各种制度、章程、习惯;另一类是行为方式,如各种社团活动、师生个体行为等。

行为文化重在引导,在构建高等职业院校校园文化过程中加强职业性的行为文化引导才是关键所在。

四、完善制度文化是构建高职院校校园文化的保障

校园制度规定了师生的行为准则和学校的运行机制,维系着学校的正常秩序。

第五节　高职院校校园文化建设的具体内容

一、精神文化建设

精神文化建设是高职院校校园文化建设核心。它是行为文化、制度文化和物质文化的指针和航标,是一种人文环境和文化氛围。有明确的办学理念和突出的学校精神。

精神文化是校园的灵魂或核心,包括办学观念、学院精神、校训、校风、校徽、校歌、教风、学风、班风等。办学理念是高职校园文化建设中统揽全局的指导思想,是指办什么样有别于他校的学校和怎样突出本校特色的理论认识和哲学基础,是校长治校理念和风格的结晶,它们与校训、校风、教风、学风一起形成一种风格和传统,被历届师生所传承和发扬光大。学校精神是对办学理念的进一步升华,是师生经过长期努力积淀而成的相对稳定的理想、信念、道德、情操与追求的集中体现。

二、行为文化建设

行为文化是高职院校精神文化建设的体现。它包括各种社团、各类讲座、各种技能比赛、节假日、重大事件庆祝活动、院系文化等。

鼓励和支持学生成立体育类、艺术类、科技类、技能类等各种社团,制定相应的管理办法,鼓励开展各种活动,丰富学生的课余文化生活,加强与其他院校社团的交流,提高他们的社会交际活动能力,培养和发展学生的特长。

定期或不定期安排各类讲堂,邀请一些知名的学者、专家开展人文学术讲座、论坛和报告会,就学生关心的热点难点问题以及明礼知耻崇德向善等进行讲解、分析,塑造优良品质。

经常定期不定期开展各种技能比赛,邀请行业企业的技能大师现场表演,支持鼓励学生参加全国各地的技能比赛,重奖技能操作优胜者,这样来激发学生的动手兴趣和对专业的热爱,可以定期举办"技能竞赛月",提高学生动手操作的意识和能力,营造浓厚的技能操作氛围。

搞好节假日、庆典日的庆祝活动,举办校园科技文化艺术节。将升旗仪式、开学典礼、毕业典礼和颁奖表彰大会等活动办成学校的经典文化品牌。

构建院系文化。各教学系(院)根据不同的专业特点,在教学、技能操作、学生文娱等方面力争办出各系(院)文化精品,建立展示橱窗,形成各具专业特色的院系文化。

在一定的时间内,在学生中倡导一种行为,如见到老师问声好;养成一种习惯,如不要随地乱扔垃圾;灌输一种思想,如吃苦耐劳、持之以恒;娴熟一种技能,如除自己的专业以外的一种技能;培养一种精神,如"我能做事,我能做好事"的精神;掌握一种过硬的、适用的本领,如推销、驾驶、演讲、交际等;体现一种风貌,如求知好学、不畏艰险、积极进取等,进而展现学校形象。

三、制度文化建设

高职院校制度文化指在办学实践中,师生员工遵循的各种行为规范,包括法规、管理体制、组织机构、岗位职责、校徽校歌含义等。

坚持以人为本,建立健全各种制度,对学生严格管理。在上课、宿舍、食堂、实训、技能操作等方面制定切实可行的制度,并坚持果断执行,培养学生良好的纪律观念。

建立学生综合操行分测评体系,对学生思想行为表现进行量化,让学生学会学习、做人和做事。培养一种正确的人生观、价值观。

建立行政管理方面的规章制度,体现用机制管人管事,使学校管理系统化和规范化,提升学校的管理水平。

四、物质文化建设

物质文化是高职院校精神文化建设的载体,它包括校园整体布局规划、教学科研设施、校园建筑、环境、传媒载体等。

高职院校校园文化,是以各种客观实体存在的形式表现出来的文化景观,以校园的基本设施、图书资料为主,包括校容、校貌、自然物、建筑物等硬件。大门、教学楼、办公楼、宿舍、实训场所、道路、草坪、广场、路灯等既要按实用、"艺术"的标准来设计,又要突出学校和职业特色。校徽、信封、稿纸、交通工具的标识要力求美观、有品位、有特色。这些物质设施和外在环境,既是学校办学的基本条件,也是学校内在精神的升华,体现一个学校的内涵和品位。

五、高职院校校园文化与企业文化对接

企业文化是企业组织在长期的实践活动中所形成的并且为组织成员普遍认可和遵循的具有本组织特色的价值观念、团体意识、工作作风、行为规范和思维方式的总和。企业文化集中体现了一个企业经营管理的核心主张,以及由此产生的组织行为。

高职院校的人才培养目标是适应就业市场的实际需要,培养生产、服务、管理第一线岗位需要的应用型、技能型专门人才,这种定位决定了在高职校园文化建设中必须融入企业文化元素,让学生培养与人交流、与人合作的能力,培养学生的职业意识,让学生毕业之后尽快在企业的环境里找准自己的位置,很好地发挥自

己的专业技能,为企业培养出受欢迎的高素质人才。

高职院校校园文化与企业文化的有效对接,应着重做好以下几个方面的工作:

第一,建设具有高职特色的校园物质文化。根据本专业企业实际生产环境设计仿真实训室,营造出真实的企业氛围和环境。

第二,在校园文化建设中引入职业人理念。学生融入一个企业的首要条件是要接受并理解该企业的企业文化,所以,在校园文化建设中,应与企业文化有机结合,使学生明白自己的本专业职业要求,对自己的职业生涯做一个具体规划,从而不断完善职业能力的培养。

第三,邀请行业企业专家能手共同制订人才培养方案,在教学过程中,渗透职业素养。在实践情境教学中培养学生的敬业精神、责任心、质量意识、服务态度、独立工作能力、团队精神、风险承受能力等职业素养,日常教学活动中企业文化的渗透,必将起到润物细无声的效果,既培养学生的职业能力,又使学生在实践中能够很快地融入企业。

第六节　任务分解

建设项目	建设内容	责任单位	备注
精神文化	1. 对办学观念、学校精神进行解读,让每位师生都了解校史,熟知校训、会唱校歌。	党政办	
	2. 利用五四青年节、七一建党纪念日、十一国庆节、"一二·九"运动纪念日等重大节庆日和纪念日,开展主题教育活动,唱响集体主义、社会主义旋律。	团委	
	3. 对学校发展中涌现出的先进典型人物和典型事迹,及时组织采写报道,进行广泛宣传。	宣传统战部	
	4. 开展道德讲堂活动。	宣传统战部、学生处	

续表

建设项目	建设内容	责任单位	备注
行为文化	1. 分专业开展专业思想教育,提高专业认知水平。	学生处、各系(院)	
	2. 开展学生社团活动,建立校系分层管理体系,落实每个社团"有一位指导教师,有一个挂靠单位,有一项特色活动,有一定经费保障"的学生社团。	团委	
	3. 把学校或本专业相关的重大节日、校庆纪念日、开学典礼、毕业典礼、表彰大会确定为学校重大活动,办成学校最隆重、最热烈、最有影响力的活动。	学生处、教务处、团委	
	4. 加强日常管理。严格辅导员入住公寓和每周深入学生公寓检查制度,加强学生上课考勤,校园不文明行为的纠察和引导,定期通报学生违纪情况,强化学生遵纪守法和道德实践意识。	学生处、各系(院)	
	5. 开展社会主义核心价值观、职业理念、节约水电资源、诚信、安全等主题教育讲座、讨论活动。	学生处、各系(院)	
制度文化	1. 健全规章制度。修订《学生管理规定》(含学生奖助学金评定办法、学生违纪处分条例、考试违纪处理办法),发挥规章制度在学生学习生活中的规范、激励和导向功能。	学生处	
	2. 完善并严格执行《学生操行分考核办法》。	学生处、各系(院)	
物质文化	1. 校园绿化美化工作,加强校园人文景点建设。	总务处	
	2. 美化教室、实验室、楼道等公共场所的文化育人环境,开展学生公寓环境文化建设活动。	各系(院)、学生处	

建设项目	建设内容	责任单位	备注
校园文化与企业文化对接	1. 建设具有本专业职业特色的校园物质文化。 2. 引入本专业职业人理念。 3. 邀请企业行家能手共同制定人才培养规划,在教学过程中渗透本专业职业素养。	各系(院)	

参考文献:

姚海涛 著,《高职院校校园文化建设理论与实务》. 科学出版社 ISBN 978 - 7 - 03 - 026829 - 7 2010 年 3 月第一版.

第四章

思政教育

第一节　概述

思想政治教育是社会或社会群体用一定的思想观念、政治观点、道德规范,对其成员施加有目的、有计划、有组织的影响,使他们形成符合一定社会所要求的思想品德的社会实践活动。其中思想教育是形成学生一定的世界观、人生观的教育;政治教育则是形成学生一定的政治观念、信念和政治信仰的教育。

高职院校以中国特色社会主义共同理想信念教育为核心、以爱国主义教育为重点、以基本道德规范为基础、以全面发展为目标,全面、全方位开展思想政治教育;把马克思主义中国化的最新成果、中国特色社会主义理论体系和"中国梦"的基本内容、社会主义核心价值观的基本要求融入教育教学全过程,帮助学生树立科学的世界观、人生观和价值观;使大学生正确认识国家的前途命运,认识自己的社会责任,确立在中国共产党领导下走中国特色社会主义道路,实现中华民族伟大复兴的共同理想和坚定信念;积极引导大学生不断追求更高的目标,使他们中的先进分子树立共产主义的远大理想,确立马克思主义的坚定信念。

第二节　指导思想

高举中国特色社会主义伟大旗帜,全面贯彻党的十八大和十八届三中、十八届四中、十八届五中、十八届六中全会精神,以马克思列宁主义、毛泽东思想、邓小平理论、"三个代表"重要思想、科学发展观为指导,深入学习贯彻习近平总书记系列重要讲话精神和治国理政新理念新思想新战略,全面贯彻党的教育方针,坚持社会主义办学方向,扎根中国大地办大学,以立德树人为根本,以理想信念教育为核心,以社会主义核心价值观为引领,切实抓好各方面基础性建设和基础性工作,切实加强和改善党的领导,全面提升思想政治工作水平,紧密团结在以习近平同志为核心的党中央周围,牢固树立政治意识、大局意识、核心意识、看齐意识,坚定不移维护党中央权威和党中央集中统一领导,为实现"两个一百年"奋斗目标、实现中华民族伟大复兴的"中国梦",培养德才兼备、全面发展的中国特色社会主义合格建设者和可靠接班人。

第三节　基本原则

一、坚持党对高校的领导。坚持党的政治路线、思想路线、组织路线、群众路线,落实全面从严治党要求,把党的建设贯穿始终,着力解决突出问题,把加强和规范党内政治生活、加强党内监督各项任务落到实处,维护党中央权威、保证党的团结统一,牢牢掌握党对高校的领导权。

二、坚持社会主义办学方向。坚持马克思主义指导地位,坚持以人民为中心的发展观思想,更好为改革开放和社会主义现代化建设服务、为人民服务。

三、坚持全员全过程全方位育人。把思想价值引领贯穿教育教学全过程和各环节,形成教书育人、科研育人、实践育人、管理育人、服务育人、文化育人、组织育人长效机制。

四、坚持遵循教育规律、思想政治工作规律、学生成长规律。把握师生思想特点和发展需求,注重理论教育和实践活动相结合、普遍要求和分类指导相结合,提高工作科学化精细化水平。

五、坚持改革创新。继承和发扬传统工作优势,适应时代和实践发展新变化,推进理念思路、内容形式、方法手段创新,增强工作时代感和实效性。

第四节　工作思路

一、以《中共中央　国务院关于加强和改进新形势下高校思想政治工作的意见》(中共中央　国务院,2017)、中发〔2004〕16号文件、省委〔2005〕10号文件和学院党委〔2010〕26号文件为引领,以教育部《高等职业教育创新发展行动计划(2015—2018)》和教育厅《贵州省高等职业教育人才培养质量工程实施方案》为行动指南,努力实现大学生思想政治教育工作的新突破。

二、以《全国大学生思想政治教育工作测评体系》为规范,着力提升大学生思想政治教育工作的整体水平。

三、以立德树人为根本,用师德师风促学风、校风,着力营造思想政治教育的新气象。

四、以现代职业素养培育为核心,着力提升思想政治教育的实效性。

五、以学院"1+2+4"学生工作模型的推行为切入点,着力提升大学生思想政治教育工作的针对性。

六、以行为养成为先导,以服务学生为宗旨,以校园文化为载体,以规章建设为保障,以落实制度为推力,全面促进学生成长成才。

第五节 工作举措

一、把立德树人作为教育的根本任务,用社会主义核心价值观把握思想政治工作的方向;把马克思主义中国化的最新成果、中国特色社会主义理论体系和"中国梦"的基本内容融入教育教学全过程,帮助学生树立科学的世界观、人生观和价值观。

二、继承和弘扬中华优秀传统文化,打牢思想政治工作的根基。以弘扬爱国主义精神为核心,以家国情怀教育、社会关爱教育和人格修养教育为重点,着力完善学生的道德品质,培育理想人格,提升政治素养。

三、以《全国大学生思想政治教育工作测评体系》为规范,进一步加强思想政治工作的组织领导、队伍建设、思想政治理论课、课堂外思想政治教育、条件保障、育人环境建设。

四、根据学院章程授权的内涵与外延,做好学院系列规章制度的梳理、修订与重建,依法行政,依法管理,规范行为。

五、坚持党委统一领导、党政工团学齐抓共管、专兼职队伍紧密结合、全院上下密切配合的学生工作领导体制。

六、做好思想政治工作的顶层设计,做好教育教学资源的全面整合和系统规划,做好公共课与专业课的衔接,做好主渠道与主阵地的渗透与融合。

七、切实发挥考核评价机制的功能,用师德师风促学风校风,通过广大教育工作者的示范榜样作用,引领学生学会爱国、学会敬业、学会诚信、学会友善。

八、以现代职业素养培育为核心,注重职业场景的创建,注重职业素养课程的开发与建设,注重专业课程体系的优化与设计,把提高学生职业技能和培养职业精神高度融合,重点培养敬业守信、精益求精、勤勉尽责等职业精神。

九、通过道德讲堂系列活动,开设经典诵读、中华礼仪、传统技艺等中华优秀传统文化必修课,实现礼敬中华优秀传统文化,加强学院人文文化建设,助推大学生良好德行养成的目的。

十、以学院"1+2+4"学生工作模型的推行为切入点,注重抓细、抓小、抓早、抓实,切实加强学生的养成教育,切实提升培育学生职业理念、职业责任和职业使命的质量。

第六节　新形势下高职院校大学生思想政治
教育工作的加强与改进

全国高校思想政治工作会议于 2016 年 12 月 7 日至 8 日在北京召开。中共中央总书记、国家主席、中央军委主席习近平出席会议并发表重要讲话。他强调,高校思想政治工作关系高校培养什么样的人、如何培养人以及为谁培养人这个根本问题。要坚持把立德树人作为中心环节,把思想政治工作贯穿教育教学全过程,实现全程育人、全方位育人,努力开创中国高等教育事业发展新局面。

贵州省委教育工委省教育厅 2016 年 12 月 12 日印发《关于学习贯彻落实全国高校思想政治工作会议精神的通知》[黔教(委)社发[2016]34 号],提出要求:一要认真学习,统一思想,进一步提高对大学生思想政治教育工作重要意义的认识;二要准确把握,制定措施,深入贯彻中央的决策和部署;三要加强领导,完善机制,认真落实好会议精神。

贵州省教育厅办公室 2016 年 12 月 23 日印发《省教育厅(省委教育工委)学习贯彻落实全国高校思想政治工作会议精神工作方案》的通知(黔教办社发[2016]171 号),附《省教育厅(省委教育工委)学习贯彻落实全国高校思想政治工作会议精神工作方案》和《方案工作任务分解表》,明确工作任务。

中共贵州省委组织部中共贵州省委教育工作委员会 2017 年 1 月 5 日印发《关于开展全省高校思想政治工作专题培训的通知》(黔教(委)社发[2017]1号),安排 2017 年 1 月 9 日至 12 日在省委党校举办二期全省高校领导班子成员,高校党委组织部、宣传部主要负责同志专题研讨。

2016 年 12 月 13 日,黔东南民族职业技术学院党委中心组第五次集中学习,学习《习近平总书记在全国高校思想政治工作会议上的重要讲话精神》等文件;2017 年 2 月 27 日,黔东南民族职业技术学院召开新学期第一次党委会议,传达学习全国、全省高校思想政治教育工作会议精神,研究决定召开大学生思想政治教育工作专题会议时间、内容等;按照党委会议决定,3月7日如期召开新学期大学生思想政治教育工作专题会议,会议传达学习全国、全省高校思想政治教育工作会议精神,安排部署2017年大学生思想政治教育工作,党委书记张恩莲做题为"不忘初心,不辱使命——把我校大学生思想政治教育工作继续推向前进"讲话。全文如下:

一、新形势下加强和改进大学生思想政治教育意义深远意义重大

当前,国际国内形势深刻变化,不同思想文化交流交融交锋,社会思潮多元多样多变。改革开放和社会主义市场经济的深入推进,互联网等新的传播渠道的迅速发展,在有力促进社会发展进步的同时,也给社会思想文化领域带来复杂影响,高校思想政治工作面临许多新情况新任务新课题。特别是境内外敌对势力加大对高校意识形态渗透力度,同我们争夺阵地、争夺青年、争夺人心的斗争日趋激烈。

高校肩负着人才培养、科学研究、社会服务、文化传承创新、国际交流合作的重要使命,是巩固马克思主义指导地位、发展社会主义意识形态的重要阵地。加强和改进高校思想政治工作,事关办什么样的大学、怎样办大学的根本问题,事关党对高校的领导,事关中国特色社会主义事业后继有人,是一项重大的政治任务和战略工程。

当下,虽然高校思想政治教育工作更加积极主动,呈现持续加强改进、不断向上、向好的态势,但我们对大学生思想政治教育工作的认识和理解是否达到应有的高度和深度?我们的领导体制、工作机制、保障体系是否真正完善?我们的自身建设是否得到持续加强?我们的工作是否真正具有针对性和实效性?我们大学生思想政治教育工作的主渠道、主阵地和各个工作环节是否有弱点、存盲区?

可见,无论从国际国内形势分析,还是从我们的实际工作研判,新形势下加强和改进大学生思想政治教育工作都具有深远的历史意义和重大的现实意义。

二、新形势下立德树人坚持社会主义办学方向坚定不移

我国高等教育肩负着培养德智体美全面发展的社会主义事业建设者和接班人的重大任务,必须坚持正确政治方向。习近平总书记在全国高校思想政治工作会议上发表重要讲话,突出强调了必须坚持正确的办学方向。深入领会贯彻习近平总书记重要讲话精神,最根本的是要把立德树人作为中心环节,把大学生思想政治教育工作贯穿教育教学全过程,实现全程育人、全方位育人。

"大学之道,在明明德,在亲民,在止于至善。"大学之为大,就是在授业解惑中引人以大道,启人以大智,使人努力成为栋梁之材。对于今天的我们来说,培养什么样的人、如何培养人以及为谁培养人,始终是一个根本问题。一旦在办学方向上走错了,在培养人的问题上走偏了,那就像一株身心不健全的树木,无论如何都长不成参天大树。加强大学生思想政治教育工作,最重要的就是在事关办学方向的问题上站稳立场。

立德树人坚持社会主义办学方向坚定不移。习近平总书记强调,我们的高校是党领导下的高校,是中国特色社会主义高校;立德树人坚持社会主义办学方向坚定不移,就是要坚持以马克思主义为指导,坚持不懈传播马克思主义科学理论,坚持不懈培育和弘扬社会主义核心价值观,坚持不懈促进学校和谐稳定,坚持不懈培育优良校风和学风,为学校指导办学方向、筑牢思想基础、提供价值引领,培养大批中国特色社会主义事业合格建设者和可靠接班人;立德树人坚持社会主义办学方向坚定不移,就是要加强人文关怀和心理疏导,培育理性平和的健康心态,就是要在围绕学生、关照学生、服务学生上做文章,学生的成长成才才会有好气候、好生态,学校发展才会风清气正、和谐健康;立德树人坚持社会主义办学方向坚定不移,就是我们的办学既定方向丝毫不能含糊,丝毫不能左右,丝毫不能改变,正所谓掌控航向好行船。

三、新形势下沿用好办法探索新举措双管齐下

客观地说,黔东南民族职业技术学院的大学生思想政治教育工作,经过 10 多年发展与积淀,尤其是在 2010 年和 2013 年两次全省高校大学生思想政治教育工作评估推动下,其组织、体制、机制建设和实践探索等都取得了显著的成效。已经建构的领导体制:党委书记是第一责任人,院长对大学生德智体美全面发展负责,党委统一领导、党政工团学齐抓共管、专兼职队伍紧密结合、全院上下密切配合、教育管理服务全面融入的大学生思想政治教育工作;工作体系:依托党政工团干部、思想政治理论课教师、辅导员和班主任"三主体",实施院领导联系教学系部贴近基层、中层领导干部联系教学班贴近学生群体、党员教职工联系学生入党积极分子贴近学生个体"三贴近",落实全员育人、全过程育人、全方位育人,即"三育人",把大学生思想政治教育渗透到教学、管理、服务工作之中,形成全员参与、全过程管理、全方位育人的工作格局;运行机制:学校每学年召开一次大学生思想政治教育工作大会,总结和部署大学生思想政治教育工作,对在大学生思想政治教育工作一线的优秀辅导员、优秀班主任和优秀学生组织及个人进行表彰;每学期开学初召开一次大学生思想政治教育工作专题会议,研究部署每学期的大学生思想政治教育工作;每个月召开一次学生工作例会,总结上一月思政工作,安排部署下一月的大学生思想政治教育工作;每学年定期举办一场辅导员、班主任培训,不断提升其学生工作能力,定期召开一次辅导员和班主任工作研讨会,总结交流学生教育引导工作的新经验、定期召开一次学生家长座谈会,征求家长对学校工作的意见、建议,不断提升学校的教学质量、管理能力和服务水平等机制、办法,过去是有效的,今天还是有生命力的,我们还要继续沿用。

同时我们也应该看到,今天在校的95后学生,他们知识体系搭建尚未完成,价值观塑造尚未成形,情感心理尚未成熟,需要我们加以正确引导。思想政治教育工作如果总是老一套,缺乏亲和力与针对性,就不能满足学生成长发展需求和期待,就很难取得实效。新形势下加强和改进大学生思想政治教育工作,必须革弊布新,创新方式方法,不断增强针对性、时代感和吸引力。

新形势下探索大学生思想政治教育新举措,一要用好思想政治理论课课堂教学这个主渠道:作为教师,要敬畏讲台,珍惜讲台,热爱讲台;作为教师,要信仰坚定,学识渊博,功底深厚;要注重以问题为导向,开展专题式教学,倡导集体备课和名师引领,实施教学攻关行动,组织评选优秀教案,开展公开课观摩;合理设置教学规模,严格落实课时规定;切实制定思想政治理论课教师培养培训规划,定期举办骨干教师、新进教师等示范培训。二要更加注重以文化人、以文育人:文化滋养心灵,文化涵育德行,文化引领风尚。更加注重以文化人、以文育人,就是要在我校经典主题教育"升旗仪式""传统美德教育""行善积德引导""走进学生系列讲座""中华经典诵读""道德讲堂熏陶"等的基础上,要努力在对苗侗文化和企业文化的整合、吸纳上做文章,在培育体现民族高职院校特色、核心的校园文化上下功夫;进一步丰富校园文化内涵,着力打造周末广场文化和校园文化"超市";在多民族学生和谐共生的校园中,既注重民族传统道德行为养成教育痕迹和各民族优秀道德教化与习得的交流与筛选,又关注积淀于民族学生内心的民族文化习俗、民族传统道德与现代德育的冲突与整合;大力加强和弘扬校园行为文化中的主流,坚决抵制、消减和克服非主流文化;着力推进当代大学文化与传统文化、企业文化的融合,着力构建环境生态、文化形态、师生心态新格局,营造勤奋好学、和谐共生的校园文化氛围。三要运用新媒体新技术使工作活起来:"人在哪里,思想政治工作就在哪里。"运用新媒体新技术使工作活起来,就是要着力推进学校辅导员博客、思政教师博客、校务微博、班级微博及校园微信公共账号建设,打造校园云媒体,拓展思想政治教育新空间;开展网上访谈、互动交流等具有网络特色的舆论引导,积极回应家长、学生关切的问题,形成网上正面舆论态势;积极推进"易班"平台的建设和普及工作,开发网络思想政治教育新资源;鼓励思想政治工作教师运用新媒体新技术,传播好正能量;在网络舆论斗争中敢于亮剑,善于发声;加强对校园网络社群的管理,制定专门的思想政治工作方案,形成有的放矢的新媒体矩阵;将教师参与网络思想政治工作的情况纳入年终考核、评奖评优、职称评聘的参考范畴。

四、新形势下不忘初心立足岗位奋勇前行

新形势下不忘初心，就是要搞清楚我们自己是谁，为了谁；搞清楚我们自己是从哪里来的，最终要到哪里去；搞清楚我们的根在哪里，路在何方；搞清楚教书育人，一切为了学生是我们的本分；搞清楚为了学生的德智体美全面发展，为了中国特色社会主义事业培养合格建设者和可靠接班人是我们的神圣职责。

新形势下立足岗位奋勇前行，就是要"守好一段渠，种好责任田"。

学校党委要履行好管党治党、办学治校的主体责任，坚持和完善党委领导下的校长负责制，抓好基层党组织建设，把党建和思想政治工作优势转化为学校发展优势。

学校党委书记作为主要负责人，主持党委全面工作，对党委工作负主要责任，履行学校思想政治教育工作和党的建设第一责任人的职责。

校长是学校的法人代表，在党委领导下组织实施党委有关决议，行使高等教育法规的各项职权，全面负责教学、科研、行政管理工作。

学校组织人事处、宣传统战部、教务处、学工部、总务处、招生就业办、保卫处、马列主义教研室、共青团、工会等部门要按照各自的工作责任各负其责，密切协作，形成齐抓共管的工作格局，切实完成教书育人、科研育人、实践育人、管理育人、服务育人、文化育人、组织育人等大学生思想政治教育工作的相应任务。

辅导员、班主任负有在思想、学习和生活等方面指导学生的职责，要按照党委的部署有针对性地开展思想政治教育活动，要坚持正确的政治方向，加强思想道德修养，增强社会责任感，努力成为大学生健康成长的指导者和引路人。

各教学系(院)党总支是学校党委具体实施大学生思想政治教育工作的基层单位，具体承担各教学系的大学生思想政治教育工作。各教学系总支书记是各教学系大学生思想政治教育工作的第一责任人。各系党总支要认真履行大学生思想政治教育工作的职责，要结合学生实际和专业特点，充分发挥党团和学生组织的作用，积极开展形式多样的思想政治教育活动，及时掌握学生思想动态，研究解决涉及学生健康成长和切身利益等实际问题。

学生党支部、学生团总支(支部)、学生会、班委会和学生社团是大学生实现自我教育、自我管理、自我服务的有效载体。学生党支部、团总支(支部)要加强对学生会、班委会和学生社团等学生组织的领导和科学指导，支持和鼓励大学生广泛参与校园文化建设与管理，提高大学生自理自立能力。

学校所有教师的所有课堂都有育人的功能，不能把思想政治教育工作只当作思想政治理论课的事。学校的所有教师都有责任把做人做事的基本道理、把社会主义核心价值观的要求、把实现民族复兴的理想和责任融入各类课程教学之中,使各类课程与思想政治理论课同向同行,形成协同效应。要强化教学纪律约束机制,坚持课堂讲授守纪律、公开言论守规矩,所有教育教学活动都不得出现违背党和国家大政方针、违背宪法法律、危害国家安全、破坏民族团结等言行。

新形势下进一步加强和改进大学生思想政治教育工作,是时代的呼唤、历史的重托、人民的期望,是提升高职院校育人质量、教学效果、服务水平的现实需要,意义重大,使命光荣。只要我们不忘初心,不辱使命,立足岗位,奋勇前行,我们就一定能够把高职院校的大学生思想政治教育工作继续推向前进!

第五章

职业素养

第一节 概述

职业素养是指职业内在的规范和要求，是在职业过程中表现出来的综合品质，包含职业道德、职业技能、职业行为、职业作风和职业意识等方面[1]。在中国经济新常态下，职业素养的内涵还应该包括职业精神方面的东西，如"敬业精神、精益求精、勤勉尽责"，"交往礼仪、职业礼仪，安全意识、纪律意识"，"立足岗位、增强本领、服务群众、奉献社会的职业理想，职业理念、职业责任、职业使命、职业态度和职业操守"[2]等。职业道德、职业思想(意识)、职业行为习惯是职业素养中最基本的部分，即一棵树的根系，而职业技能只是支撑职业人生的表象，即这棵树的枝、干、叶、形。因此，高职院校学生的职业素养培育主要体现于思想政治、道德情操、习惯养成。

第二节 高校对大学生职业素养的教育对策[3]

一、将大学生职业素养的培养纳入大学生培养的系统工程，使高中毕业生在进入大学校门的那一天起，就明白高校与社会的关系、学习与职业的关系、自己与职业的关系。全面培养大学生的显性职业素养和隐性职业素养，并把隐性职业素养的培养作为重点。

二、成立相关的职能部门协助大学生职业素养的培养。如以就业指导部门为基础成立大学生职业发展中心，并开设相应的课程，及时向大学生提供职业教育和实际的职业指导，最好是要配合提供相关的社会资源。

三、深入了解学生需要，改进教学方法，提升大学生对专业学习的兴趣，满足学生对本专业各门课程的求知需求,尽可能向学生提供正确、新颖的学科信息。

第三节 高职院校学生职业素养培育的现实路径

一、把立德树人作为教育的根本任务,努力培育和践行社会主义核心价值观

高职学生职业素养的培育,首先要回答的是"你是谁,为了谁"。我们的国家是中国共产党领导的社会主义国家,我们的高职教育是国家举办的高等教育中的一种类别,我们的教育目的就是为国家培育社会主义事业的合格建设者和可靠接班人。

以立德树人为根本,就是要以"德"为先,以理想信念教育为核心、以爱国主义教育为重点、以基本道德规范为基础、以全面发展为目标,全面、全方位开展思想政治教育;把马克思主义中国化的最新成果、中国特色社会主义理论体系和中国梦的基本内容、社会主义核心价值观的基本要求融入教育教学全过程,帮助学生树立科学的世界观、人生观和价值观。努力培育和践行社会主义核心价值观,就是要按照习近平总书记的讲话精神[4]教育和引导学生:一要下得苦功夫,求得真学问;二要加强道德修养,注重道德实践;三要善于明辨是非,善于决断选择;四要扎扎实实干事,踏踏实实做人。通过勤学、修德、明辨、笃实的实践、体验与感悟,让我们的学生把爱国、敬业、诚信、友善的社会主义核心价值观真正内化于心,外化于行。

二、继承和弘扬中华优秀传统文化,积极引导学生追求高尚的道德情操

高职学生职业素养的培育,其次要搞清楚"你从哪里来,要到哪里去"。我们是中华民族的儿女,我们每一个人都有责任、有义务为人民的幸福、民族的振兴、国家的富强贡献自己的一份力量。

继承和弘扬中华优秀传统文化,就是要通过课程教学、实践教学、校园景观和道德讲堂开设的讲座、论坛、对话、经典诵读、中华礼仪、传统技艺等教育载体,深入挖掘和阐发中华优秀传统文化讲仁爱、重民本、守诚信、崇正义、尚和合、求大同的时代价值,追寻今天的精神文化、制度文化、行为文化与中华优秀传统文化的根脉关系,感悟中华优秀传统文化的思想精华和道德精髓,实现礼敬中华优秀传统文化,助推高职学生良好德行养成的目的;就是要着力开展以"天下兴亡、匹夫有责为重点的家国情怀教育,开展以仁爱共济、立己达人为重点的社会关爱教育,开展以正心笃志、崇德弘毅为重点的人格修养教育"。[5]在中国优秀传统文化光辉烛照下,让我们的学生学会劳动、学会勤俭、学会感恩、学会助人、学会谦让、学会宽容、学会自省、学会自律、学会担当,从小事做起,自强不息,止于至善,志存高远,脚踏实地,在报效祖国、服务人民的过程中获得社会认可,体现自己的人生价值。

三、注重职业素养培育的顶层设计,注重教育教学资源的全面整合

高职学生职业素养的培育,需要学校向教育教学一线展开布局设计,核心理念与目标都源自学校;强调职业素养培育内部要素之间围绕学生成人成才所形成的关联、匹配与有机衔接,要求学校对职业素养培育赋予整体教育、整体管理理念,把培育工作作为系统中的整体来对待,充分发挥培育工作的整体功能,将培育过程渗透到教育教学的各个环节,使各种教育活动形成强大合力,以期实现职业素养培育的统筹协调、整体推进,最大限度地产生共振效果和综合效应。

职业素养培育的教育教学资源是丰富的,也是多点、多面、多视角、多层次的。比如宏观上的学校、社会、家庭三者的统筹,中观上的教书育人、管理育人、服务育人和高职院校内各职能部门、各组织的默契,微观上的每一个教育工作者对人、对事的态度、效率等正能量的发挥以及中华传统文化、企业行业文化、校园文化和当代价值观等的碰撞、筛选、融合。在高职院校内,各司其职是必需的,但条块分割,各自为政是万万不能的。

四、注重构建职业教育师资团队,注重构建科学的人才培养质量监控和评价体系

高职学生职业素养的培育靠引领。高职院校需要通过"走出去,请进来",一方面是教师的企业实践项目将教师送进企业,培养"双师型"教师,另一方面是高职院校兼职教师推进项目将企业大师、能工巧匠引进学校,切实打通高技能人才进校园、进教学的通道,真正构建起满足高职院校教育教学工作实际需要、适应现代职业教育强调培养技术技能人才,在保障学生技术技能培养质量的基础上,重视文化基础教育,重视职业素养和人文素养的培育需要的职教师资团队。

高职学生职业素养的培育靠机制。需要我们注重构建科学的人才培养质量监控和评价体系,这个体系应以导向、激励、改进为发展方向,包括组织保障、质量标准、信息收集、评价分析、信息反馈和调控等,这个体系的运行机制应是对教育教学过程的各个关键环节实行全方位的监控与评价,以教学运行管理为主线,以评教、评学、评管工作为重点,遵循定量与定性相结合,静态与动态相结合的原则,按既定的目标和标准,对组织的各种活动进行监督、检查,及时纠正执行中的偏差,使教育活动能按照计划进行,或适当调整计划以确保计划目标的实现。

五、注重职业场景的创建,注重产教深度融合

高职学生职业素养的培育靠浸润。一定要下大决心,花大力气,加大投入,注重职业场景的创建,要根据不同的专业及不同的专业群的教学特点、教学需要引

入必要的设备设施,着力打造与之相应的企业文化,展现职业特征,让学生知道自己职业的前世、今生与未来,真正做到以文化人、以文育人。

高职学生职业素养的培育靠习得。教育教学工作要切实做到"产教深度融合",集教育教学、生产劳动、素质养成、技能历练、科技研发、经营管理和社会服务于一体,才能确保高素质劳动者和技术技能型人才的培养,才能将职业院校和企业的研发成果转化为现实生产力,推动企业技术进步和产业升级转型,更好地服务地方经济发展,也才能确保学生职业素养的有效培育。

六、注重职业素养课程的开发与建设,注重专业课程体系的优化与设计

高职学生职业素养的培育离不开职业素养课程的支撑。高职院校需要通过职业素养教育教学需求分析,确定职业素养课程目标,再根据这一目标选择相应的教学内容和相关教育教学活动进行计划、组织、实施、评价、修订,最终实现课程目标。职业素养课程的开发与建设较好的做法是职业院校与企业管理公司的深度合作。

高职学生职业素养的培育离不开专业课程体系的优化。要按照教育部《意见》要求[6],"建立完善专业教学标准和职业标准联动开发机制,对接最新职业标准、行业标准和岗位规范,紧贴岗位实际工作过程,更新课程内容,调整课程结构,深化多种模式的课程改革,把职业岗位所需要的知识、技能和职业素养融入相关专业教学中";要明确办学目标定位,以培养职业人为导向,从工学结合培养模式入手,对课程体系进行科学分类;在教学内容改革中探索模块知识集群,以专业建设为基础,进行课程群建设,积极创新课程设计,大力推广项目教学、案例教学、情景教学、工作工程导向教学等,充分激发学生的学习兴趣和积极性。

七、注重职业行为养成教育体系的构建,注重习惯训练校内外平台的搭建

高职学生职业素养的培育靠养成。要根据现代职业教育的需求,结合高职学生校内日常管理、专业教学、社会实践中的日常行为习惯养成规律,注重职业行为养成教育体系的构建,比如一年级的职场认知,二年级的职场体验,三年级的职场实践等,将校内学生一般行为规范教育与未来职业行为规范结合起来,对学生进行针对性的职业行为习惯养成训练,切实加强学生日常行为管理,从单纯的理论教育转向学生日常行为养成教育,注重抓细、抓小,从学生的待人接物、文明礼貌、善待他人、卫生习惯、诚实守信、组织纪律、学习精神、吃苦耐劳、实践毅力、执着精神等小问题入手,做好完善人格、培育志向、引领航程的大文章。

高职学生职业素养的培育靠熏陶。高职学生职业行为习惯训练,校内应借助课程教学、实习实训、校园文化、校园景观等直接或间接、显性或隐性途径和过程的作用与体验,为学生的健康成长造就适宜的沃土,根据自身的专业特点,讲述企

业故事,抒发企业情怀,培植企业文化;要体现职业精神,增强职业情感,培育职业操守;要将更多的优秀企业文化元素注入、整合到校园文化当中来,实现企业文化与校园文化的融合。高职学生职业行为习惯训练校外平台则主要依托社会实践活动和校企合作实习基地,让学生在真实的社会环境中,在专业的生产实践中,通过实践使学生熟练掌握规范操作规程,养成热爱专业、热爱职业的爱岗敬业品质,具备吃苦耐劳精神和责任意识,提高学生的沟通能力,增强团结协作的团队意识,促进学生完成职业意识、职业行为和职业思维的各项任务,以实现有效训练的目标。

八、注重职业作风的建设,注重职业精神的培植

职业作风是从业者在其职业实践和职业生活中所表现的一贯态度,是职业素养的重要组成部分。高职学生职业作风的培育靠磨炼,靠教育教学全方位、全过程的坚持,无论是校内的日常管理、言行规范、课程教学、实习实训、军政训练、公益活动,还是校外的顶岗实习、社会调查、社会实践等活动,都要做到职业作风引导有具体内容、考核有具体标准、监督有具体要求。通过一以贯之而系统的历练,"教育引导学生牢固树立立足岗位、增强本领、服务群众、奉献社会的职业理想,增强对职业理念、职业责任和职业使命的认识与理解,增强职业荣誉感,养成良好的职业态度和职业操守"[7]。

职业精神是与人们的职业活动紧密联系,具有职业特征的精神与操守,从事某种职业就该具有某种精神、能力和自觉。高职院校的教育教学活动应围绕如何让学生对适应社会发展需要特别是自己所从事的职业的尊敬和热爱来展开,围绕如何树立职业理想、强化职业责任、端正职业态度、规范职业纪律来展开,围绕如何适应"大众创业,万众创新"时代需求来展开,围绕如何适应、跟进、服务当下经济新常态的需要来展开,"把提高学生职业技能和培养职业精神高度融合,重点培养敬业守信、精益求精、勤勉尽责等职业精神"[8],以实现职业精神的有效培植。

第四节　结语

高职院校学生职业素养培育应以立德树人为根本,用社会主义核心价值观把握职业素养培育的方向,用中国优秀传统文化,打牢职业素养培育的根基,着力于职业素养培育的顶层设计,教育教学资源的全面整合,着力于构建职教师资团队,构建科学的人才培养质量监控和评价体系,着力于职业场景的创建,产教的深度融合,着力于职业素养课程的开发与建设,专业课程体系的优化与设计,着力于职业行为养成教育体系的构建,习惯训练校内外平台的搭建,着力于职业作风建设和职业精神的培植。

参考文献:

[1]、[3]搜狗百科

[2]李克强:加快培养高素质劳动者和技能人才,中国广播网,2014.6.24

[4]习近平:青年要自觉践行社会主义核心价值观,2014.5.4

[5]教育部:完善中华优秀传统文化教育纲要,2014.4.1

[6]、[7]、[8]教育部:《关于深化职业教育教学改革全面提高人才培养质量的若干意见(征求意见稿)》,教育部网,2014.12.4

第六章

迎新工作

第一节　概述

迎新工作是高校培养人才的重要开端，是展示高校风采的有利时机，也是面向社会提升高校形象的良好机遇。迎新工作直接关系到学校的形象和声誉，对今后新生在校学习和生活有着不可估量的影响。迎新工作前后经历三个时期：前期准备、中期接待、后期入学教育，具有教育、管理与服务三重性质，关涉到学校办公室、招生就业处、学生处、教务处、团委、计财处、宣传部、保卫处、总务处、医务所等学校各部门以及各教学系、学生会干部、大一新生等多个部门及群体。

第二节　前期工作

前期工作可以称为"准备期"。主要有以下几个方面：

一、通知书发放

迎新工作始于通知书制作、发放之时，在此阶段，学校招生就业处将制作好的通知书、给家长的信、学校简介、各机构部门与职能简介、校园文化活动、校规校纪等文件一并寄给新生。一方面力求建立起学校与家长的长效育人机制，共同监督、督促和激励学生圆满完成大学学业；另一方面可以提前对新生进行引导，激发新生对大学的憧憬与向往，使他们对大学生活有初步的认识与理解。

二、现场调研

根据当年招生计划，学校分管领导要在新生进校前10天，组织相关职能部门，对新生宿舍的分配、迎新现场的选址、宣传标语的布置、校园车辆行进路线与停放场地等进行现场调研；听取意见、建议，整合、调度各教学系、各部门的力量，确保迎新工作的可行性、时效性、便捷性。

三、工作方案

　　学生处根据现场调研的结果,制订当年迎新工作方案。工作方案包含:工作总体安排、工作机构及任务、新生报到流程图、新生报到日程安排、迎新现场布置示意图等;成立以校长为组长的工作领导小组,领导小组下设办公室和各项目组;办公室设在学生处,具体负责迎新工作的统筹协调等日常事务,各项目组一般包括宣传组、接站组、交通车辆组、迎新现场组、报到组、资格审查组、资助中心、财务组、引导组、安全保卫组、医疗组、后勤保障组及各教学系。

四、任务分解

　　正式迎新前两天召开迎新工作会议。在迎新工作会议上发放迎新工作方案,布置具体工作任务,明确各个岗位工作职责。各工作小组根据学校迎新方案,还要制订本工作小组详细的工作方案,包含工作流程、工作进度,责任明确到人,进度精细到天。

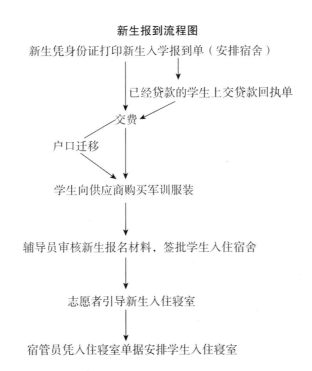

新生报到流程图

第三节　中期工作

中期工作可以称为"接待期",具体工作内容包括:

一、接待前的工作人员培训

包含迎新报到系统工作人员、财务工作人员、资格审查工作人员的系统操作培训,学生志愿者的选拔及培训等。在迎新志愿者选拔过程中,力求公平、公开、公正,引导学生干部树立"为同学服务"的理念,杜绝"捞资本"的功利主义思想。

二、宣传气氛的营造

设计并悬挂横幅、彩旗等,营造迎新工作宣传氛围,宣传标语要温馨、人性化,并注意凝练学校精神文化,努力将学校精神文化通过各种迎新宣传加以"描绘",避免商业化太浓的宣传标语。

三、现场布置

迎新报到现场要提前两天布置完毕,现场布置后要试运行,及时查漏补缺。

迎新现场的布置要考虑以下要素:第一要设计好入口和出口,让新生能有序入场,轻松退场,避免入场、退场产生拥堵;第二要按照新生报到流程设计报到路线,让整个报到路线成流水线,避免新生来回走动,最大程度简化路线,方便新生;第三要合理安排招办咨询点、注册区、报到区,收费区、辅导员工作区的位置,让新生能快速便捷完成报名流程;第四要充分考虑服务功能,要设计新生行李寄存处、家长休息区、医疗点、饮水点、后勤服务点(饭卡、水卡充值等)、免费复印点等。

四、报到接待

前期工作完毕,新生报到三天,所有工作人员要提前一小时到场,务必以高度的责任感和使命感投入迎新工作中去,工作中要做到热情、谦虚,责任到人,工作到位,为学生和家长提供优质、高效的服务。

五、现场指导

协调组不仅负责迎新现场总体安排部署,还要负责现场指导,发现问题及时处理;各部门所属成员要服从组长的工作安排,发挥团队协作精神,在合理分工的基础上精诚合作,树立大局意识,服从调度,听从指挥,坚守岗位。

第四节　后期工作

后期工作可以称为"入学教育期"。

迎新工作止于军训汇报会结束。由此,大一新生就开始了真正的大学生活,相关工作人员所做的工作就是广泛意义上的日常管理工作,而非"迎新工作"。入学教育是迎新工作阶段内容与形式最为丰富多彩的,具体内容包括:学校领导座谈会、新老生见面会、迎新晚会、开学典礼、军训、社团招新,等等。入学教育包括专业教育、安全教育、图书馆教育、生活指导教育、心理健康教育等,以帮助大一新生尽快融入学校大家庭中来,尽快适应大学生活。

第五节　其他工作

一、注重文化迎新

迎新工作作为学校开展各项工作的起点,不仅仅是单纯的迎接新生报到,还担负着组织文化的传递、更新等任务,整个过程必然是组织文化的活跃期,在迎新工作中,要避免学校物质环境"刚性有余""柔性不足",倡导"文化迎新"。无论是迎新现场的布置、宣传标语的选择等都要彰显学校组织文化在学校管理中的地位和作用,注重凝练学校精神文化,发掘校园人文景观的文化蕴含,努力将学校精神文化通过迎新活动得以宣传。

二、辅导员迎新

新生通过高考迈进大学校门,对学校充满了各种希望。作为新生进入大学接触的第一位老师,辅导员应该做好充分的迎接准备。精心策划、合理安排,在新生入学的第一天,能够第一时间帮助他们解决实际难题,确保迎新工作的顺利进行。辅导员只有提前去了解新生简单的、基本的信息,才能为良好的迎新工作打好基础。

1. 提前熟悉新生基本情况。在新生报到前,要利用一些便利条件,了解每一个自己所带新生的基本情况,这是做好辅导员工作的基础和前提。

2. 做好新生报到事项安排。新生报到时,辅导员要尽可能出现在报到接待现场,积极配合有关部门切实做好迎新接待工作。辅导员在报到现场,应尽可能解答新生、家长的各种问题。新生到了一个陌生的环境,一切都还不适应,辅导员要耐心倾听、详细解答、面带微笑,为新生留下良好的第一印象,也为以后开展班级工作打下良好的基础。

3. 做好入学教育、军训工作。新生报到结束后,学校要对新生进行入学教育、开展军事训练,辅导员在对新生进行入学教育时,要用心引导学生、主动走进学生、爱心感动学生、行动感染学生,使服务、教育、管理三位一体有机融合。

第七章

入学教育

第一节　概述

入学教育是学生大学生涯的第一课,是新同学尽快了解大学,适应大学学习与生活,树立新的奋斗目标的重要一环;是为帮助新生尽快适应大学生活,顺利、平稳、有效地实现从中学到大学转变不可或缺的一环。

对于大学生管理工作而言,新生入学教育是不可忽视的重要节点。学生一入校就应从思想、政治、能力、行为等各方面加以培养,夯实基础,为学生未来几年的思想教育和管理奠定良好的基础。

入学教育要以马克思列宁主义、毛泽东思想、邓小平理论、"三个代表"重要思想、科学发展观为指导,深入学习贯彻习近平总书记系列重要讲话精神和治国理政新理念新思想新战略,全面贯彻党的教育方针,坚持社会主义办学方向,通过教育引导,使新生尽快转换角色,适应大学生活,制定自己的科学发展规划,把自己塑造成为德、智、体、美全面发展的合格大学生。

第二节　教育实施

一、教育组织

新生入学教育通常由学生处牵头,教务处等各有关部门参与,各教学系具体组织实施。可分为学校、各教学系、班级三个层面。内容组织:包含领导讲话、学校简介、规章制度与奖处规定介绍及要求,专业、师资介绍与引导,治安防范及案例分析教育,生活细节的帮助和指导等。

新生军训也是入学教育的形式与内容之一。为检验入学教育的成效和强化新生对学校规章制度的知晓程度,在新生军训后不久,各教学系要对新生进行入学教育及学生手册学习情况测试或通过知识抢答方式,以检验和增强入学教育的效果。

二、教育内容

(一)对新生进行以理想信念、爱国爱校、诚实守信、社会主义荣辱观等为主要内容的思想政治教育,帮助新生树立正确的世界观、人生观、价值观和荣辱观

1. 开展理想信念教育,引导新生树立远大理想。

理想信念教育是大学生思想政治教育的重要内容,要结合当前国际国内形势以及新生的思想实际,通过给新生上形势与政策课等形式使新生了解当今国际经济政治形势,增强历史使命感、责任感,强化成才目标和学习动力,形成正确的世界观、人生观、价值观。教育新生要树立远大理想,勤奋学习、奋发成才。

2. 开展爱国爱校教育,培养学生爱国爱校意识。

组织新生学习了解黔东南民族职业技术学院校史、校训,了解学校的专业设置,使学生对黔东南民族职业技术学院的人才培养观念和培养目标有初步了解,利用军训,把国防教育、革命传统教育和爱国主义教育结合起来,教育新生把爱国主义情感建立在刻苦钻研专业知识,立志成为国家、社会栋梁之材的坚实基础上。

3. 开展诚实守信教育,培养大学生高尚的品格。

诚实守信是当代大学生应该具备的基本道德。当前大学生的诚实守信教育集中体现在学费缴纳、贷款还贷、诚信应试等方面。各系要做好新生缴费及"绿色通道"工作,通过深入细致的思想政治教育,既要让学生了解国家和学校的有关政策,又要让学生形成"缴费上学""有借必还"的诚信美德,积极配合学校有关部门完成工作任务。

(二)对新生进行以校纪校规教育、安全教育、心理健康教育、文明教育为主的日常生活学习习惯养成教育,帮助新生尽快适应大学生活

1. 校纪校规教育。各系要采取多种形式组织新生认真学习教育部和学校学生管理各项规章制度,特别是《学生手册》。不仅要让学生熟悉理解这些规章制度,还要通过多种教育管理手段使学生把这些外在的约束内化为自觉的行为,使他律与自律、外在约束与内在约束有机结合。校纪校规教育的核心是学风、考纪教育,各教学系要运用典型个案与规章制度相结合,教育新生自觉遵纪守法,养成勤奋好学、诚实谦虚的美德和优良的学风。

2. 安全教育。对新生的安全教育必须高度重视,警钟长鸣,不能有丝毫的松懈。因此要在新生军训期间集中时间对新生进行人身、生活、财产安全、交通安全等方面的专题教育,增强安全防范意识,严格要求、严加管理,防微杜渐;要从关

心、爱护学生的角度出发,恰当运用身边发生的典型安全事故案例敲警钟;对发生的安全事故要及时通报、及时教育、及时处理,确保学校稳定。

3. 心理健康教育。初入大学时期被称为心理"断乳期",大学新生极易产生各种不良心理。新生入学接受心理健康教育,有利于学生以正确的心态面对新的学习、生活,更有利于防止今后有关心理问题的发生。学院将邀请有关专家为新生做心理健康方面的专题报告,解答学生中的各类心理问题,引导学生形成健康、良好的心态,做好心理的调适,提高广大学生的心理免疫力,帮助新生尽快适应大学生活。各系、各新生班也要形式多样地开展新生心理健康教育,引导新生以良好的心态面对崭新的学习和人际关系,面对可能出现的各种困难。各系要充分发挥辅导员的作用,重点关注心理上存在明显负面情绪或家庭经济困难或有其他特殊困难的新生,根据学校安排认真做好新生的心理状况普查工作,及时发现心理异常的学生并进行疏导。

4. 文明修养与法纪安全教育。旨在使大学生树立牢固的法纪观念和文明意识,增强安全防范意识,强化自律意识,教育学生自觉遵守学校的各项规定,做文明、守纪的大学生。各系要结合军训,针对本系实际,认真组织新生学习《学生手册》。

5. 健康知识教育。通过健康知识宣传,使学生了解各种疾病的传播途径和特点,掌握预防疾病的方法,自觉养成健康的生活卫生习惯。

6. 网络安全教育。教育新生辩证地认识网络的积极作用和负面效应,加强新生网络安全知识和网络安全意识教育,树立网络伦理道德和责任意识,做到正确、科学使用网络,避免学生过度上网和网络成瘾。

(三)对新生进行以专业思想教育、职业生涯规划教育、学业发展规划教育为主的发展规划教育,帮助新生树立科学的发展观和成才观,使新生从入学始就能步入科学的发展轨道

1. 职业生涯规划教育。人生的理想和奋斗目标在人生发展的不同阶段都有特殊的表现方式。大学阶段是人生打基础的极为关键的时期,是完成专业知识学习、培养为人处世本领、确定人生发展方向和目标的重要阶段,职业生涯规划有利于全面提高大学新生的综合素质,减少学习的盲目性和被动性、增强积极性和主动性,让他们明确自己的学习目标和将来的职业方向,因此在新生中提前开展职业生涯规划教育显得尤为重要。

2. 专业教育。向新生介绍专业培养目标、课程设置、教师队伍状况、就业前景、就业发展方向,等等。让学生了解本专业学习方法、思想方法、就业方向、就业岗位应具有何种素质和能力等,使新生初步树立热爱专业的思想,为今后的专业

学习打下良好的基础。各系可结合本系各专业的发展情况及新生情况开展形式灵活的专业宣传和教育,注重针对性和有效性。专业教育由系主任分专业进行系科专业介绍,并宣讲专业培养方案(包括专业特点、培养目标、学制年限、课程特点、学习方法、考试考查、见习实习、毕业论文或设计、毕业鉴定要求等)。

3. 学业发展规划教育。各系要引导新生制定个人学习的学期目标和阶段目标,用目标导学,不断明确学业发展方向,不断强化学生学习动力,使学生为实现奋斗目标发奋学习。并以考试、考级、考证、考研为抓手,认真落实学期目标和阶段目标,充分开发学习潜能,提高学习自觉性和有效性。要切实做到制定好一个目标,营造好一种氛围,落实好方法指导、制度保障和检查反馈三项措施,使学业发展规划取得成效。

三、注意事项

1. 高度重视,加强领导。

各系要加强对新生教育的组织领导,根据各自的实际情况制订出详细的实施方案,要注重发挥教学系的专业特色,组织好有特色的各项教育活动;注重发挥专家学者的优势,提高学生参与的积极性;注重激发学生的内在要求,进行个性化教育。

2. 精心设计,注重宣传。

教学系在进行新生入学教育时,要综合利用各种宣传载体,增强教育效果,保证教育时间,强化内容落实,确保新生入学教育顺利进行并取得实效。学生工作处要对新生入学教育工作进行检查督导,并对富有特色的教育活动进行及时宣传报道。

3. 充分准备,注重实效。

新生入学教育是学生迈入大学校园的第一课,对学生未来的成长和发展起到至关重要的作用。各系要切实做好新生入学教育各个细节、各个要点,为新生尽快进入角色、转变思路,进入大学学习、生活状态提供帮助。

第八章

辅导咨询

第一节　概述

大学与中小学是不同的学习阶段，没有中小学时的各种考试与督促，更多的是要发挥学生的自觉性与主动性，这就要求学生能尽快地适应中学到大学的生活与学习的过渡，认真踏实较好地完成学业学习，认真操练职业技能，尽早着手准备与从业有关及素质提升的各项证书，处理好人际关系及业余生活与学业的关系，合理地安排自己的生活，树立短、中、长期的理想目标，做出切实可行的计划并付诸行动。为达成上述目的有必要在新生进校后有计划地进行以下辅导：1. 励志教育：让学生迅速适应大学生活，树立对自己的信心，端正态度，积极学习；2. 生活辅导：引导学生尽快掌握打理生活的技巧及注意事项，更好地为学习服务；3. 学习辅导：学生适应大学生活，树立学习信心后，给学生传授一些学习的方法技巧；4. 生涯辅导：引导学生对自己的职业生涯有宏观的思路、具体的计划并有实施的行动。

第二节　励志教育

一、辅导意义

进入高职院校后，很多同学有挫败感，对未来很迷茫。要尽快引导他们客观认识自我，树立对未来的信心，制定合理的目标，使他们迅速适应大学生活，充分发挥学习的自主性。

二、具体操作

1. 引导学生正确看待曾经的失败与暂时的不利。通过身边的例子和有说服力的语言引导、帮助学生，激发学生对未来的美好期望。让学生理解过去不代表现在更不代表未来，认识到人生处处是转机，踏实认真做好当下的每一件具体的事情,就是创造改变未来的契机。

2. 用身边最真实的案例讲解人生改写的故事。教师可以选择自己的、本校毕业生的、周围人的实际案例来展示,不管多么糟糕的过去和现在,努力都可以改变。让他们真实地体会到改变的可能,改变成功的存在。让改变从思想触动开始,到行动实施。

3. 励志故事分享和感悟交流。一段实际的分析和讨论后,大家可能已经开始变得积极起来。但是,年轻人的激情容易点燃也容易消退,为了巩固这种积极的状态,要充分利用好每周一次的班会教育,穿插励志小故事,对大家进行不间断的教育,让大家心中时刻有激情,有梦想,学习学业才不被动、不放松。

4. 名人传记与励志电影。学生业余时间会用手机浏览网页,观看视频。推荐与鼓励大家看一下名人传记,让学生更真实地感受成功人士的一生也不是一帆风顺的,有失败但没失望,继续努力,取得成功。让学生看一些励志电影,在放松娱乐中可以增加精神动力。

励志电影:《阿甘正传》《垫底辣妹》《叫我第一名》等。

5. 拥有梦想,制定目标,付诸行动。书写读后感,分享自己的梦想。开展传记与电影观后感交流会,同时让大家分享自己的梦想,通过对自己梦想的分享让梦想更坚定于内心,制订切实可行的计划并付诸行动。

推荐资料平台:人民日报公众号,十点读书。

第三节　生活辅导

一、辅导意义

协助学生尽快完成独立打理生活的过渡,让学生可以进行有效的时间管理,合理安排作息时间,保证自己的人身和财产安全,有意义地参与课外生活,为学习生活的顺利进行保驾护航。

二、具体操作

1. 时间管理。是指通过事先规划和运用一定的技巧、方法与工具实现对时间的灵活以及有效运用,从而实现个人或组织的既定目标。大学是人生非常重要的阶段,学会时间管理,对目前的学业和将来的工作意义重大。

学会制订计划,有短期、中期、长期计划。

计划制订要有灵活性,把可支配时间的60%定在计划内,其余时间用于处理突发事情。

每日的计划细化,并按重要程度进行排列,用便利贴等把每日要做的事情罗列出来,完成一件勾一件。

区分事情的轻重缓急。根据事情的重要程度和完成截止期限安排时间,不要把自己不喜欢的、难度大的事情无限制后推。

学会说"不"。对不重要的事情说"不",对拖拉习惯说"不",对无必要的应酬说"不"。

目标设定在自己的能力范围内,按期完成目标给自己一个奖励。

2. 安全问题。

第一,不轻信通过聊天工具认识的人,对于熟人发出的邀请,尤其是关于特别赚钱的工作的介绍要提高警惕;不要陷入传销组织,要经得住外界的诱惑;不要随便打开手机上的不明链接。

第二,晚上尽量不要单独外出,外出时要告知同宿舍的人或者家人自己的动向,不能在约定时间归来要及时告知并报告自己尽可能详细的信息。发生问题时,大家能掌握及时有效的信息。

第三,女生夏日外出不要穿太暴露的衣服、化太浓的妆,注意言行,不要过于喧哗和吵闹。男生不要因哥们义气与面子问题参与打架,时刻树立警惕意识。

第四,上下楼道不要逆行,不在楼道里打闹,尤其是人多的时候。尽量不在宿舍内使用大功率的电器。绝对禁止私接电线,避免触电发生。离开宿舍时要检查水电,尤其用电器。

第五,走路尤其过马路时不要看手机,不要太投入地聊天,注意车辆;走路时注意下水道井盖、施工场地等,防止跌落与坠落物;

第六,不吃三无产品,不吃过期食品,尽量杜绝垃圾食品,不暴饮暴食,不盲目节食减肥。

合理支出与财产安全。

第一,做得理性开支,制订大致的消费计划,控制冲动型消费。在外出办事时,随身不要携带过多的现金,如果消费的事项不能刷卡,携带比计划消费金额稍微多点的现金,要避免冲动型消费与丢失。根据自己的经济实力进行消费,绝对不要参与各种校园贷等活动。

第二,外出注意财产安全,不在人多的地方暴露自己携带的现金。上公交车时,女生要把包包放于自己身前或者用手触摸,避免被扒,手机和钱物尽量不要放到背包里。用比较高端手机的尽量不玩不用,或者用后一定稳妥地放好,避免被扒。

第三,不随便扫二维码。不好奇去扫广告上的二维码或参与扫二维码送礼品的活动,不要贪图便宜,时刻树立防骗意识。

第四,不轻信网络上的中奖信息,不随便打开手机上收到的不明链接。

3. 作息安排。要引导学生学会控制各种诱惑,学会自主合理安排与支配自己的生活,学会自我约束,从长远发展考虑。建议除了遵守学校作息时间安排外,有自己的作息时间及活动安排表,根据计划来安排自己的行动和作息,养成良好的作息与活动规律。

4. 人际关系。全国高校心理咨询中,排在导致学生困扰第一位的就是宿舍人际关系问题。一个良好和谐的人际关系是幸福生活与认真学习的重要条件,因此,拥有良好的人际关系意义重大。拥有良好人际关系的几个基本条件:有一颗包容的心,不斤斤计较;尊重差异性,接纳生活习惯和世界观、人生观、价值观的差异性;学会换位思考,跳出小我的感受,站在对方的角度思考;不恶意揣测他人,不要先假定对方的恶意然后解释行为。

5. 课外生活。合理地安排课外生活,既可以丰富业余生活、放松身心,还可以增加沟通能力和拓展人脉,更好地促进学习。

参加自己比较有兴趣有特长的活动,提升自己的能力,同时要处理好与学业的关系,投入的时间和精力应以不影响学业学习为原则。

可以选择兼职进行锻炼同时获得一份收入和体验,避免影响学习的同时避免陷入非法传销等。

可以利用假期对周围的景点进行游玩,要根据自己的经济能力和学业学习的任务进行安排,同时要注意安全。

第四节　学习辅导

一、辅导意义

学习是大学生活的核心组成部分,让学生总体认识大学学习的主要任务、课程的类别、选课的程序、应考取证书的种类等,做到有的放矢。

二、具体操作

1. 上好文化课,实操课。职业院校的课程从形式上来分,可以分为文化课与实操课。大部分同学对实操课比较感兴趣,感觉文化课枯燥,文化课学不好,实操课就不能很好地上手,必须要树立正确的认识,任何实践都离不开理论的指导,实践都是建立在理论的基础上,是理论指导下的应用,因此,文化课和实操课一样重要,在思想上一定要重视文化课,端正学习态度。

2. 如何选取公共选修课。目前我院已经开设的公共选修课是体育课程,美育选修课程正在筹备中,选修操作程序和体育课程基本一样。公共选修课选课在固定时间开放,学院会传达到各个班级。具体选课操作见附件一:网上选课流程。

3. 参加职业技能及从业相关证书考试。一般每个专业都会有对应的职业技能证书或从业资格证书。我校技能鉴定中心一般在每届学生大二的时候组织技能培训和考试。

为了增加综合实力与竞争力,拓宽就业渠道,学生还可以根据自己的兴趣选择自己必须具有的职业技能证外的技能考试和从业资格。比如,教师资格证书、导游人员职业证书等。

4. 参加英语及计算机过级考试。英语是一门工具学科,目前很多单位的招考设有英语等级的要求,现在的职称评审机制也对英语有要求。我校会安排英语为公共必修课,开设英语一到两个学期。动员学生根据情况参加大学英语 3 级和 4 级的考试。做好和英语老师的沟通,多向老师请教知识和方法的问题。(推荐的英语网站:普特英语网,旺旺英语)

计算机是办公工具,每个专业基本都会开设一个学期的计算机课,内容涉及常见的办公软件的应用,引导学生认识重要性,认真学好。有需要有兴趣的学生可以参加计算机的等级考试。

附件一:网上选课流程

步骤1、
打开IE浏览器,输入学院网址(http://www.qdnpt.com/),进入我院

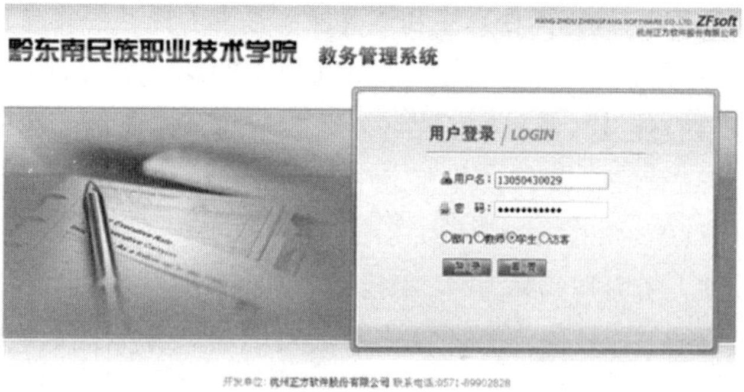

校园网站主页，点击 〔教务管理系统〕 快捷链接按钮，进入教务管理系统用户登录界面，输入用户名和密码，（学生的用户名和初始密码都是自己的学号），选择"学生"角色，按"登录"按钮。如下图所示：

登录系统后，就能看到许多的菜单选项，如图：

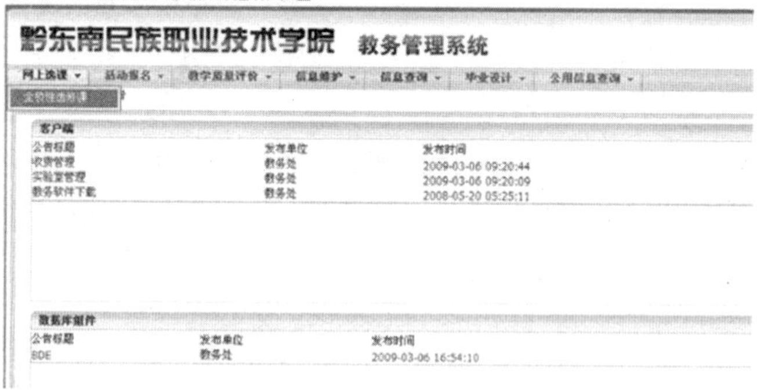

点击【网上选课】→【全校性选修课】，供选择的课程全部显示在下，如图

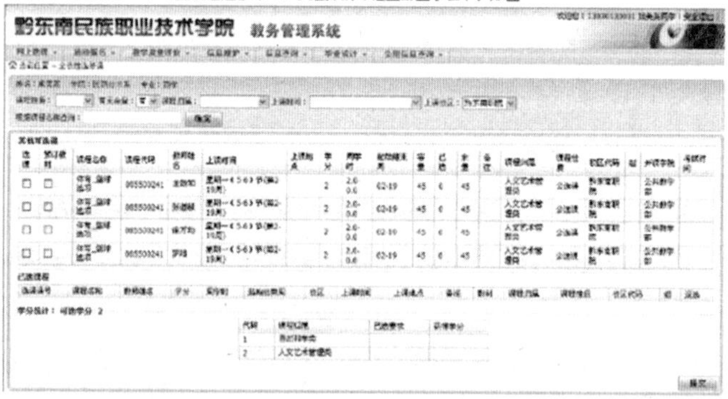

仔细阅读课程名称、任课教师和上课时间，确定选某一项后在"选课"列正下方的课程列表中勾选 ☑️ ，确认无误后点击右下角的【提交】按钮。

提交后可在【已选课程】栏看到方才勾选的课程，如图

已选的课程
退选按钮

如果选错了，可点击【已选课程】栏后的退选按钮，退选后由可以重新选课，确认无误后再点击【提交】按钮。

注意事项：

1. 学生必须在学院规定的时间内选课。

2. 每个学生只能选一项课程。

3. 选课系统遵循先来后到原则，先来先选，如果选课人数满了则不能再选该课程，只能另选其他项。

附件二：全院各专业对应职业技能鉴定工种

全院专业对照职业技能鉴定工种一览表

序号	系别	专业	职业工种
1	口腔系	口腔医学	口腔修复工
2	建工系	建筑工程技术	工程测量工、砌筑工、钢筋工、防水工
		工程造价	
		水利水电工程管理	
3	临床系	临床医学	卫生防疫员妇幼保健员
		康复治疗技术	保健按摩师、保健刮痧师
4	护理系	护理	养老护理员
		助产	育婴师

续表

序号	系别	专业	职业工种
5	医药技术系	药学	医药商品购销员、药物检验工
		医学检验技术	临床检验技师
6	汉天下物联网学院	物联网应用技术	计算机系统操作工
		电子信息工程技术	计算机系统操作工
		计算机应用技术	计算机系统操作工、计算机维修工
		供用电技术	电工、维修电工
		汽车检测与维修	汽车维修工
		汽车技术服务与营销	
7	生环系	园艺技术	园艺工、花卉园艺师
		林业技术	营林试验工
		园林艺术	园林工、绿化工、草坪建植工
		畜牧兽医	动物疫病防治员、动物检疫检验员
		农产品质量检测	
8	财经系	会计	
		财务管理	收银员
9	港中旅学院	旅游管理	前厅服务员、餐厅服务员、客房服务员
		酒店管理	前厅服务员、餐厅服务员、客房服务员
		电子商务	收银员、计算机系统操作工
		旅游工艺品设计与制作	民间工艺品制作工、其他抽纱刺绣工艺品制作人员、其他金属工艺品制作人员、手绣制作工、工艺蜡染工

第五节　生涯辅导

一、辅导意义

给学生灌输职业生涯的观念,让他们从入学起就对自己的职业生涯进行初步的规划,并逐步地细化与具体,根据阶段目标采取行动,目标指导行动,让学习更有动力和针对性。

二、具体操作

1. 大学一年级做什么。尽快适应大学生活,很好地胜任课程的学习。对自己进行全面分析,分析自己未来职业能力中的优势与劣势,分析自己综合素质的强项与弱点,可以在学校心理网站进行职业能力倾向测试,客观了解自己的职业能力倾向,形成对自己的综合全面客观的认识,对职业生涯规划形成清晰的思路,并整理成书面材料进行反复修改,形成职业生涯规划的书面材料。

参加学校针对大一学生举行的职业生涯规划大赛。

2. 大学二年级做什么。认真学习各项课程,准备参加学校举行的各项技能证书的培训和考试,英语和计算机的等级考试。认真上好就业指导课,和老师沟通,听从老师的中肯建议。此时可以有意识地浏览招聘网站,看自己所需职位的能力要求,根据条件积极提升自己。准备、完善与反复修改求职简历。参加学校举行的针对大二学生的简历大赛。

3. 大学三年级做什么。参加毕业实习,进行知识和技能的提升。积极做好高学历学习或者求职的准备。准备就业者应再次反复修改完善求职简历,认真浏览就业网站的招聘信息,报名参加考试并积极准备,投放简历等待面试。在毕业前求职过程中,同学间做好信息共享,经验分享,共同努力,尽量避免孤军奋战,保守封闭。多向老师、学长进行请教,获得更多的信息与经验,同时获得一种心理和情感的社会支持。

搜集招聘信息,网络报考或网投简历,允分做好求职准备。

第九章

班级管理

第一节　概述

　　班级管理是一个动态的过程,它是辅导员根据一定的目的要求,遵循班级管理规律,通过各种班级活动,运用指导、组织、督促和激励等手段、方法、措施,带领全班学生,对班级中的各种资源进行计划、协调、控制,以实现教育目标的组织活动过程。

　　班级管理是一种有目的、有计划、有步骤的社会活动,这一活动的根本目的是实现教育目标,使学生得到充分、全面的发展。

第二节　队伍管理

　　班委会、团支部是班级管理的重要力量。抓班委会、团支部其实就是抓班级管理中的队伍建设。辅导员一般都会带 200 个左右的学生,学生干部往往是学生安全隐患的第一知情人,也是学风、校风建设的重要参与者。正、副班长和团支书由竞聘产生和班级选举产生,班委会、团支部的选举并不一定要以成绩好为必备条件,成绩一般的学生同样可以进班委会、团支部,只要其品德高尚,有奉献精神,有责任心,愿意为班级服务。

　　在大一开学时,辅导员就要严格把好关,要加强与学生的沟通和交流,善于发现人才,那些有号召力、有威信、责任心强和自我管理能力强的学生要优先纳入班、团干部队伍中。在选出班、团干部后,在班级管理的过程中,辅导员要有意识地提高班、团干部的班级管理能力和服务意识,将服务意识作为学生干部的一项考核指标,这有利于发挥学生干部的模范带头作用,引领班级形成一个团结向上的大家庭。班、团干部既是班级的管理者,又是服务者。学生干部一方面要严于律己,以身作则,做好学生的表率,用实际行动证明自己是值得班上同学信任和尊重的;另一方面要发扬奉献精神,乐于为班上同学服务,乐于在班级管理工作中体现自我价值。以笔者的工作实践来看,由于高职院校的学制是三年,学生在校学习的时间通常只有两年半或两年,一支优秀的学生干部队伍最好能连续当选,这更符合高职院校学生的心理。因为两年的时间正是他们对班级适应最稳定的阶段,他们不喜欢班级管理者经常有变动,毕竟感情的培养和相互的适应需要较长时间去调整和适应。

一、班委会

1. 性质与任务。

班委会是"班学生委员会"的简称。由全班学生民主选举产生,是学校学生工作的基本单元。

班委会是班集体最重要的组织机构,班级成员通过这一机构实现自治。班委会的主要职责是,代表全班同学,向学校领导、辅导员和有关老师反映班级情况,提出班级学生的正当要求;组织参加学校规定的各项有益的班集体活动;代表班级对学校教学、管理提出改进的意见和建议;对全班的工作提出意见、建议或表扬批评;对评定先进集体或个人等提出意见建议。

2. 机构设置与职能。

班委会一般由班长、副班长、学习委员、纪律委员、体育委员、生活委员、宣传委员、劳动委员、心理观察员、就业委员等组成。

班长:负责班集体的全面工作,代表班委参与班主任、辅导员等对班级工作计划的拟订、督促检查和执行,代表班委向辅导员以及学校领导汇报班级情况、提出班级工作意见或建议,团结和协助其他班委开展工作;主持召开班委会,商讨班级工作;及时做好班级工作总结,向全班同学和辅导员汇报并提请审议。

副班长:协助班长开展各项工作,处理班级事务;可分管班长的部分工作,协助举行各种活动;班长请假时,履行班长职责。记录同学晚自修、上课的考勤情况;督促同学执行学校常规,了解本班参加文明班、先进班评选中各项指标的量化情况;负责班会记录及其他班级活动记录;与同学交流并收集同学对班委工作的意见及建议;负责各项活动的安全,督促检查工作。

学习委员:负责班级学习方面的工作,了解同学的学习情况,及时向各任课老师反映存在的问题,组织好同学们的学习经验交流,营造班内良好的学习气氛;主动关心学习有困难的同学,开展互帮互学活动;做好平时成绩的统计工作,对成绩优秀者以适当形式进行表扬、鼓励,指导学习有困难的学生改进学习方法;填写教学日志。

纪律委员:负责班级纪律方面的工作,加强自身纪律,起到模范带头作用;关心班级,爱护同学,团结同学;协助老师和班长,培养本班良好的班风;对违纪同学提出批评、教育。

宣传委员:负责班级征文、通讯稿的传达,鼓励同学积极主动撰稿,并做好征文收集工作;开展活动时,负责出海报,挂横幅,组织啦啦队,黑板报等,并做好相应的宣传工作;宣传国家或学校重要文件或重要会议的指示与精神;组织学习先进人物的先进事迹与精神;开辟多种透明渠道,广泛听取同学们对班级及班委等的意见与建议,做好班级的对外宣传工作;配合其他班委或学校社团做好工作。

体育委员:负责开展班级体育活动,协助体育老师上好体育课,安排好班级学生的课外体育活动,负责抓好早操工作,负责班级体育代表队的组建和训练,组织本班代表队参加校运会或校际、班际间的体育竞赛活动,负责保管班级的体育活动用品。

生活委员:关心同学生活,了解同学在生活方面的意见和要求,及时向辅导员和学校有关部门反映。安排好同学们在各项活动中饮食、住宿等生活问题,管理好班级的公共物品和班费,处理好班级日常事务工作,协助各宿舍长搞好班里的宿舍卫生,在班团活动前,负责买必备的物品。

劳动委员:负责班级劳动和清洁工作,督促同学保持教室整洁,不断养成整洁卫生的良好习惯;安排、检查每天的值日生、保洁和每周两次的班级大扫除;组织同学搞好卫生包干区的打扫和其他公益劳动,负责劳动工具的借还;负责保管教室的清洁工具,并固定放置适当地方,以不影响教室的整洁;节约用电,及时关闭教室电灯、电风扇等。

心理观察员:参加心理观察员的业务培训,掌握心理健康教育工作所需的基础知识和基本技能,更好地为广大同学服务;利用课余时间积极与本班同学交流沟通,了解他们的心理状态,发现问题及时上报辅导员或心理健康教育中心;通过主题班会、团体辅导、班级活动等方式宣传心理健康知识,提高本班学生的心理健康水平;协助心理健康教育中心开展各项心理健康教育工作。

就业委员:参加学校招生就业指导办公室的业务培训,了解教育部、省教育厅关于大学毕业生就业方面的方针政策,并积极向学生宣传上级部门就业政策;积极组织学生参加各项社会实践活动、供需见面会和网络招聘活动;主动关心本班同学,加强与同学的交流,引导同学们树立正确的就业观和择业观。协助学校招生就业指导办公室开展各项就业相关工作。

二、团支部

1. 性质与任务。

团支部是团的工作和活动的基本单位,是团的最基层一级组织,他同广大团员青年有着最直接、最广泛的联系,是团的各项工作的显示终端,在团结和教育青年中起核心作用。

共青团中央《关于加强高等学校共青团建设的意见》指出:"加强班级团支部建设,努力把团支部建设成班级的核心,是加强高校团的基层建设的重点。班级团支部建设的主要任务是:学习和宣传,执行党的路线、方针、政策和上级团组织的决议;定期组织支部民主生活会,检查学习马克思主义理论课和执行学生行为准则等情况;推荐优秀团员入党;做好团员发展工作;与班委会密切配合开展班级课外文化、科技、体育等活动;帮助学生解决学习、生活中的困难。"

2. 机构设置与职能。

团支部书记:按照支部团员大会、支委会的决议,负责主持团支部的日常工作。召集支委会和支部团员大会,对支部工作问题进行讨论,做出决定;组织实施支部的各项活动,团支部书记应按照支部团员大会和支委会制订的活动方案,协调人员分工及其工作关系,确保各项活动正常有序开展;了解和掌握团员的思想状况,团支部书记要关心本支部团员的工作、学习情况,及时发现思想问题,做好思想工作;对支部工作执行情况,按时向支部委员会、团员大会、党组织和上级团委报告工作;抓好支委会自身建设,团支部书记要善于当好"班长",开好民主生活会,团结带领支委一班人,充分调动和发挥班子成员的工作积极性,提高支委会的战斗力。

团支部副书记:团支部副书记是团支部领导核心的主要成员之一。书记在时,副书记是书记的主要参谋和助手,除了要完成一般委员所承担的工作以外,还要对有关部门委员的工作进行协调和指导;书记请假时,要代替书记抓全面工作,保证支部工作的正常进行。

组织委员:负责对青年积极分子进行培养、教育和考察,提出发展新团员的意见,具体办理接收新团员的手续;了解团员的思想、工作情况,对团员进行思想教育和纪律教育,搜集和整理团员的模范事迹,建议支委会对团员进行表扬和奖励,对违反团的纪律的行为进行批评教育,并提出处理意见;搞好团员统计,转移组织关系,按时收缴团费,办理超龄团员离团手续;了解团员中入党积极分子的情况,做好推荐优秀团员做党员的发展对象的工作;协助支部书记,组织开展团员民主评议活动,办理年度团籍注册手续。

宣传委员:了解团员、青年的思想状况和要求,提出宣传工作的意见,拟订并提出学习计划和建议;组织团员与青年学习政治理论、时事政策、团的基础知识;根据党组织的指示和团组织的决议,在各项工作中,配合党的中心任务,开展宣传鼓动工作;了解团内外青年的意见和要求,及时向党团组织反映;针对团员、青年的思想情况组织各种形式的教育活动。

文娱委员:负责开展班级文娱活动,如各种晚会、歌曲舞蹈大赛、礼仪风采大赛等,丰富同学的课余生活;组织同学排演文艺节目,安排好重大节日的庆祝、联欢活动;组织同学参加每年一次的学校科技文化艺术节及其他各种学校文艺活动;负责保管班级的文娱活动用具。

第三节　制度管理

班级中的制度管理含班级制度管理和支部工作制度管理。辅导员、班委、团支部在制定这些制度时应考虑到实际可行性,班级管理制度不能违背国家的教育法规和学校的管理制度,既要弄清学校学生处、校团委对工作的要求,又要根据本班学习、工作和专业的实际情况,充分调动班级全体成员的积极性,全面讨论应该建立哪些制度和如何执行制度。

一、班级制度建设

班级制度就是指适用于学校班级的、维持其活动正常秩序、保证学生健康发展的规范。而规范是指一种公认的、体现班集体要求或秩序的行为标准。它可以是口耳相传、习惯的或约定俗成的,也可以是文字形式记录、颁布的。无论何种形式,它都是班集体中用以协调同学之间关系,提高班集体学生、生活效率,保持班集体形态特征的准则,具有心理控制与约束力。班级制度一般包括考勤、纪律、卫生、学习规范、文明礼貌、仪容仪表、体育活动、宿舍管理、日常生活、班委管理等各方面的内容。

二、团支部制度建设

团支部制度一般有以下内容:

1. 支部团员大会制度,即团支部的一切重大问题,都要经过支部团员大会共同讨论的制度。

2. 支部委员会制度,即团支部的日常工作由支部委员会领导的制度。

3. 工作报告制度,即支部委员会定期向支部团员大会报告工作情况,并受支部团员大会委托向党组织和上级团组织汇报请示工作的制度。

4. 组织生活制度,即支部定期进行团员思想教育、开展批评与自我批评的民主生活制度。

5. 团费收缴与保管使用制度,即团支部按期收缴团费并保留和按规定使用团费的制度。

6. 团员证制度,即支部以团员证为媒介进行团员管理的组织工作制度。

7. 团员教育评议制度,即团组织结合年度团籍注册对团员进行思想教育的工作制度。

8. 民主选举制度,即支部按照民主集中制原则,民主选举支部委员成员和出席上一级团代表大会的制度。

9. 认真做好发展新团员和超龄团员离团工作的制度。

10. 向党组织推荐优秀团员做党的发展对象的制度。

11. 支部工作定期检查、考核制度,即通过支部团员大会或其他形式,让全体团员对团支部的工作进行自我评价或考核的制度。这项制度的建立有利于形成支部工作的自我监督机制。

三、班级文化设计与实施

班级文化可分为显性文化和隐性文化。显性文化是指物质文化和制度文化,隐性文化是指班级精神文化。

1. 班级物质文化指教室的布置,它要求:

(1)突出教育功能:除了要宣传教育方针和学校的校风、校纪要求外,还必须以教育目的为前提,考虑教室环境对学生潜移默化的教育作用;

(2)突出环境美:精心布局,既要因地制宜,合理利用空间,又要注意整体协调,还要重视形式的丰富多彩,既要有警句格言类的条幅或美术作品,又要适当安排学习专栏等,同时在色彩的搭配上力求和谐自然,相映成趣;

(3)符合学生的心理特征:必须注意不对学生听课造成干扰。一般来说,在教室正面,不搞色彩夺目的装饰,以素雅的基调为主,内容也应是有关校纪、班纪的,以免学生听讲时分散注意力,在教室后面,可张贴字画,供学生课余浏览欣赏之用,教室两侧墙壁的布置则切忌花里胡哨;

(4)适时更新,注意实用:使学生不断感觉到班级内部的生机,布置的内容要注意配合班级的工作和学生思想实际,突出实用性、专业性。布置教室是一门科学,一门艺术。辅导员应该充分尊重学生的积极性和创造性,把布置教室的过程变为对学生进行集体主义教育的过程,变为锻炼学生、培养学生聪明才智的过程。

2. 班级制度文化(略)。

3. 班级精神文化是班级全体成员在长期的交往过程中形成且共有的思想观念、心理倾向或情绪反应方式。包括:价值取向、行为规范、伦理道德、审美情趣等内容。班级精神文化对促进学生和谐健康地发展起着重要的激励和感染作用。在班级建设中,笔者认为精神文化建设主要包括班风、班徽、辅导员寄语,构建良好的师生、班干部与学生、学生与学生之间的人际关系,培养健康的班集体舆论等方面。

第四节 事务管理

一、班级会议

班级会议是辅导员、班委、团支部组织的,围绕一定目的进行的全体同学参加的会议,它一般围绕一个主题发言、讨论,通过语言相互交流信息、表达意见、讨论问题、解决问题。班级会议又分为班级事务会议和班级主题班会。

1. 会议时间、地点、内容和主题要明确,做到准时开会,准时结束,提高会议质量和效果;

2. 涉及需要讨论的内容,组织人须提前通知学生,便于大家充分思考;

3. 会议组织人要安排人进行会议记录、存档。

二、党团活动

班级的党团活动主要包括:

1. 按照学校和系(院)工作安排,组织学生参加业余团校和业余党校的培训;

2. 根据学校党员发展程序(申请入党——确定积极分子——确定发展对象——确定预备党员——转正)进行发展党员;

3. 积极组织学生参加其他一些活动。

三、奖励与处罚

做好学生的奖惩工作是班级管理的重要手段。奖惩应按学校文件制度、班级规章标准进行。

1. 评优工作。

评优工作是每一位辅导员都会遇到的,评优是用正面教育引导学生,激励学生,是班级管理中必不可少的一项内容。评优工作做得好,有利于激励学生奋发向上。

各类评优评先首先宣读相关评选条件及要求,其次活动的过程一定要公开、公平、公正,由辅导员组织班委、团支部、学生代表等组成的评优小组,按条件要求进行,不能暗箱操作。主要包括国家奖学金、国家励志奖学金;省级三好生、优秀学生干部、优秀毕业生;校级三好生、优秀学生干部(团干)、优秀团员;校级一、二、三等奖学金等。

2. 违纪处理。

对有违法、违规、违纪行为的学生,班级将进行批评教育或给予纪律处分,纪律处分应与学生违法、违规、违纪行为的性质和过错的严重程序相适应。目前纪律处分的种类有:警告、严重警告、记过、留校察看、开除学籍。

对学生进行处分一般的程序是:搜集整理被处分学生的处分事实与理由——填写学校学生处分决定书——系(院)签署意见——学生处签署意见——学校签署意见。

其实,处理"违纪"的最好办法是避免"违纪"事件的发生。要避免"违纪"事件的发生,应从以下方面进行尝试。

(1)以身作则,树立榜样。教育家加里宁曾说:"教师的世界观,他的品性,他的生活,他对每一现象的态度,都会这样那样地影响全体学生。如果教师很有威信的话,那么,这个教师的影响就会在某些学生身上留下痕迹。"可见,教师的一言一行,对学生有着深刻而久远的影响。所以,辅导员应不断提高自身的修养,严于律己,品德高尚,博学多才,积极进取,通过自己良好的思想、个性、才能、情感、意志去影响学生,塑造学生。

(2)平时加强扎实细致的思想工作,对不同的学生采取不同的教育方式。还应勤与学生交流。首先,勤交流可以及时关注学生的思想动态。对不正常的心理状态及时疏导,防患于未然。其次,勤交流可以加强教师与学生的互相了解,增进感情。交流的态度要诚恳;交流的方式可以多样;交流的时间、地点可以不受限制。

(3)批评学生要讲艺术,处罚学生要把握好尺度。辅导员在教育学生时,要宽容为怀,能不处罚的决不处罚。苏霍姆林斯基曾说:"教育是为了达到不教。"教育的最高境界是学生的自我教育,处罚也正是想达到这一境界。处罚不是目的,而是教育的一种手段,因此辅导员要把握好处罚的尺度。

四、学生资助

学生资助工作在本书单独章节有详细阐述。

五、辅导员与学生沟通交流

沟通交流是个体与个体之间、个体与群体之间思想与感情的传递和反馈的过程,以求思想达成共识或者感情的通畅,它是人类行为的基础。

如何实现辅导员与学生有效的沟通交流,笔者认为应从以下方面来思考:

1. 以换位思考的方式实现有效沟通。

面对已经走进校园的学生,辅导员应尊重学生的权利,要有"大爱",站在学生的一面来思考问题,用学生的心理去感受一切,设身处地体察学生的思想感情,重视学生的心理需要,尊重学生的个性,将心比心,真正树立起以学生为本的思想,才能更好地与学生沟通。

对待缺点多的学生需要更多关心和鼓励,辅导员要有一种积极乐观的态度去对待这些缺点较多的学生,善意评估他们的表现,挖掘他们的闪光点,对他们的发展充满信心,善于用一种动态的眼光去看待这些学生,给予他们更多的耐心和机会,才会更有利于促进他们思想认识的变化,帮助学生进一步分析原因,指明今后的努力方向,我们只有真正融进学生的内心世界,才能达到良好的沟通效果。

2. 以知心朋友的方式实现有效沟通。

辅导员要想了解到学生真实的思想状况,就要从心理上打破辅导员与学生的界线,做学生的知心朋友,经常参与指导学生课外生活,通过观察、调查、了解等方法,知晓学生的成长经历、课堂学习情况、课外活动的表现以及给同学、老师的印象,做到真正把握学生的思想轨迹,充分了解学生在学习和生活上的需要,把握学生的思想动态,这样才能有的放矢,有针对性地开展工作,及时帮助或引导他们解决生活、学习、情感等方面的问题。

3. 以提高人格魅力实现有效沟通。

作为辅导员,为人师表是很基本、很重要的工作原则,学生模仿辅导员的意识相当强烈,如果辅导员能够在学生们面前树立一个良好的形象,充分展示自己的人格魅力,用自己的人格魅力去感动学生,教育学生学会学习、学会做人、学会处事,学生们也会因辅导员的人格魅力自然而然地养成良好的习惯。

当然,从学校层面来讲,学校应加强辅导员角色的宣传和加强辅导员队伍的专业化培训等工作。

第十章

宿舍管理

第一节　概述

学生宿舍是大学生学习和生活的重要场所,也是高校对学生进行思想教育、实现管理育人的重要阵地。只有妥善解决大学生"住"的问题,才能保证他们有充沛的精力和良好的状态投身学习。

宿舍管理顾名思义:教师及宿舍管理员、宿管委对学生在寝室生活进行有条不紊的管理。而宿舍既是大学生休息、学习、生活的综合场所,也是反映学生文化追求、理想追求等思想动态的重要场所。通过有效管理,完善监督和引导机制,以至于达到增强学生的集体观念、养成良好的日常行为习惯、提高学生的人格魅力的目的,从而对学生的世界观、人生观的形成起到潜移默化的作用。

第二节　住宿的安排与调整

一、为了更科学合理地安排新生入住和管理,首先,以系、班级为单位,对老生进行集中住宿调整,统计好空寝室及空床位;其次,根据学校年度招生计划,制订出新生预分配方案;最后,依据新生预分配方案及宿舍房源情况进行统筹安排。

二、新生到校报到后,由学生处宿管科现场办理学生住宿手续,新生持《新生住宿报到单》,到所安排的学生公寓楼宿管员处登记入住手续。

三、入住者应按宿管科安排的公寓寝室及床号入住,未经允许不得私自调换宿舍和床位。

四、学生宿舍及床位原则上不随意变更。学生因特殊情况需要调整宿舍的,须由本人提出书面申请,写明原因,经辅导员同意并签字后,报宿管科审核,根据实际情况进行安排。

五、宿舍调整流程:由个人书面申请→辅导员签字→宿管科审核→填写《学生宿舍调整申请表》→持《学生宿舍调整申请表》到所调整的公寓宿管员处办理入住登记。

第三节　宿舍的安全与卫生

一、人身安全

很多学生可能认为,学校的宿舍还是比较安全的,所以自己就可以放心大胆、肆无忌惮地活动。其实不然,在宿舍内产生的人身安全事件屡有发生。所以对待大学生的人身安全问题,绝对不能掉以轻心。

一是提醒学生提高警惕,如睡觉前检查关好寝室门窗,女生夜间最好不要单独出门;二是宿管员认真履行大门检查登记制度,做好该楼栋的巡逻检查工作;三是由辅导员、宿管员、宿管委定期联合查寝,切实保证学生的人身安全。

二、财产安全

现在许多的学生都有笔记本电脑、手机、数码照相机等贵重物品,所以学生应时刻注重个人的财产保管。

一是发现宿舍楼内有可疑人员时及时向宿管员报告或拨打学校保卫处的报警电话;二是警惕楼层出现的陌生人员以及外来的推销人员;三是贵重物品及大量现金不要放在寝室,应存入银行或交给信得过的老师或亲人保管;四是要提醒学生,在财产安全和人身安全同时受到威胁时,应该首先确保人身安全,"追窃"应量力而行。

三、用电安全

1. 学生要牢固树立安全用电意识,自觉做到安全用电,防止违章用电而引发触电伤人或发生火灾等事故。

2. 严禁私接电源,私接电源造成的设备损坏加倍赔偿,造成伤人事故者,自行承担一切责任。

3. 严禁在宿舍使用热得快、电饭煲、电磁炉、电炒锅、微波炉等大功率电器。

4. 安装有空调、电热水器的宿舍严格遵守用电操作规程,有电热水器的学生宿舍,洗浴时先切断电源,防止发生触电伤人。

5. 学生宿舍允许使用台灯、充电器、收放机、电脑、电吹风、电风扇,但必须放置于自己学习台的安全范围内使用。

6. 养成人离关灯、关闭电源的良好习惯,各种用电器使用完毕后及时切断电源,宿舍停电后,要关闭所有电源后才能离开。

7. 严禁在宿舍使用"三无"(无中文标识、无厂名,无地址、无"3C"认证)电器。

四、宿舍卫生

大学生宿舍的卫生向来是比较让宿舍管理员头疼的问题,是小问题,也是大问题。很多人以为男生宿舍是"猪窝""狗窝",其实很多女生宿舍也好不到哪儿去。一方面是学生的自理能力差,另一方面是学生的卫生习惯不好。比如男生的臭袜子不洗,女生的衣服乱放等。宿舍管理的重点是培养学生的卫生意识,养成良好的卫生习惯辅助以监管。

第四节　宿舍水电报修及流程

一、学生宿舍是学生学习和生活的重要场所,宿舍的设施得不到及时的维修,将会直接影响学生的学习和生活,做法是:学生宿舍财产报修需先报宿管员处进行登记,由宿管科进行核实,并报总务处进行维修。认定是人为损坏或自然损坏,人为损坏的维修费由学生本人承担。

二、报修流程图:

学生宿舍停电故障报修程序

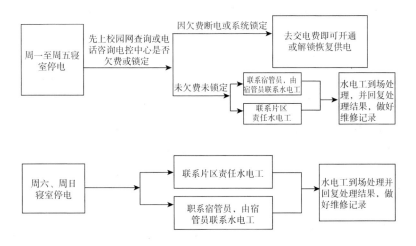

学生宿舍停水故障报修程序

第五节　宿舍检查制度

为加强学生宿舍的管理,充分调动各方面参与学生管理的工作积极性、主动性和创造性,切实提高学生宿舍的管理水平,实施以下制度。

一、周日必查制度

每周日晚9:30—11:00,由教学系值周组领导组织,辅导员、班主任、班级助理、宿管老师和宿舍管理小组成员参加,对学生的就寝情况、卫生内务、就寝纪律、安全状况、违禁物品、大功率电器、设备设施等进行认真细致的检查。

二、周一至周四必查制度

周一至周四每晚9:30—11:00,由值班的辅导员组织,宿管老师和宿舍管理小组成员参加,对学生的就寝情况、卫生内务、就寝纪律、安全状况、违禁物品、大功率电器、设备设施等进行认真细致的检查。

三、周内下午必查制度

在周一至周五的五天时间内,安排一个下午,对所属系所属班级的学生宿舍普遍检查一次。由教学系分管学生工作的副主任组织,辅导员、班主任、班级助理、宿管老师和宿舍管理小组成员参加,主要对学生的卫生内务、安全状况、违禁物品、大功率电器、设备设施等进行认真细致的检查。

第六节 宿管员工作

宿管员肩负着宿舍楼所有学生的生命、财产、安全的重任,应保证学生有良好的生活休息环境,防止宿舍内严重违纪事件的发生,保证消防安全,确保公物的正常使用,督促学生按时作息,协助学校及各班把宿舍管理落到实处。

一、宿管员岗位职责

1. 在学生处宿管科的领导下,认真做好本楼栋的管理工作,实行 24 小时值班制,不得脱岗离岗,并做好值班记录。

2. 负责整栋楼的财产管理工作。做好公共财产、公共设施的管理,做好门窗、房屋、配套设施及寝室内部财产的检查工作,发现问题及时汇报或联系相关人员进行维修,负责转达学生的维修信息,对本公寓学生携带物品外出要进行询问,贵重物品出入公寓楼必须做好登记。

3. 负责本楼栋内公共区域卫生清扫,负责督促学生做好室内卫生及规范学生垃圾堆放,负责本楼栋周围环境卫生的清扫及保洁。

4. 负责本楼栋的出入管理,按规定时间开关宿舍大门,对晚出、晚归、夜不归宿的学生做好登记,并上报宿管科。

5. 对来访人员做好登记,并按规定不准男生进入女生宿舍,女生不准进入男生宿舍。

6. 做好学生的用水、用电指导和检查工作,对学生用水、用电存在的困难进行指导或报修,对寝室用水、用电情况及违规使用情况进行检查并及时上报。

7. 负责办理宿舍的入住手续,清点宿舍内的财产,并签好财产清单。

8. 学生退房时,负责清点、核查寝室内的财产情况,并将寝室损坏财产情况上报宿管科。

9. 负责本楼栋的其他日常管理及上级临时交办的各项工作。

二、宿管员的考核

1. 学生宿舍管理员工作量化按月进行考核,考核结果作为该月学生宿舍管理员工作奖惩的依据。

2. 学生宿舍管理员在当月的工作量化考核得分在 80 分(含 80 分)以上的发放全额工资。

3. 学生宿舍管理员在当月的工作量化考核得分在 90 分以上的,以楼栋为单位,从高分到低分按一等奖 1 个、二等奖 2 个、三等奖 3 个分别发放奖金 600 元、

500 元、400 元。

4. 学生宿舍管理员在当月的工作量化考核得分在 79 分(含 79 分)以下的,以栋为单位,每降 1 分扣发工资 20 元。

5. 由学生处宿管科、宿管委不定期、不定时每月三次以上对宿管员工作量化进行考核评分。

三、宿管员的培训

1. 为提升服务意识、服务理念,每月定期召开宿管员工作例会,学习其他高校宿舍的管理经验及管理模式。会上总结一个月以来的工作情况以及老师、学生反馈宿舍出现的问题,就问题的本身,大家畅所欲言,寻求更好的处理问题的方式方法。

2. 为提高宿管员"防火、防盗、防灾减灾"意识,由保卫处定期开展"防火、防盗、防灾减灾"培训班,让宿管员熟悉掌握消防器材的使用,以及出现突发事件时的正确处理方法。

第七节　宿舍管理委员会工作

一、工作职责

1. 根据各系推荐文明宿舍名单开展每月一次的学院学生宿舍"文明宿舍"评比,发放文明宿舍奖金。

2. 根据宿管委工作职责与工作要求进行优秀管理团队评比,发放优秀宿舍管理团队奖金。

3. 不定期开展楼栋管理工作巡查,进一步推进宿舍各项管理工作、管理制度的有效执行。

4. 及时将宿舍管理过程存在的问题向相关部门反馈。

5. 结合宿舍特点制订工作方案,开展形式多样的寝室文化活动。

二、工作评比小组

1. 学院文明宿舍评比小组:每月底评出并及时上报学生处宿管科。

2. 常规工作巡查小组:巡查时间不定。

3. 优秀宿舍管理团队:每月底评出并及时上报学生处宿管科。

三、宿舍委员会结构图

宿管委主任

副主任←←↓→→副主任

成员　成员　成员　成员

第八节　辅导员工作

为了充分发挥和调动辅导员工作的积极性,增强管理意识,把服务育人和管理育人落到实处,使管理工作不断上新台阶,特制定辅导员岗位工作职责。

一、对住宿学生定期进行思想教育,引导学生树立正确的人生观、价值观;教育学生自觉遵守社会公德,遵守学院的各项规章制度,督促学生养成文明、健康、卫生的良好习惯。

二、深入学生宿舍,与学生同住,每周必须走访一半以上的学生,了解学生的思想、学习和生活情况,为学生提供切实有效的帮助和指导。收集学生反映的意见和建议,做好信息反馈工作,及时处理和解决学生的思想问题,有效压解各种矛盾。注意研究学生思想变化,有针对性地对学生进行专门的思想教育。

三、带领并指导学生公寓管理干部队伍,开展学生公寓的自律、自查工作,做到公寓内事事有人管,时时有人管,处处有人管。

四、把安全工作放在首位,经常性地对学生进行安全教育,经常进行安全检查,发现隐患及时整改。杜绝失职性宿舍被盗,杜绝违规用电、火灾等安全事故,确保公寓内的人身和财物安全。

五、宿舍遇突发事情,辅导员应在第一时间赶到现场,通知班主任,控制事态的发展,做好疏导工作。辅导员在值班期间所遇学生违纪行为,应认真做好教育工作,并将调查情况和处理情况及时上报学生处。

六、辅导员值班期间晚上应该住宿在学生宿舍,值班期间不能擅离工作岗位。

七、值班期间所遇学生违纪问题,如夜不归宿、夜间吵闹、打架斗殴、乱串寝室、抽烟酗酒等违纪现象都要如实记载并协助相关部门处理。

第九节　实习返校和离校

一、实习生返校

由所属系部提前写出书面申请,写明返校时间、离校时间,男女生人数,宿管科根据宿舍房源情况统筹安排。

二、学生离校

先由辅导员班主任督促学生打扫好寝室卫生等工作,辅导员班主任在《宿舍财产交接表》上签字后,再通知宿管员到学生寝室检查公共和个人财产是否完好,卫生是否打扫好。宿舍财产人为损坏的,照价赔偿,交出寝室大门钥匙,宿管员检查完毕在《宿舍财产交接表》上签字后,学生才能离开。

第十一章

行为规范

第一节　概述

行为规范，是社会群体或个人在参与社会活动中所遵循的规则、准则的总称，是社会认可和人们普遍接受的具有一般约束力的行为标准。包括行为规则、道德规范、行政规章、法律规定、团体章程等。

行为规范是在现实生活中根据人们的需求、好恶、价值判断，而逐步形成和确立的，是社会成员在社会活动中所应遵循的标准或原则，由于行为规范是建立在维护社会秩序理念基础之上的，因此对全体成员具有引导、规范和约束的作用。引导和规范全体成员可以做什么、不可以做什么和怎样做，是社会和谐重要的组成部分，是社会价值观的具体体现和延伸。

第二节　高等学校学生行为准则

一、志存高远，坚定信念。努力学习马克思列宁主义、毛泽东思想、邓小平理论和"三个代表"重要思想，面向世界，了解国情，确立在中国共产党领导下走社会主义道路、实现中华民族伟大复兴的共同理想和坚定信念，努力成为有理想、有道德、有文化、有纪律的社会主义新人。

二、热爱祖国，服务人民。弘扬民族精神，维护国家利益和民族团结。不参与违反四项基本原则、影响国家统一和社会稳定的活动。培养同人民群众的深厚感情，正确处理国家、集体和个人三者利益关系，增强社会责任感，甘愿为祖国为人民奉献。

三、勤奋学习，自强不息。追求真理，崇尚科学；刻苦钻研，严谨求实；积极实践,勇于创新;珍惜时间,学业有成。

四、遵纪守法,弘扬正气。遵守宪法、法律法规,遵守校纪校规;正确行使权利,依法履行义务;敬廉崇洁,公道正派;敢于并善于同各种违法违纪行为作斗争。

五、诚实守信,严于律己。履约践诺,知行统一;遵从学术规范,恪守学术道德,不作弊,不剽窃;自尊自爱,自省自律;文明使用互联网;自觉抵制黄、赌、毒等不良诱惑。

六、明礼修身,团结友爱。弘扬传统美德,遵守社会公德,男女交往文明;关心集体,爱护公物,热心公益;尊敬师长,友爱同学,团结合作;仪表整洁,待人礼貌;豁达宽容,积极向上。

七、勤俭节约,艰苦奋斗。热爱劳动,珍惜他人和社会劳动成果;生活俭朴,杜绝浪费;不追求超越自身和家庭实际的物质享受。

八、强健体魄,热爱生活。积极参加文体活动,提高身体素质,保持心理健康;磨砺意志,不怕挫折,提高适应能力;增强安全意识,防止意外事故;关爱自然,爱护环境,珍惜资源。

第三节　高职院校学生日常行为规范

高职院校是为国家培养技能型人才的场所,是建设社会主义精神文明的阵地,应当成为全社会讲文明、讲礼貌的楷模。

一、校园内

1. 学生平时要注意仪表整洁、举止有礼。师生见面,应主动打招呼行礼,如"老师好""您好"。同学之间,每日初次见面,也要以礼相待,相互问好。

2. 行走时,要注意姿势,遵守规则,同老师相遇,应让老师先行。遇到年老体弱的教师在做较重的体力劳动时,应主动帮忙。

3. 进办公室应先敲门或打招呼,经老师允许后方可入内。进办公室不要随便翻阅办公桌上的东西。如果需要翻看有关书刊,应先征得教师或办公室工作人员的同意。

4. 要爱护公共财物,爱护学校的一草一木,不折花,不践踏草坪,自觉维护校园绿化和美化。

5. 过好健康的业余文化生活,不得介绍、购买、出借、传阅内容反动和淫秽的书刊、图片、音像制品等。遵守校园网络的有关规定,文明上网。

6. 保持校内环境的安静,不在宿舍区和教学、科研、办公区内进行影响师生工作、学习和休息的体育、文娱活动,午休、晚自习和上课时间不在教室或宿舍举办舞会。

7. 要珍惜学校的荣誉,不做有损学校荣誉的事,毕业离校时,要为母校留下珍贵的纪念。在校学生要爱护校友毕业前留下的纪念标志。

8. 在上课铃响之前,学生应先进教室,做好准备,静候老师前来上课。若迟到,应在教室外向老师行礼报告,得到任课老师允许后方可进入教室。上课教师宣布上课,同学全部起立,行注目礼。上课要专心听讲,不做与课堂无关的事,对老师讲授的内容有疑问,不要随便打断老师的讲课,可先将疑点记录下来,待老师讲授告一段落后,再举手提问,亦可在课后或辅导课时向老师请教。

9. 上课时应保持仪容整洁,衣着大方,夏天不得穿背心、三角裤头、拖鞋进入教室。

10. 对课堂教具、设备、墙壁、门窗等须倍加爱护,不要随便移动,不得污染或损害。在教室里要爱护照明设备、节约用电,离开教室时应随手关灯。

11. 教室内外要保持清洁,不得随地吐痰,乱扔纸屑、果皮等杂物。

12. 上、下课时,走动、移动桌椅动作要轻,避免发生嘈杂声,影响其他班级学习。

二、图书馆

1. 图书馆开放时要有秩序地进馆,夏天不准穿背心、三角裤头、拖鞋等进阅览室,如果穿硬底钉有铁掌的皮鞋入室时,要尽量放轻脚步,以免影响他人。

2. 借阅图书时不要乱翻乱扔,保持原有摆放顺序。

3. 不要替他人代占座位,也不要强占暂时离开的读者的座位。对于阅览室里的书刊,阅后应及时插入原处,不要一人同时占用几本杂志,以妨碍其他同学借阅。

4. 不在图书杂志上乱写乱画,更不得拆撕书刊。

三、会场

1. 准时参加会议,不迟到、不无故缺席。

2. 自觉维护会场秩序,服从会议统一指挥,遵守会场纪律,尊重讲话人、报告人的劳动,不做与会议无关的事情。

3. 爱护公共设施,保持会场清洁卫生,不吃果壳食物,不随地吐痰和口香糖,不乱扔废弃物。

4. 因故迟到或中途出场时动作要轻,不弄响座椅,以免影响他人。

5. 散会时,有秩序地离开会场,不要抢先、拥挤,避免造成混乱和意外事故。

四、运动场

1. 参观比赛要遵守有关运动规则。

2. 做文明观众,观看球赛或其他比赛时,要尊重裁判和工作人员,自觉遵守并维护运动场的秩序,要为双方的精彩表演鼓掌,不要鼓倒掌、喝倒彩。

五、食堂

1. 要遵守食堂就餐时间,自觉排队,不得插队和拥挤。

2. 就餐时不要将脚跷在凳子上,不得在桌凳上乱写乱画,要讲究卫生,保持食堂清洁。要爱惜粮食,用餐后,收拾好餐具,吃剩的饭菜须倒入泔水缸,不得随便乱倒。不要将饭菜端回宿舍用餐。

3. 学生要尊重工人的劳动,平时见到工人要热情地招呼,要配合和帮助工人师傅搞好食堂工作。

六、宿舍

1. 自觉遵守宿舍管理各项规章制度,服从管理、主动配合有关人员的检查。遇到停水停电等突发事件时要保持安静和冷静,通过宿管员或宿管委、值班老师及时解决问题,严禁起哄滋事,严防发生意外。

2. 宿舍内要加强团结,互相关心,互相爱护,互相帮助,相邻宿舍的同学要互相尊重、友好交往。

3. 遵守作息制度,按时起身,按时就寝,晚间迟归宿舍要主动进行登记。在自习或别人休息时,动作要轻,打电话时要节约时间、控制音量。不得在宿舍区喧哗、打闹,不得放大录音机、电脑等的音量。

4. 宿舍里要注意语言美,不讲脏话、粗野的话,严禁将易燃、易爆的物品带回宿舍,宿舍内严禁烧酒精炉、点蜡烛,严禁使用电炉、电老虎、热得快等大功率电热设备,严禁私接电源,不准自行留客住宿。不得抽烟、酗酒。

5. 增强自我防范意识,提高警惕,防火防盗。休息或外出时要关锁好门窗,玻璃坏了要及时报修。发现可疑人员要立即询问、报告,确保宿舍治安安全。

6. 注意公共卫生和宿舍卫生,起身后要及时叠好被子,注意床上整洁,床下鞋子要放整齐。不要随地吐痰,随地小便,乱抛果皮纸屑,更不得将剩饭菜、瓜果皮壳倒在水池里、室内外、走廊里,垃圾一律倒入垃圾篓。宿舍卫生值周工作要正常。

七、待人接物

1. 遇见他人写信,或阅读信件,不要偷看或强行拆阅,不要随便打听来信的对象和内容,不要私拆他人信件。

2. 有客人敲门或打招呼问讯时,应回答"请进"或到门口相迎,客人进屋,主人应放下手中的工作,起身热情迎接。待客应让座、敬茶。

3. 男女生之间要文明交往、举止得体。与他人交谈时应避免不礼貌的口头语,应注意谈吐文明,措辞雅洁,行为雅观。

4. 尊重外地人,遇有问路人,认真指引。尊重他人的人格、宗教信仰和民族习惯,维护国家荣誉和学校形象,遇见外宾以礼相待,不卑不亢。

八、信息网络

1. 遵守宪法的基本原则和相关法规的规定,不散布、传播谣言,不浏览、发布不良信息。

2. 弘扬优秀民族文化,遵守网络道德规范,诚实友好交流,不侮辱、欺诈和诽谤他人,不侵犯他人的合法权利。

3. 自觉维护公共信息安全,维护公共网络安全,不制作、传播计算机病毒,不非法侵入计算机信息系统,自觉维护网络秩序。

4. 正确运用网络资源,善于网上学习,不沉溺于虚拟时空,不在网上进行色情活动,保持身心健康。

5. 增强自我保护意识,不在网上公开个人资料,不随意约见网友,不参加无益身心健康的网络活动。

九、其他

1. 观看电影、演出,应准时入场,对号入座。如果迟到,询问排号要低声,穿过座位时应表示歉意。做文明观众,严禁起哄滋事。

2. 乘公共电、汽车主动购票,给老、幼、病、残、孕妇及师长让路、让座,不争抢座位。

3. 遵守交通规则,注意交通安全,不违章骑车,过马路走人行横道。

4. 遵守公共秩序,购票购物按顺序,对营业人员有礼貌。

5. 参观博物馆、纪念馆要遵守秩序,未经同意,不可触摸设备和展品。瞻仰烈士陵墓应保持肃穆。

6. 爱护公共设施、文明古迹。爱护庄稼、花草、树木。保护有益动物。

7. 节制浪费,穿戴整洁,朴素大方。

8. 见义勇为,对违反社会公德的行为,要进行劝阻。

第四节　学生违纪处分

学生违纪处分是指学校依据国家和学校的有关规定对违纪学生所实施的警

告、严重警告、记过、留校察看、开除学籍处分。学生违纪处分流程如下：

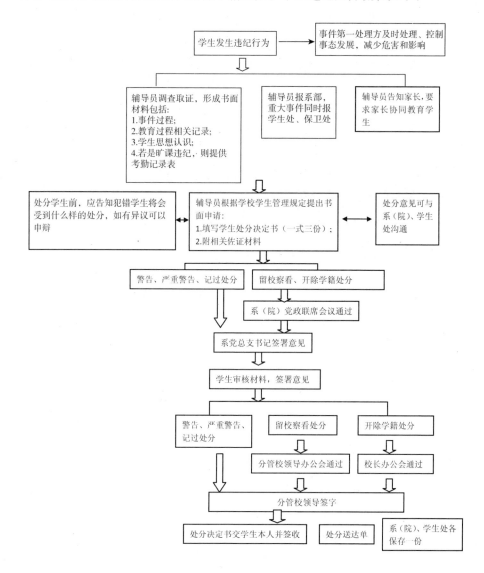

第五节　申诉与处分解除

一、申诉概述

申诉是指学生对学校做出的涉及本人权益的处理决定不服,向学校提出意见和要求。学生坚持严肃、认真、诚实的原则提出申诉;学校坚持公开、公正、实事求是和有错必纠的原则处理学生的申诉。

二、申诉的受理

学生对学校做出的涉及本人权益的处理决定有异议的(警告、严重警告、记过、留校察看、开除学籍等行政处分)可在收到决定或公告之日起 10 日内向学校提出申诉。学生提出申诉时,应当向受理申诉的机关递交申诉申请书附上学校做出的处理决定(复印件)。申诉书应当载明下列内容:

1. 申诉人的姓名、班级、学号及其他基本情况;

2. 申诉的事项、理由及要求;

3. 提出申诉的日期。

对学生提出的申诉,受理申诉的机关在接到申诉申请书后 15 日内做出复查结论并告知申诉人。

三、处分的解除

除开除学籍处分以外,学校对学生处分设置 6 到 12 个月期限,到期由学生本人提出书面申请,学校根据现实表现情况,决定是否对处分予以解除。

1. 留校察看的期限为 12 个月;

2. 记过的期限为 10 个月;

3. 严重警告期限为 8 个月;

4. 警告期限为 6 个月。

解除处分后,学生获得表彰、奖励及其他权益,不再受原处分的影响。

第六节　注意事项

一、退学处理与违纪处分区别

退学处理有两个途径:一是每学期开学时,不履行请假手续,而逾期两周不注册者;二是在正常上课期间,不履行请假手续连续两周未到校上课者。学生退学处理工作由负责学籍的部门牵头负责。

二、辅导员工作

1. 及时赶赴现场,控制事态。

2. 及时向系领导汇报,争取获得系领导的支持与帮助。

3. 开展调查工作,掌握第一手资料,如当事学生的口述、文字叙述、认识以及其他旁证材料。

4. 根据学生管理规定,及时写出处理建议报告系领导,作为教学系处理意见的重要参考。

5. 处分决定书的草拟。

处分事实与理由:语句通顺,文字准确,证据确凿,理由充分。没有错别字。上报文本有支撑材料。

处分依据:对应学生管理规定的具体条款表述。

三、学生违纪处分注意事项

对学生的处分,应当做到程序正当、证据充分、依据明确、定性准确、处分适当。

第一,程序正当。

为保证处理的公正性与合法性,达到预期的管理和教育目的,学校在对学生实施纪律处分时,要严格按照规范的程序实施。

第二,证据充足。

按照我国法律规定,证据有以下几种:

1. 书证;

2. 物证;

3. 证人证言;

4. 当事人的陈述;

5. 视听资料;

6. 鉴定结论;

7. 勘验笔录、现场笔录;

8. 其他有权部门依法做出的鉴定性结论。

证据充足指在对学生实施处分时,须有上述多种证据,且证据之间相互关联、相互印证和支持。

第三,依据明确。

对学生进行处分或处理的依据,是对学生行为进行评价的标准和适用处分种类的根据,包括违纪行为处分的"定性"依据和"定量"依据。所谓依据明确,就是学生的违法、违规、违纪行为及处分与国家和学校相关规定中的相应条款要有明确或直接的对应关系。如果没有明确或直接的对应关系,就是依据不明。学校可以通过管理制度的建立,畅通管理过程,形成管理链条,使其形成与国家相关规定中相应条款之间的明确或直接的对应关系,从而达到预期的教育管理目的。

第四,定性准确。

定性准确即对学生违法、违规、违纪行为性质的准确判定。不同性质的违法、违规、违纪行为,受到的处分或处理结果是不同的,因此,对学生违法、违规、违纪行为进行准确定性十分重要。

对违法、违规、违纪行为的定性应当以行为事实和学生处分规定中相应的明确规定为依据。定性准确主要解决的是是否有违法、违规、违纪行为,如果有违法、违规、违纪行为,到底违反了国家或学校明确规定的应为或不应为的哪一条、哪一款。如果没有这样的明确规定及对应关系就不能对其作为处分依据的定性。

定性准确在学生处分中十分重要,它涉及学生是否应当受处分,以及受什么样的处分的问题。

第五,处分恰当。

在定性准确并已确定给予学生处分时,还要做到处分恰当,使学生所犯错误的情节和性质与处分的程度相当,这就是"过罚相当"原则。情节指学生违法、违规、违纪行为的手段、方式和产生的后果或影响,以及外界条件和行为者的身心状况及意愿等主客观因素。对情节进行分析,就是对这些因素予以综合评估与判断,得出情节轻微、严重、特别严重等结论,并使情节不同的行为对应不同程度的处分。

处分恰当除了使所受处分与违法、违规、违纪行为的情节和性质相比是恰当的之外,还包括:(1)所受处分与本社区其他学生在情节相同情况下所受处分相比是恰当的;(2)所受处分与其他高校或相应法律、法规、规章的惩处相比是恰当的。

处分恰当是对学生实施处分的基本原则和要求。对学生实施处分,要坚持正确的指导思想,坚持"惩前毖后,治病救人"的方针和慎重、适度的原则,要把纪律处分与思想教育结合起来,使学生在接受处分的过程中感到关爱、真情和尊重。

四、系(院)、学生处、学校意见决定书填写格式

1. 记过处分(含记过)以下的处分

系(院)意见:根据××所犯过错,建议给予××处分。

学生处意见:经×年×月×日会议研究,同意×系意见。

学校意见:同意学生处意见,决定给予××处分。

2. 留校察看处分

系意见:根据××所犯错误的性质及情节,建议给予留校察看处分。

学生处意见:经×年×月×日会议研究,报请学院会议研究决定。

学校意见:经×××会议研究决定,给予留校察看处分。

3. 开除学籍处分

系意见:根据××所犯错误的性质及情节,建议给予开除学籍处分。

学生处意见:经×年×月×日会议研究,报请院长会议研究决定。

学校意见:经×年×月×日院长办公会议研究决定,给予开除学籍处分。

五、处分决定的告知与处分决定书的送达程序

学校在对学生做出处分或者其他不利决定之前,告知学生做出决定的事实、理由及依据,并告知学生享有陈述和申辩的权利,听取学生的陈述和申辩。

对犯错学生做出纪律处分后,学校履行送达程序,即学校在做出处分决定后及时将处分决定书送交本人,学生拒绝签收的,可以以留置方式送达;已离校的,可以采取邮寄方式送达;难于联系的,可以利用学校网站、新闻媒体等以公告方式送达。

第十二章

国防教育

第一节　概述

国防教育,是国家为防备和抵抗侵略,制止武装颠覆,保卫国家的主权、统一和领土完整,对全体公民进行的具有特定目的和内容的普及性教育活动。国防教育的目的在于增强国防观念、掌握基本的国防知识、学习必要的军事技能、发扬爱国主义精神、自觉履行国防义务。

高职院校国防教育以军事理论教育和军事训练为主要形式,其中许多内容既是军事教学的内容,又属于思想政治教育的范畴,两者是一个有机统一的整体。其中的军事训练具有很强的团体性和对抗性。军事训练的团体性有利于培养大学生的集体意识和协作精神,激发集体荣誉感、强化集体主义精神;军事训练的对抗性有利于培养革命英雄主义精神和团体互助精神,激发竞争意识。

第二节　国防教育的实施

一、组织机构

学校国防教育工作是学校大学生思想政治教育的一部分。国防教育工作在学校大学生思想政治教育工作领导小组的具体领导下开展。学校学生处加挂党委学生工作部、武装部牌子,一套人马,三个牌子。

学校"大学生思想政治教育工作领导小组",党委书记任组长,校长任常务副组长,其他学校领导任副组长,各相关职能部门负责人、各院系总支书记为成员,领导小组下设办公室在学工部,负责大学生思想政治教育日常工作;学校"军训工作领导小组",党委副书记或分管学生工作副院长任组长,学工部长任副组长,各相关职能部门负责人、各院系总支书记为成员,领导小组下设办公室在武装部,武装部部长兼任办公室主任。办公室负责组织和指导全校的国防教育及军政训练工作,督促、检查学生军政训练工作的准备和计划实施情况,协调处理学生军政训练中的重要事项和重大问题,负责军训期间的保卫工作;成立有"大学生征兵工作领导小组",学校党委书记任组长,副书记任副组长,学校有关部门负责人为成员,领导小组下设征兵工作站,学生处长任站长,副处长任副站长,各系分管学生工作副主任为成员。学校征兵工作站在学校征兵工作领导小组领导下,同时接受凯里军分区、凯里市武装部和黔东南州教育局的指导,负责开展大学生征兵工作。

具体工作职责:

1. 负责学校国防教育年度工作计划和全民国防教育日活动安排的实施。

2. 制订学生军训活动计划,组织学生开展军训。

3. 制订年度大学生征兵工作计划,开展征兵宣传工作,组织学生进行报名与学生初审,对接地方征兵部门,完成年度征兵工作任务。

4. 负责做好学校国防教育宣传报道、学校网站国防教育网页更新和年终总结工作。

5. 负责学校国防教育工作领导小组会议的记录和既定事项的落实、督办。

二、新生军训

(一)编制军训工作方案

工作方案包括指导思想,军训对象、时间、地点,组织机构及职责,军训内容,表彰奖励,工作要求等。

成立以分管国防教育工作的校领导为组长,学工部部长和承训单位直接负责人为副组长的军训工作领导小组,成员包括党政办公室、宣传统战部、学工部、教务处、计财处、保卫处、总务处负责人和各教学系党总支书记,明确各部门的工作职责;领导小组下设办公室,办公室设在学校武装部,负责组织和指导全校新生军政训练工作,督促、检查新生军训工作的准备和计划实施,协调处理新生军训中的重要事项和重大问题,负责军训期间的保卫工作。

(二)联系承训单位,落实具体事项

学校武装部在春季学期期末负责与凯里军分区联系,就参加军训学生人数、开训时间、军训天数、军训地点、军训内容、军训要求、注意事项以及军训教官人数、教官进校时间、后勤保障等事宜达成协议,届时由军分区选派军训教官进驻学校,按军训工作方案实施军事训练。军训教官进校当天,召开军训教官与军训连队指导员(辅导员)见面会,就新生军训具体事宜做进一步协商与沟通。

（三）召开动员大会，拉开军训序幕

参会人员包括：根据军训工作方案，在军训教官进校后第二天上午，召开新生军训动员大会。

学校领导、军训工作领导小组成员、军训教官、指导员（辅导员）和全体参加军训新生。动员大会主要内容有：参训学生代表及教官代表发言、承训单位领导和学校领导讲话。动员会后，各个连队的教官和指导员带领新生连队按军训方案实施训练。

（四）实施军训方案，确保军训实效

军训教官按照军训方案严格施训、科学施训、人文施训；辅导员密切配合教官施训，值班住校，全程、全面跟班参加军训，主动积极与班级新生衔接，认真细致安排布置好班级工作，协助军训教官做好相关教育管理和服务工作。

军训期间严格考勤，严格管理；军训后期，学校武装部会同承训单位做好优秀连队、优秀教官、优秀指导员、优秀学员和军训标兵连队评选推荐工作。

（五）军训技能考核

1. 军训是新生的必修实践性课程，每个新生必须参加。

2. 小结及鉴定主要从以下几方面考虑：学生参加军训的态度、思想政治教育收获、军训活动表现（队列训练、内务训练等活动）、组织纪律性及出勤情况等。

3. 凡军训期间旷课者按学校有关规定处理。经批准请假三天以上者，本次军训不予评定等级；在军训期间连续两天或累计三天旷训或组织纪律性差，不服从管理等，军训评定等级评定为不合格。军训不合格的学生必须随下届学生补修，仍不合格的不予毕业。

4. 军训考核等级分为优秀、合格、不合格三等。

5. 优秀学员评选比例不超过参训人数的15%，被评定为优秀等级的在连鉴定意见栏注明。

6. 此表一式两份，一份存入学生档案，一份留存各系备查，存期三年。

（六）军训汇操，检验成果

在完成军训工作方案规定的军训时间、军训内容之后，为展现军训后新生的集体意识、协作精神、集体主义精神以及团体互助精神和竞争意识，要举行军训汇报大会。学校领导、军分区领导、军训工作领导小组成员、各教学系系主任和分管学生工作副主任、军训教官、指导员（辅导员）和全体参加军训新生参加。大会内容包括：各连队分列式展示、标兵连队分列式表演、宣读军训表彰决定、颁奖、优秀学员代表发言、军分区领导和学校党委书记讲话。

三、专题报告

专题报告主要包括国防知识讲座、观看影视片和进行消防逃生演练。

（一）国防知识讲座

包括国防虚弱的悲剧、自强不息的民族精神、当代中国的周边环境、我国国防的伟大成就、当今世界的各国国防、牢记重托不辱使命等内容。

通过开展国防知识讲座使学生更多地了解国防建设的重要性，也认识到了他们所要承担的责任与重托；通过了解我军军情、军史激发学生的民族自尊心、自豪感。同时立足当前，让学生通过参加实践活动锻炼体魄、增长知识、培养生活自理能力、养成良好的行为习惯。

（二）组织观看影片

组织学生观看《东方巨响》《世纪大阅兵》等国防教育影片；在每期国防教育活动后，可以在班级开展以国防教育为主题的主题班会，记录下学生参加国防教育活动的心得体会。

（三）开设消防知识讲座，结合理论教育还要组织学生进行逃生演练。

讲座内容可涉及《怎样正确使用灭火器》《使用煤气时要注意哪些?》《认识消防标识》《遇险时如何逃生》等内容，让学生在灾害面前从容应对，增强安全意识、提高自护自救能力。

四、征兵宣传

（一）指导思想

以科学发展观为指导，坚决执行国务院、中央军委征兵命令，以《中华人民共和国兵役法》和《贵州省军区征兵工作条例》为依据，认真贯彻落实《征兵工作条例》和征兵工作会议精神，坚持以依法征兵为基础，以提高新兵质量为核心，以廉洁征兵为重点，严格征兵纪律，充分挖掘潜力，勇于改革创新，高标准、高质量、高时效地完成今秋征兵任务，努力为部队输送高素质优秀兵员。

（二）主要内容及方式方法

1. 主要内容：

（1）宣传各级征兵工作会议精神。

（2）宣传落实义务兵优抚政策和退伍军人安置补偿政策。

（3）宣传落实应征入伍义务兵高等学校毕业生学费补偿、国家助学贷款代偿暂行办法等相关文件精神。

（4）宣传落实贵州省有关高等学校毕业生应征入伍相关优惠和扶助政策的精神。

（5）宣传维护军人军属合法权益情况。

（6）宣传《国防法》《兵役法》《征兵工作条例》和今年征兵工作有关文件精神。

（7）宣传适龄青年踊跃报名应征情况。

（8）宣传革命后代、战斗英雄、各类劳动模范、多代军人家庭子女报名应征典型。

2. 方式方法：

（1）广泛悬挂横幅、张贴标语：在学校的各个系悬挂县征兵办下发的2016年度征兵工作宣传挂图，并张贴相应的宣传标语或横幅。

（2）充分利用学校电子显示屏的宣传主阵地：滚动播放国家有关应征入伍的优惠政策、贵州省的主要优惠政策和我们学校的主要优惠政策。

（3）充分利用凯里市武装提供的有关征兵宣传资料：发放至各个班级各个寝室，让每个学生都知道信息，让那些想去当兵的人实现自己的理想。

（4）网络信息中心：把征兵工作相关内容挂在学院的互联网网站和学生一站式服务中心的微信群，让辅导员把相关的宣传材料通过QQ、微信等形式进行广泛的宣传。

（5）充分利用校园广播：在不同的时段播发凯里市武装部制发的宣传音频资料以及征兵时间调整、征兵优抚优惠政策、征兵报名、初检、体检、政审、定兵、起运等征兵工作相关政策。

（6）辅导员充分组织所带班级的学生认真学习《贵州省学校征兵工作暂行办法》和《凯里市2016年征兵政策问答》等征兵工作政策文件精神，发挥学校学生覆盖面广的优势，发动学生积极宣传征兵工作有关政策。

五、应征入伍

（一）征兵时间

全国的征兵时间是从3月7日开始，9月1日批准入伍，9月5日起运新兵，9月30日征兵结束。为便于凯里地区大学生参军入伍，凯里市征兵办自3月7日开始接受网上报名，6月底（毕业离校或暑假）前，组织实施初检、初审和预定兵工作。

（二）应征对象

男兵征集对象以高中（含职高、中专、技校，下同）毕业以上文化程度的青年为主，优先批准学历高的青年入伍，优先批准应届毕业生入伍。

女兵征集对象，为普通高中应届毕业生和普通高等学校全日制应届毕业生及在校生。

当年已被普通高等学校录取及正在高等学校就学的学生应征且符合条件的，可以批准入伍。

征集年龄,男青年普通高等学校在校生可放宽至 22 周岁,高职(专科)毕业生可放宽至 23 周岁,本科及以上学历毕业生可放宽至 24 周岁。女青年普通高等学校在校生可放宽至 20 周岁,普通高等学校应届毕业生可放宽至 22 周岁。

(三)基本身体条件

身高:男性 160 ㎝以上,女性 158 ㎝以上。

体重:男性不超过标准体重的 30% ,不低于标准体重的 15% ;女性不超过标准体重的 20% ,不低于标准体重的 15% 。标准体重 = (身高 – 110)kg。

视力:右眼裸眼视力不低于 4.6,左眼裸眼视力不低于 4.5。经准分子手术后半年以上,双眼视力均达 4.8 以上,无并发症,眼底检查正常,合格。

具体身体条件要符合国防部颁发的《应征公民体格检查标准》和有关规定。

(四)应征流程。征兵宣传的同时,有应征意向的大学生(含在校生、应届毕业生)可登录"全国征兵网",填写个人基本信息→报名成功后,下载打印《大学生预征对象登记表》《高校学生应征入伍学费补偿国家助学贷款代偿申请表》→向学校武装部提交《大学生预征对象登记表》《高校学生应征入伍学费补偿国家助学贷款代偿申请表》,填写入伍诚信承诺书和进行材料初审→到高校所在地征兵办进行初审初检,被确定为预征对象的学生,领取兵役机关和学校有关部门审核盖章后的大学生预征对象登记表》《高校学生应征入伍学费补偿国家助学贷款代偿申请表》→体检政审→走访调查→预定新兵→张榜公布→批准入伍。

(五)初审初检。大学生在毕业离校或放假前,根据学校武装部通知,携带本人身份证、毕业证书(高校在校生持学生证),按照规定的时间到指定的地点参加学校所在地征兵办组织的初审初检,被确定为预征对象的学生,领取兵役机关和学校有关部门审核盖章后的《登记表》《申请表》。

(六)体检政审。学校大学生以学校所在地为自己参军入伍的应征地。征兵开始后,高校所在地武装部会将具体上站体检时间、地点通知学生本人,学生可根据通知要求,携带本人身份证(户口簿)、毕业证书(高校在校生持学生证)以及审核盖章后的《登记表》《申请表》直接参加应征地武装部征兵办公室组织的体格检查,由当地公安、教育等部门同步展开政治联审工作。

(七)走访调查。政治联审和体检初步合格者,将由高校所在地武装部征兵办公室通知大学生所在乡(镇、街道)基层人武部,安排走访调查。

(八)预定新兵。高校所在地武装部征兵办公室对体检和政审双合格者进行全面衡量,确定预定批准入伍对象,预定新兵。

(九)张榜公布。对预定新兵名单将在校内张榜公示,接受群众监督,公示时间不少于 5 天。

（十）批准入伍。体检、政审合格并经公示的,由高校所在地征兵办公室正式批准入伍,发放《入伍通知书》。学生凭《入伍通知书》办理户口注销、享受义务兵优待,等代交接起运,统一输送至部队服役。申请学费资助的,还要将加盖有高校所在地征兵办公室公章的《申请表》原件和《入伍通知书》复印件,提交至应征学生所在学校学生资助中心。

第十三章

媒介教育

第一节 概述

媒介教育就是教育学生具有批判性地观看、收听并解读影视、广播、网络、报纸、杂志等媒介所传输的各种信息的能力,包括质疑、欣赏以及回应和利用媒介的能力。

媒介素养教育应该包括以下几个内容:第一,了解基础的媒介知识以及如何使用媒介;第二,学习判断媒介信息的意义和价值;第三,学习创造和传播信息的知识和技巧。

第二节 网络环境下的大学生媒介素质教育

大家知道,媒体并未全然呈现真实世界,有些反而在媒体文本内充斥着许多与国家稳定、群体事件、社会公共安全、次文化等议题相关的刻板印象、偏见与错误的再现,这些内容对高校学生的思想政治教育、学生个人发展、校园和谐都带来挑战。由于学生的学习生活环境是在学校,所以网络成为大学生课堂外获取信息的重要媒介来源。

一、网络给高职院校学生工作带来的机遇

网络的影响力是一把"双刃剑",首先利用网络有利的一面,抓住网络给高等职业院校学生工作带来的机遇,从而促进学生工作的开展。

1. 工作形式更加灵活多样。

网络突破了传统媒体的时间和空间的限制,在网络技术的不断推进下,辅导员可以利用 BBS 等了解学生的思想动态、关注的热点问题和学生的困惑,并能够及时地加以引导;可以利用辅导员网上邮箱,针对学生学习、生活中遇到的问题和困惑,及时、细致地给予解答和解决;可以利用个人博客发表言论,改善形象,引导正确的舆论;可以利用QQ和微信等即时工具和学生平等的无障碍沟通,深入学生的心灵深处;可以发布新闻、公示,也可提供学习、生活资料下载,展示优秀人物和团队引导健康积极向上的网络文化。

2. 工作资源更加丰富多彩。

网络提供了包括文字、图像、语音、视频、动画等各种媒体的信息,使得教育内容从平面走向立体,内容传播形式从单向传播变成了人机交互再到一对一,网络在传播信息时有及时、大量、交互、连续、多样等方面的明显优势。通过网络,辅导员不但可以通过网上图书、搜索引擎等快速地掌握教育、教学资源,而且可以快速地寻找到工作、学习所需的数据资料,可以通过各个网站的新闻及时地了解时事政治等。

3. 工作效率进一步提升。

网络具有信息海量、检索快捷、形式多样、交流直接、预警及时的特点,可以极大地提高辅导员工作的覆盖面、有效性和及时性。一是辅导员可以通过网络全面及时地找到工作所需的资料,并通过网络快捷地传输;二是辅导员可以通过网络将消息实时地发布、更新动态,减少了很多口头传达所需要的时间和重复;三是通过网络,各个辅导员之间、辅导员与任课老师之间进行信息交流和资源共享,大大提升了工作的效率。

二、网络给高职院校学生工作带来的挑战

1. 加大了辅导员的工作难度。

网络的匿名化和海量化让其可信性和客观性大大减少,高职院校学生面临海量的信息时,难以甄别真伪,首先西方国家掌握着网络语言和网络技术的优势,西方资产阶级的人生观、价值观和道德观会乘虚而入,利用网络进行意识形态的攻击会变本加厉;其次社会上的"黄、赌、毒、黑"等问题的入侵,要防止学生沉迷于网络游戏、网络色情、网络赌博等。特别是近两年兴起的"校园贷",这些不但增加了辅导员的工作量,而且从工作方法、工作技能、工作途径等方面提出了更高的要求。

2. 给高职院校学生带来了消极影响。

网络给学生带来消极的影响主要表现在:一是学生通过互联网看电影、聊天、打游戏取代了课外体育运动,成为他们的主要娱乐方式。二是网络的虚拟性和隐蔽性弱化了学生的社会责任感,许多学生在网上、学校贴吧上发表一些不文明,甚至漫骂和人身攻击的语言。三是网络成瘾危害严重。高职院校学生是网络成瘾的高发人群,上网已成为他们的习惯,一天不上网就有失落感,上网时精神亢奋,下网时依依不舍,离网后头晕脑涨,精神萎靡或烦躁不安。网络成瘾对高职院校学生造成了角色错位、人性异化、自我迷失、学习成绩下降、身体健康受损等多种问题交叉的严重伤害。

三、网络时代下高职院校学生工作的方法创新

1. 提高综合素质,适应时代发展。

对网络文化的新形势、新挑战,辅导员要充分发挥自身的主观能动性和创造力,努力提高自身的能力和创造力,积极主动地占领网络阵地。一是辅导员要不断地改善自身的知识结构,提升网络应用技能;要善于将新兴的网络技术和学校的教育、教学和服务工作结合起来,成为网络技术应用的先锋队。对网络德育、网络心理学、网络法律法规等进行深入的学习和研究,克服困难,大胆实践;力求能够驾驭网络危机、网络谣言和网络成瘾等复杂局面。

2. 加强舆论引导,建立预警机制。

高职院校是多元思想交流的"特殊地区","听信八卦""谩骂学校""人身攻击""偏激的爱国舆论"等在各个高职院校的校园贴吧上屡见不鲜。辅导员要引导学生从"发泄、谩骂、偏激"的坏习惯中跳出来,倡导"平等、尊重、沟通"的网络文明风尚。不论是在网内网外,辅导员不应该只是一个"说教者",更应该是一个服务者。往往在谩骂、指责的背后虽然有学生偏激等因素,但也有一些的确是学校和社会发展过程中留下的问题。特别是针对后勤服务、教学、学生补助、评优、就业等实际问题,要求辅导员在引导后及时反馈给相关职能部门,切实解决学生的困难。

3. 开展网上活动,文明网络环境。

辅导员要正确地认识到有很多网络活动对高职院校学生是有益的,要学会利用网络的有利条件,创造性地开展工作,比如"网络歌手大赛""毕业生网络留言""学生个人博客展""模拟微商""交流微信公众号"等高职院校学生喜闻乐见的网络活动形式。另外,高职院校学生自身最清楚他们需要什么样的网络文化,要学会依靠学生来开展网上活动。只有这样才能引导同学们合理利用网络,净化网络氛围。

第十四章

心理健康

第一节 概述

一、什么是心理健康

如果现在问大家什么是心理健康,相信一定会有很多种不同的答案。

心理健康是指人们在身体、智能以及情感上与他人心理健康不相矛盾的范围内,将个人心境发展成最佳的状态。——第三届国际心理卫生大会(1946)

心理健康是指人们在学习、生活和工作中的一种安宁平静的稳定状态。

——世界卫生组织(1948)

心理健康的人应该具备三个特点:能够保持平静的情绪,敏锐的智能,适应环境的行为和愉快的气质。 ——麦林格尔(K. Menniger)

心理健康是一种持续的心理状态。主体在这种状态下能够适应良好,具有活力,发挥其自身潜能。是一种积极的、丰富的状态,而不仅仅是没有疾病。

——英格里士(H. B. English)

相信大部分朋友看完这些关于心理健康的定义后,可能依然还没有很清晰地明白到底什么才是心理健康。别着急,如果你有这样的困惑是正常的,因为大家都一样,也曾有过类似的困惑。所以,在此要建议大家暂时抛下过去所学的所有概念、理论和知识,并试图去用最直观的方法来界定它。而判定个体的心理是否健康,不是从单方面去评价,而应该是一个多元、复杂的评价体系。归纳起来主要是由心理、生理和社会三个方面构成。

(一)心理层面

这里指的主要是来自个体自身的主观感受,也就是说评价个体的心理是否出了问题,其自身的主观感受也是一个评价指标。比如个体是否有明显的焦虑、紧张、压抑、烦闷等主观感受,并且这些主观感受到的痛苦已经对其正常的生活造成了影响,或使其产生了适应不良。

心理问题具有它隐蔽性的特点,在个体还能自我控制之前一直都不会轻易向外界表露出任何异常的举动,以至于旁人难以察觉。因此,个体的主观感受理应成为评估心理健康与否的指标之一。这种评价指标的好处是得出的评价结果可能更接近事实,更符合当事人的实际情况,而不至于让心理医生或者精神科医生背负专制武断的"罪名",同时也能让当事人更了解自己的情况。

（二）生理层面

生理上是否残疾以及某些生理功能是否出现障碍,也是评价心理是否健康的一个指标。当然,不是说有生理残疾的人就一定是心理不健康的,而是说个体可能由于存在某些生理上的残疾,进而导致其无法实现某些目标或是无法满足某些需要,并因此引发的各种心理问题。比如由于丧失交际能力而导致个体无法体验人际和谐与归属感等,或者是由于生理缺陷导致个体无法实现自己的职业抱负,进而产生一系列的消极心境等。

比如口吃只是一种生理现象,它并不是心理健康的评价指标。但如果由于口吃导致个体在人际交往方面出了问题,那就成了影响个体心理健康的因素之一。因为是否善于交往以及是否拥有一个和谐的人际关系,则恰恰是评判心理是否健康的标准之一。因此,在评判个体心理是否健康的时候不是看他是否有生理缺陷,而是要看生理上的缺陷是否给他/她带来了某种心理上的负面影响或者痛苦。而现实是,往往生理上的缺陷都会给个体带来一定程度上的负面影响和痛苦。所以在评价个体心理健康的时候,其生理现状就成了一个不可回避的指标。

（三）社会层面

当一个人能够很好地与其所处的环境融为一体,其所有的行为特点都是社会认可的,那应该不会有人把他归为不健康的一类。但是,如果在生活中发现某个人的行为举止严重偏离社会规范,不符合社会大众的预期,甚至是出现了明显的、令人难以容忍的行为,人们肯定会觉得他不正常。这种基于观察者角度的评判标准,是否把某人归为健康或者不健康,主要是看作为观察者的社会大众能否接纳个体的行为特征,是否觉得他们是另类,即社会常模的标准。

这种评价有它的优点,当然也有缺点。优点就是可操作性较强,容易对评价指标做量化分析。比如可以为某些行为设置一个临界值,当超过了这个临界值就可以被认为是异常行为;另一个优点就是形象直观,容易理解,也容易被接受。因为那些与大众期望不符的行为特征是那么的明显,以至于人们很容易将其归为另类。它的缺点就是在考察的时候容易只看个体行为本身,对跨文化差异性的比较分析比较困难。

以上三个方面就是心理健康的评价指标,也就是说在评价一个人心理是否健康的时候应该综合考虑这三个方面。这也说明了人的心理是一个整体,它牵涉方方面面。所以对心理健康评价也应该有一个全面的体系。

因此,我们得出结论:心理健康的个体应该是没有痛苦、焦虑、烦躁等内在的负性情绪体验,也不会因为生理的某些残缺或障碍而感到自卑与苦恼,能够适应所处社会环境并被社会所接纳的。

二、心理健康的标准

综合目前国内外对心理健康标准的分类,并结合高职生的实际心理特点,现将高职生心理健康的标准概括为以下七点:

(一)情绪调控能力

情绪不光会影响大家的学习、工作、生活、人际关系,而且最关键的是它还能影响健康。健康的学生应该是具有开朗、乐观、愉快的情绪状态,并对自己的生活、学习充满信心与期望,即使偶尔有一些不开心、烦恼的事情,也能自己快速调整过来。总之,心理健康的人一定是一个能够保持积极乐观心境的人。

(二)人际关系和谐

和谐的人际关系也被视为心理健康的一个重要标准,如美国《心理障碍诊断与统计手册》(*Diagnostic and Statistical Manual of Mental Disorders*)第四版中就把人际和谐作为心理障碍的诊断指标之一,即当个体与家人、朋友等社会关系出现问题时就可能会导致其出现某种心理障碍。信任、接纳他人,有集体荣誉感,喜欢与人相处、乐于帮助他人是健康的表现。因此,心理健康的人一定是善于交往并能够与人保持和谐人际关系的。

(三)自我认识能力

古人云"人贵有自知之明",由此应该可以解读出两点重要的信息:第一,正确认识自己是一件非常重要的事情;第二,认识自己不是一件容易的事。古人云"知己知彼方能百战不殆",由此也应该解读出两点重要的信息来:第一,正确认识自己是认识一切的开始;第二,只有正确认识和了解自己后,才能做出正确的选择和决定,然后才能确保顺利完成工作。因此,能否正确掌握认识自我的方法,并做到正确认识自我、接纳自我将是判断心理是否健康的标准之一。

(四)人格的完整性

人格是个体区别于他人最显著的特征,也是人一生中最为稳定的特质之一。所谓"江山易改禀性难移",因此,人格特征的一个显著特点就是稳定性。人格不仅仅表现在个体的心理内部,也和外界环境有着密切的联系,它和环境应该是一个相互影响的过程,并且主要是环境在影响个体。而这就是人格整体统一性的表现,就是说个体自身的态度、行为、习惯、性格、信念、价值观等不仅要保持自身内在的稳定,更要与外界环境保持协调,这样才能更好地适应环境,进而促进健康完整人格的发展。因此,能否保持完整统一的人格体系将是判别心理健康与否的标准之一。

(五)环境适应能力

怎样去认识自己所处的环境,能否正确处理好与自己所处环境的关系,这些都会影响到个体的学习、工作以及生活质量。也就是说要想使自己更开心地学习、更高效率地工作以及更快乐地生活,那就必须要有较强的环境适应能力。作为学生来讲也是如此,你必须要懂得正确认识和评估自己所处的社会环境,要在环境发生变化的时候及时调整自己,以使得自己更符合新环境的要求。而想要达到这样的要求,就必须经常保持与周围社会环境的接触,实时掌握周围环境的变化和新动向。切勿去做个一心只读圣贤书,两耳不闻窗外事的“宅男/宅女”。由此可见,能否正确认识周围环境,并处理好自己与环境之间的关系,也是心理健康的一个指标。

(六)日常行为表现

心理学毕生发展观认为人的一生都在发展,而且每个阶段发展的主要任务也不同。也就是说人在每个年龄阶段都会有不同的心理特点和行为模式。比如儿童的特点就是天真活泼、无忧无虑、好奇并且好动;老年人的特点则是孤独、疑虑、忧郁、怀旧以及迟钝等;而大学生正值青年初期,正是年富力强、充满活力的时候,所以其特点应该是精力充沛、勤奋上进、思维敏捷、喜欢挑战的。所以,看一个人的心理健不健康,可以从其日常的所思所为去进行考察。高职院校的学生,一般都是20岁左右的年轻人,如果你经常在那里感叹:“唉……老了,真是岁月不饶人啊!”那你就不是一个心理健康的年轻人。因为这句话就不应该是20岁左右的人说的。因此,请注意你的日常言行是否符合自身实际情况。如果符合,你就是一个心理健康的人,反之亦然。

(七)个人兴趣爱好

个人的兴趣爱好以及因兴趣所激发出的具体行为都可以说是个体心境状态的一种表现。为什么这么说呢?因为心理健康的学生,一定是对生活充满希望,具有强烈的求知欲望和上进心,对校园中的各种活动也会充满兴趣。他们会为实现自己的理想和抱负(兴趣所指)不懈努力,生活过得非常充实。反之,那些对什么都觉得没有意思,对任何事情都不感兴趣的人,很难说他们的心理是健康的。当然,这里绝对不是说只要有兴趣爱好的人就是健康的。还得考察他/她的兴趣好爱是否是积极健康的,比如这个同学最大喜好就是损人利己,甚至是危害社会安定,那相信没有任何人会愿意把他归为健康的一类。所以,一个心理健康的高职生,不光要有广泛的兴趣爱好,而且还要是积极向上的兴趣爱好。只有如此,才算得上是一个真正心理健康的高职生。

第二节　社会支持

一、什么是社会支持

社会支持是指一定社会网络运用一定的物质和精神手段对个体进行无偿帮助的行为,一般是指来自个体之外的各种支持的总称。其中人与人之间的亲密关系是社会支持的实质。从社会互动关系上理解社会支持,认为社会支持是人与人之间的亲密关系。同时,社会支持不仅仅是一种单向的关怀或帮助,它在多数情况下是一种社会交换,是人与人之间的一种社会互动关系。同时社会支持也是一个系统的心理活动,它涉及社会资源、情感支持、信息支持、同伴支持等。

二、社会支持的内容及其做法

（一）工具支持

1. 物质支持

物质支持主要是指社会对个体提供力所能及的物质帮助,让其得以缓解由于物资匮乏而带来的各种压力及困难。在学生工作中也可能会时常遇到此类现象,比如有些家庭经济非常困难的学生,辅导员、班主任或者其他老师与同学都可以通过一定的方法去给他们提供帮助,以使其渡过难关。但是这里需要说明的是,并不主张辅导员、班主任直接借钱或者将自己用过的物品送给那些贫困的学生。原因有三:其一,很多辅导员、班主任都是刚参加工作的年轻人,本身经济状况就不是很好,所以不建议为了帮助学生而把自己的生活质量降低增加压力;其二,一旦辅导员、班主任借钱给学生后一时半会儿学生是很难还上的,这必将会影响师生之间的正常关系发展;其三,直接借钱或者将自己用过的物品给贫困学生,可能会伤害到他们的自尊心,因为很多贫困生心理非常敏感。因此,正确的做法就是为他们申请国家资助项目(如助学金、奖学金以及其他扶贫项目),或者是为他们提供一些勤工俭学的机会,可以让他们既有了一定的物质保障,又不损害个体自尊。

2. 服务支持

服务支持主要是指社会为了让个体更好地工作与生活而对其所提供的所有服务类帮助。作为学生管理工作的辅导员、班主任以及其他相关老师,为了让学生能够在学校更好地健康成长成才,获得更好的发展,老师及整个学校就要为他们提供良好的服务帮助。最常见的工作就是提供一个良好的学习与生活环境,最起码的要求就是得保证其舒适和安全。

3. 工作支持

学生在校期间获得的帮助和支持不应该仅局限于学习上,而且也许非学习上的帮助和支持对学生将来的影响可能会更大。因此,在学生管理工作中,辅导员、班主任以及其他老师都应该给予学生更多非学习方面的工作支持。比如班级活动、社团工作、社会服务、时间管理、创业与就业等都应该获得指导老师的支持与帮助。这些帮助将更有利于提高学生的综合素质,可以让他们在将来能够更好地适应社会的需求。

(二)心理支持

1. 情感关心

社会性是人的本质属性,也是人类区别于其他动物的显著特点,而其中的情感互动就是人类的社会属性之一。人在任何时期、任何环境中都需要情感支持,即情感支撑点。如果个体在某一时期失去了情感支持点,他将会像没了根基的大树,随时都有可能倒下。学生也是如此,他们在校园里面生活也需要建立属于自己的情感支撑点,即他们需要合理的积极情感关注。特别是刚刚进校的新生,当他们从一个熟悉的环境迁移到一个陌生的环境中时,他们会出现"身心分离"的情况,因为他们的心还留在过去那个熟悉但是已经不存在的时空,而身体却已来到了新的环境中。这时候最常见的体验就是恋家,特别是非常想念过去的同学和亲友。为什么会如此? 其原因就是他们在新的环境中还未建立起合适的情感支撑点。因此,此时辅导员、班主任或者其他老师的情感关注将对他们快速适应新环境,建立新的情感支撑点非常有帮助,而且新生开学前一个月是师生关系建立的最佳时期。因此,在学生工作中,辅导员、班主任以及其他老师除了关注学生的学习、纪律等问题之外,更应该多给予学生情感上的关注与支持。最常见的做法就是多找学生交流,了解他们的心声。

2. 赋予信任

进入成年期后,学生的独立意识和行为都表现得比较强烈,尽管他们看上去还不是那么的独立。正如一些学生所反映的那样:"我最反感很多老师一开口就是'你这孩子……',他们才比我大几岁啊?"这反映出学生非常希望能得到老师们的认可和信任,特别是认可他们的成人角色。而如何让他们感受到来自老师的认可呢? 那就是给予充分的信任。相信他们其实也是老师自信的一种表现,你所有的举动都会对他们产生外显或者内隐的影响,这就是为什么辅导员、班主任会直接决定或影响班级氛围的原因。因此,请相信你的学生吧! 在工作中多放手,多发挥他们的自主性。这样他们会更容易获得成就感,满足其独立自主的心理需求,同时也能体会到来自老师的信任。

(三)信息支持

1. 提供建议

由于心智发展还不够成熟、社会阅历还不够丰富、知识结构还不够系统,这导致学生在遇到问题的时候不能拿出很好的解决方案。所以,这时候老师的建议将会对他们产生很大的影响作用。而且老师提供建议的过程也可以让学生学习如何进行思考和分析,而不是被动地执行老师的指示。因此,在很多涉及学生自身或者班级事务的时候,建议老师们多提供灵活丰富的建议,而不是下生硬死板的命令。比如在恋爱问题上、在选课上、在学习方法上、在创业与就业方面等,多与学生交流,多提供建议。这样不仅能够给学生提供实实在在的近景帮助,也可以促进他们的远景发展。

2. 给予指导

万事开头难,学生工作也如此。刚开始接手新班级的时候,很多辅导员可能会觉得自己就像一个保姆,班里的什么事情都要管,学生好似什么也不会:行政楼在哪里、水卡在哪里充值、寝室没电了怎么办、班会怎么开,等等。此时,很多经验丰富的辅导员都会手把手地教学生怎么做,而不是抱怨和感叹。所以,想要做好学生工作,前期的指导显得非常关键,特别是针对班委会的培训。如果你想在后期轻松管理班级的话,那就得在前期做好指导培训工作。只有这样,后面学生才不会一有事就找你,因为他们已经知道怎么解决了。但如果你在前期觉得麻烦就自己做,不去教他们的话,你会发现渐渐地你就真的成了他们的"保姆"。

(四)同伴支持

在校园生活中,学生最重要的两种人际关系就是师生关系和同学关系。而这两种关系都可以归结为同伴支持,它具体表现在师生之间健康的人际交往、同学之间亲密的情感依恋。只有学生获得了这样的同伴支持,他们才不会觉得自己在学校是孤零零的一个人,即获得了一种爱与归属感的心理满足,而且人们对母校的怀恋也正是基于此。老师和学生之间可以发展健康的亦师亦友关系,老师可以在指导学生学习、传授生活技能以及一起工作中与学生建立起深厚的友谊。同学之间可以在共同的学习和生活中建立起纯洁、真诚、长久的同窗之情。而这些都将会为学生提供一个强有力的同伴支持系统,进而帮助他们在校园生活中获得更多快乐与成长。

第三节　专业支持

一、心理普查

（一）心理普查简介

心理普查是大学生的权利和义务。一般来说安排心理普查都是从关注学生发展角度出发的,目的是为了促进学生更好地了解自己的心理状况和心理特征,以便促进自己心理素质的发展。新生入学后会有次体检,体检是检查一个人的身体是否健康的过程,而心理普查则是检测一个人的心理是否健康,它是心理专业人员运用心理学的技术、方法和手段,在收集相关资料的基础上,评定某一人群的心理健康状况的过程。其目的和意义有以下几点:

1. 对学生来讲,可以给他们增加一个了解自己的途径和机会。大一是人生中的一个重要转变期,通过心理普查,可以让学生多一个途径来了解自己,可以有针对性地在大一的适应过程中学会如何转变,开发心理潜能,促进心理成长,增强心理保健意识。

2. 对学校来讲,通过心理普查,可以使学校及时全面地了解新生入学后整体的心理状况。针对学生心理上共同的特点,制定合适的心理健康教育措施,从而使学校的心理健康教育工作更有针对性和实效性,使之更有效地促进学生心理素质的健康发展。

心理普查的主要内容是用正规的心理量表来对普查对象进行心理测试,以评估人的某个时间段里某些心理特点和心理状态。我们心理普查使用的心理量表主要有:大学生人格问卷(UPI)、症状自评量表(SCL－90)等,用来了解学生的心理健康状况和个性心理特点。心理测验分纸笔测验和网上测验两种方式,现在普遍采用网上测试。

（二）工作流程

每年的新生心理普查工作流程是:新生数据录入系统→网上测试→统计分析、筛查复查→建立档案→撰写报告。

1. 新生数据录入系统:每年9月底10月初,心理健康教育中心从教务处拿到各院系的新生数据(包括学号、姓名、性别、出生日期等信息),汇总后进行编号、设置登录名和密码,然后导入心理教育信息化管理系统,并把每名学生的登录名、密码反馈到各院系,在普查开始前由新生辅导员告知各班学生自己的登录名(一般是学号)和密码(初始密码123456)。

2. 心理普查测试阶段:一般在每年10月下旬开展,由各院系新生辅导员组织本班学生统一进行网上测试(可在机房或计算机课上),心理老师或经过培训后的朋辈辅导员(心协会员)到现场指导,要求在规定时间内(UPI测试一般用10分钟,SCL-90测试一般用15分钟),务必保证每名新生按要求完成测试(如果有些学生没有按期参加测试,最后统一进行安排补测)。

3. 心理筛查复查阶段:全校新生完成网上心理测试后,由心理健康教育中心进行统计,筛选出测评结果显示为异常的学生,并在规定时间内(一般在11月中旬)对这些学生进行复查以及跟踪辅导。

4. 建立心理档案,撰写心理调查报告:根据心理测验结果,为每个新生建立心理档案,同时撰写新生心理调查报告,分析新生中存在着的突出心理问题,提出针对性的建议供学校学生管理部门参考。

(三)工作要求

1. 心理普查由心理健康教育中心安排,并在测试前对主试进行培训(主要是由朋辈辅导员担任),各院系指派专人负责心理普查的组织实施。

2. 要求每位新生必须参加普查。如个别新生有特殊情况不能参加普查,新生辅导员要记下其姓名及编号,并将名单报送心理健康教育中心,以便于进行补测。

3. 心理健康教育中心在普查过程中对心理异常、心理预警学生及时进行心理邀约咨询,及时排除安全隐患。

4. 普查结束后,心理健康教育中心将把普查中筛选出的需特别关注的同学信息反馈到各院系,在贯彻学生心理信息保密原则的前提下,要求辅导员给予及时关注。

5. 在普查测试开始前,各院系新生辅导员一定要向学生讲明普查的目的和意义,并做好以下内容的讲解工作:

(1)测试遵循保密原则,测试结果仅由心理健康教育中心存档,以便在需要时为学生提供更恰当的心理健康服务。

(2)测试结果,对学生学习、参加社团、入党、奖励、就业等不造成任何影响。

(3)测试选用的量表具有良好的信度、效度,能帮助学生更好地了解和认识自己、提高和完善自己。因此,要求学生要真实地作答。

(4)每名新生都要参加普查,且必须在规定时间之内认真完成问卷测试,不能替别人或找人代替自己参加测评。

（四）注意事项

1. 心理测试的优点在于能够比较快而多地了解各类人的不同心理状态与特点。它的一个非常致命性的缺点是受环境的影响与暗示、被测者当时的心理状态等因素的影响较大。所以，心理普查尽可能集中安排一个时间统一进行，一定要选一个合理的时间，合理的地点。

2. 心理测验的答案没有对错之分，它只是用一定的数值来衡量一个人的心理健康状况，因此要求学生在做心理测验时根据自己的实际情况如实填写，无须参考他人的答案，这样才能对自己负责，检测出自己相对真实的心理健康状况。

3. 参加心理测评时，凭第一感觉认真作答，不需要学生过多地思考每一道测验题目，不要作假或故意选择回答极端答案。

二、团体辅导

（一）团体辅导的概念和意义

团体辅导是在团体的心理环境下为成员提供心理帮助与指导的一种心理辅导形式，即是以团体为对象，运用适当的辅导策略或方法，通过团体成员的互动，促使个体在人际交往中认识自我、探讨自我、接纳自我，调整改善与他人的关系，学习新的态度与行为方式，增进适应能力，以预防或解决问题并激发个体潜能的助人过程。一般而言，团体心理辅导方式是由1—2名领导者主持，根据团体成员问题的相似性，组成治疗小组，通过共同商讨、训练、引导，解决成员共有的发展课题或心理障碍。

心理学研究表明，团体对一个人的成长与发展有着重要的影响，而心理辅导的实践也证明，在帮助那些有着共同成长课题和有类似问题及困扰的人时，团体辅导是一种经济而有效的方法。团体辅导与个别辅导最大的区别，在于当事人是在团体中通过成员间的交流、相互作用、相互影响来实现对问题的认识，从而解决自己的问题。与个别辅导相比，团体心理辅导的意义有：第一，感染力强，影响广泛；第二，省时省力，效率高；第三，团体辅导的效果容易巩固；第四，团体辅导特别适用于人际适应不良的人。

团体心理辅导一般可以采用如下几种形式：班级心理课、主题心理辅导、心理训练等，团体辅导的主题内容一般可涉及新生适应团体辅导、人际交往团体辅导、自信力提升团体辅导、情绪管理团体辅导、恋爱成长团体辅导、压力应对团体辅导、职业生涯团体辅导，等等。

（二）工作程序

团体辅导开展的工作程序一般是：成员招募→团体开展→团体结束→总结评估。

1. 团体招募：团体成员的招募可通过宣传途径了解开班信息，自愿报名的参加者；也可通过咨询员根据平时的咨询情况给出建议而报名的参加者；还可通过其他途径，如班主任和任课教师介绍、动员而来的参加者等。最后还要通过面谈、心理测试结果，筛选确定合适的团体成员。

2. 团体开展：一般包括订立契约、热身游戏、活动开展、分享讨论几个环节。团体辅导开展之前，要向团体成员交代清楚团体纪律，由小组成员共同订立契约，共同遵守，同时确定明确的团体辅导活动目标；接着进行热身游戏，围绕主题开展一系列的活动，开展过程中要在充满信任、理解、真诚的团体气氛下进行，运用头脑风暴、角色扮演、行为训练等技术展开团体成员之间的互动。

3. 分享讨论：团体成员发言分享活动体验，有哪些经验和感受，要鼓励成员的参与彼此的分享与回馈，使团体辅导的效果得以和生活经验和个人联结，不只是局限在游戏本身，从而深化团辅效果。

4. 团体结束：主要是团体成员的祝福与道别，计划与展望。要处理可能的分离焦虑，做好结束活动，这对巩固团体心理辅导的成果，是非常重要的一环。要协助成员整理、归纳在团体中学到的东西，鼓舞信心，将学习到的东西应用于日常生活中去。

5. 总结评估：要对团体辅导的结果进行总结评估。对参加团体心理辅导的成员，在团体心理辅导结束后的一定时间内要做跟踪观察，并得到反馈。通过辅导员、任课教师、家长、同学侧面了解他们的学习、生活、情绪状况，特别是了解他们对团体心理辅导探讨的主题在现实生活中的应用能力。

（三）注意事项

1. 团体辅导开展前首先要制订一个团体心理辅导方案。确定领导者、辅导主题目标、团体规模、活动时间次数、场地、所需物资等，做好准备工作。

2. 团体成员的招募应坚持自愿参加的原则，要对报名者进行必要的沟通和澄清，对成员的筛选要结合量表测验和面谈综合考虑，确定参与者时既要考虑成员的同质性又要具备一定的异质性。对于参与者要让他们填写申请书，以保证他们遵守团体规则，顺利完成各项活动；对于不适合参加者，可以提供对其有益的其他资料，或参加其他更适合的团体训练或告知保留其有优先参加下次团体的机会。

3. 团体辅导开展后一定要记得进行分享讨论，而且注意要在一个活动后及时开展讨论，引导成员和生活联系去探讨，在探讨个人时要注意不要探讨过深。团体辅导结束后亦不要忽略进行及时的总结评估。

三、个体咨询

（一）个体心理咨询的概念和意义

心理咨询是 1938 年威廉森（E. G. Williamson）首次提出，但心理咨询到底是什么，似乎至今仍无公正的定义，我们可以把心理咨询理解为：心理咨询是由受过咨询心理学专门训练的专业人员运用心理学知识、理论和技术，针对求助者学习、工作、生活等方面出现的各种适应和发展问题，通过与来访者协商、交谈和给予来访者启发和指导的过程，帮助来访者挖掘其潜在的能力，使其更好地适应环境，保持、提高其心理健康水平，促进其人生的发展。

心理咨询其实就是一个"助人自助"的过程。先由"他助"（来访者求助咨询人员），经过"互助"（来访者与咨询人员之间相互了解、理解和谅解），最后达到来访者"自助"（自己改变认识和行为）的完整过程。心理咨询又分为个体心理咨询和团体心理咨询。

1. 心理咨询能帮助大学生解决完善自身和适应环境中遇到的心理问题，为大学生提供一个倾诉内心淤积的烦恼、苦闷、忧虑、痛苦的场所，使大学生能较快地走出困境，朝着正确目标健康地发展。

2. 心理咨询可帮助大学生对自身有个正确的认识，引导他们发现真实的自我，真正地认识自己的需要、价值观、态度、动机、长处和短处等，同时也可以根据自己的心理状况设计自己的行为，从而获得进步。

3. 心理咨询能及时地发现有心理疾病的大学生，有效地对他们进行心理治疗或送医院治疗，避免病情的忍化或自杀事件的发生。

4. 心理咨询能及时了解大学生的思想动态和心理变化，纠正求询者的某些错误观念，为有针对性地开展思想政治教育提供某些信息。

（二）个体心理咨询的过程

心理咨询的步骤一般分为初诊接待阶段、心理诊断阶段、确定咨询方案阶段、心理咨询阶段和咨询结束阶段。

1. 初诊接待

了解求助者的问题，咨询师确定求助者的问题是否符合心理咨询的范围，以及咨询师自己能否帮助求助者解决问题。如果不属于心理咨询范围，或者不是自己心理咨询领域，咨询师建议求助者到相应机构或者咨询师那里寻求心理咨询。这个阶段一般在来访者进行电话预约时进行，或者在求助者亲自到咨询机构求助时进行。初诊接待一般需要花费 10 分钟左右时间。

2. 心理诊断

咨询师需要对求助者的问题和相关的方面情况有一个全面的了解，对求助者的问题的类型和严重程度有一个诊断,需要对造成求助者问题的原因进行分析和判断。心理诊断主要通过与求助者的谈话、与求助者密切关系人士的谈话,通过咨询师的观察,通过心理测验等方式进行。心理诊断阶段所需要的时间往往取决于求助者问题的严重程度和生活经历复杂程度,心理诊断谈话一般在 30 ~ 180 分钟之间,即心理诊断谈话需要一次到数次咨询谈话时段。

3. 确定咨询方案

在咨询师对求助者的问题类型和严重程度,对造成问题的原因有一个诊断以后,咨询师会和求助者协商心理咨询解决问题的先后顺序,首先解决哪个问题,然后再解决哪个问题,对求助者介绍采用的心理咨询技术和方法,协商心理咨询的时间、周期等问题。与求助者达成一致。如果能够达成一致,就进入心理咨询阶段,如果不能达成一致,咨询活动就终止。确定咨询方案一般需要 15 ~ 30 分钟。

4. 心理咨询

在心理咨询师与求助者就咨询问题和使用方案取得一致的情况下,咨询师对求助者的问题进行咨询性谈话,咨询师可能使用的技术有认知矫正、行为疗法、心理分析等方法。根据使用方法的不同,有可能咨询师会给求助者布置家庭作业,或者对求助者进行训练等。本阶段所需要的时间往往和求助者问题的类型、问题的多少,咨询技术及求助者配合情况有关。如果求助者的问题是长期形成的,如果采用心理分析技术,如果求助者未能按照咨询师的要求完成家庭作业,这些情况下咨询所需要的次数可能就比较多一些。

5. 咨询结束

在咨询目标达成,或者求助者不愿意继续进行咨询,咨询即告结束。在结束的时候,咨询师和求助者一起对咨询效果进行评估。在咨询结束后一段时间里,还会与求助者联系,了解求助者的改善情况。

(三)注意事项

1. 心理咨询的对象是精神正常但遇到了与心理有关的现实问题并请求帮助的人群,和精神正常但心理健康出现问题并请求帮助的人群。而那些精神病或严重心理障碍患者、脑器质性病变引起的心理或精神活动异常的人、日常生活中非心理问题性质的人也不是心理咨询的工作对象。

2. 心理咨询需要遵循保密、倾听、共情、价值中立和重大决定延迟的原则来进行。

四、网络咨询

(一)网络咨询简介

网络心理咨询是一种新兴的心理咨询手段,当事人通过网站的交流平台如微信、QQ、邮件等即时或非即时的通信手段与心理咨询师进行交流。随着网络服务的兴起,网络心理咨询在学校心理咨询中引起了广泛的重视,成为学校心理咨询的良好补充。

网络咨询弥补了当前我国学校心理健康教育资源的缺乏,网络的开放性和即时性特点为咨询师与学生的互动和及时反馈提供了便利;网络的间接性和虚拟性特点为性格内向、不善言谈、社会交往能力较弱的学生打开了方便之门。因此网络心理咨询正在学校心理健康教育中日益发挥着越来越重要的作用。

(二)网络咨询的要求和程序

网络咨询首先要建立完备的心理咨询网站,广义的网络心理咨询应该包括心理健康知识普及、会员注册、在线心理测评、论坛讨论、在线咨询、离线咨询等服务功能;其次,还要有一定数量的从业于网络咨询的心理咨询师;最后更为重要的是,要制定合乎道德职业规范的网络咨询行为守则。

对于学生来说,网络咨询的具体操作通常是:进入学校网站首页,点击学生工作下面的"心理健康",进入学校心理健康教育网站,在网页上找到"在线心理咨询"或"留言栏",点击选择咨询师,就可以与老师在网络上交谈了。

从网络咨询师来讲,网络咨询的基本流程是:求助者发出求助信息→咨询师接受反馈信息→摄入性谈话→问题评估→问题处理或辅导谈话→追踪随访→结束。具体操作如下。

1. 求助者发出求助信息,咨询师接受反馈信息。

网络咨询中,求助者一般先是试探信息,试探满意才转为明确求助,所以对网络咨询师来说,首先务必要给予求助者以关切的态度,首先要做简明的自我介绍,最初回复一般用"您好,请问有什么需要我帮助的吗"或"您有什么需要咨询的问题吗"等,求助者发出求助信息后,咨询师开始接受反馈信息,建立临时性会话,也就是初步建立起咨访关系。

2. 摄入性谈话,进行问题评估。

摄入性谈话由明确的求助开始,咨询师不仅了解求助者需要解决的问题,同时首先还要了解求助者的一般情况或基本信息(包括姓名、性别、班级、年龄、家庭及成长经历等,可以间接侧面了解),同时结合求助者的求助信息评估其问题的性质及严重程度(是一般成长心理问题,还是应急心理危机,还是神经症或精神病倾向等)。

3. 问题处理或辅导谈话。

对求助者进行问题评估后,如果是一般心理困扰问题,可以通过网络实施辅导,进行咨询性谈话;假如问题比较复杂的话,最好预约咨询者来咨询室面谈;如果求助者问题比较严重,那就尽快预约求助者到咨询室面谈做进一步的评估;假如求助者没有赴约,那就要启动危机干预,立即通知其所在院系和辅导员,要求给予求助者随时关注。

4. 追踪随访,咨询结束。

与求助者进行一次网络咨询后,如果几天内求助者没有继续通过网络咨询,咨询师就需要追踪求助者的动向,一般在一周后需要询问一下求助者是否有好转,困扰的问题是否得到解决等,如果没有的话,请其来咨询室面谈或者转介其他咨询师;如已解决,就结束咨询,从此不要再联系求助者。

(三)注意事项

当前,网络咨询还处于起步阶段,在网站的设计、开发、维护、运作方面都缺乏统一的规范、标准。如咨询手段还基本依靠传统的咨询技术,对网络环境的适用性还值得探讨;咨询规范还不健全,在伦理、道德和法律等方面需要不断完善。

因此,网络咨询务必要认真对待,切记不要把它等同于网络聊天,它和面对面咨询技术应该是一样的,只不过方式不同而已。鉴于网络咨询的特殊性,网络咨询需要注意及时回复、注意保密、做好记录、记得跟踪等问题。

五、危机干预

(一)危机干预的概念和意义

危机干预是指采取某些措施来干预或改善危机情境,以防止伤害处于危机情境中的个人及周围的人们,它是一种短程帮助过程,是对处于困境或遭受挫折的人予以关怀和帮助的一种方式,有时也被称为情绪急救。

危机干预可以帮助有严重心理问题的学生渡过心理难关,及早预防、及时疏导、有效干预、快速控制学生中可能出现的心理危机事件,它能最大限度地降低学生心理危机事件的发生率,减少学生因心理危机带来的生命损失,促进学生健康成长。

(二)危机干预的一般步骤

1. 确定问题:从求助者的角度,确定和理解求助者个人所认识的问题。

2. 保证求助者安全:在危机干预过程中,保证求助者安全是首要目标,如果必要的话,保证求助者知道代替冲动和自我毁灭行动的解决方法。

3. 提供支持:强调与求助者沟通与交流,让求助者认识到危机干预工作者是能够给其关心帮助的人。

4. 检查替代解决方法:多数情况下,求助者处于思维不灵活的状态,不能恰当地判断什么是最佳的选择。应帮助求助者认识到,有许多可变通的应对方式可供选择,帮助求助者探索他可以利用的解决方法,通过帮助使求助者知道有哪些人现在或过去能关心自己;找到求助者可以用来战胜目前危机的行动、行为或环境资源;使求助者用积极的思维来改变自己对问题的看法并减轻应激与焦虑水平。

5. 制订计划:危机干预工作者与求助者共同制定行动步骤来矫正其情绪的失衡状态。计划包括:(1)确定有另外的个人、组织团体和有关机构能够提供及时的支持;(2)提供求助者现在能够采用的、积极的应付机制,确定求助者能够把握的行动步骤。

6. 得到承诺:帮助求助者向自己承诺采取确定的、积极的行动步骤,这些行动步骤必须是求助者自己的,从实现的角度看是可以完成的或是可以接受的。要结束危机干预前,危机干预工作者应该从求助者那里得到诚实、直接和适当的承诺。在这一步中,危机干预工作者要明确,在实施计划时是否达成同意合作的协议。

(三)自杀或他杀危机干预程序

1. 及时发现问题:各系应建立通畅的学生心理危机信息反馈机制,做到在第一时间内掌握学生心理危机动态,对有心理障碍的同学,周围同学应予以理解、关心和帮助,并及时向辅导员反馈情况。

2. 及时汇报情况:当自杀或他杀事件发生后,紧急情况下应先拨打110、120等紧急救援电话求助。相关人员应立即赶赴现场采取救助措施,辅导员、系分管领导应立即向学院学生心理健康教育工作指导小组组长汇报。班主任、辅导员在24小时内将相关信息以书面的形式报告给学生心理健康教育工作指导小组。

3. 实施监护:学院心理健康教育工作指导小组通知学生所在教学系立即派专人对危机学生进行24小时监护,保护学生的生命安全。

4. 制订方案:学生心理健康教育工作指导小组成员商议、制订危机干预实施方案,协调涉及事件的各部门开展相关工作。

5. 联系亲属:在实施监护的同时,辅导员和系领导应以最快的速度通知家长来校,如果家长确实无法尽快赶到学校,在家长以传真、电话等方式的授权下,可以对学生采取治疗措施。在紧急情况下,可采取直接送至专业卫生机构进行治疗等相应处理措施。对没有监护能力或不配合学校的家长,教学系应对学生强制采取治疗措施或派人将学生遣送回家。

6. 事故处理:在学生心理健康教育工作指导小组组长的直接领导下,学生处负责现场的指挥协调;保卫处负责保护、勘察、处理现场,防止事态扩散和对其他学生的影响,配合教学系及医疗部门对当事人实施生命救护和安全监护,协助有关部门对事故进行调查取证;学校医务所负责对当事人实施紧急救治,或配合相关人员护送转院治疗或配合专业卫生机构对当事人实施生命救护;教学系负责对学生进行安全监护,协助有关部门对事故进行调查取证,安排相关人员配合医务所工作人员对当事人实施救助或护送当事人到最近的医疗机构实施紧急救治;心理健康教育中心负责从第一发现者、班级同学、辅导员那里了解学生情况,制订心理救助方案,实施心理救助,稳定当事人情绪。

7. 愈后跟踪干预:因自杀或他杀事件治疗的学生,心理健康教育中心会同相关专家进行风险评估,对不适合继续在学校完成学业的,应根据学校学生管理规定为其办理休学或退学手续;能够坚持在学校完成学业的学生,辅导员、心理健康教育中心应做好学生的长期跟踪服务,对学生进行心理辅导。

8. 成因分析:事故处理结束后,心理健康教育中心负责事件的成因分析,对事前征兆、事发状态、事中干预、事后疏导等情况进行认真梳理,尤其对那些行之有效、操作性强的手段和措施要认真总结,以备今后参考。

(四)心理危机干预的工作要求

1. 信息畅通。参与危机干预的工作人员要做到快速反应,确保信息畅通。

2. 工作到位。危机发生时,相关人员要立即赶赴现场,迅速果断地采取有效措施。

3. 协调配合。相关人员在现场指挥的调度下,主动配合,服从指挥。

4. 记录备案。在危机处理过程中,相关人员要做好书面文字记录,必要时做好音像资料的收集,确保资料详细完整。

5. 责任追究。因违反工作原则、延误时间、知情不报等造成严重后果的,追究相关单位或个人的责任。

(五)心理危机干预的注意事项

1. 明确心理危机干预对象,尤其对于近期发出警示讯号的学生,应作为心理危机干预的重点对象,及时进行危机评估与干预。

2. 建立心理危机的预警干预机制,要对各班级辅导员和心理观察员进行定期培训,保证他们能做到对于有心理危机的同学的早期识别和及时汇报。

3. 对符合心理危机的对象,心理健康教育中心要与相关精神科专家对学生的心理健康状况进行评估或会诊后,提出书面意见和初步的治疗建议。

4. 经过评估,某生需要回家休养并配合药物治疗或需要住院治疗有利于心理康复的,其学生所在教学系须派专人,确保其人身安全后,通知学生家长将其带回家休养治疗或将其送至专业精神卫生机构治疗。

5. 学生因心理问题休学后复学后,心理健康教育中心应指派专人对其定期进行心理辅导,了解其思想、学习、生活等方面的情况。

第四节　日常事务

心理健康教育中心是负责全校学生心理健康教育工作的专职部门,为了能够更好地服务好全校学生,让大家了解心理健康教育的相关工作,现将心理健康教育中心的日常工作做如下介绍。

一、校园活动

(一)5·25大学生心理健康周。我校自2009年开展第一届5·25大学生心理健康周宣传活动,主题为"认识自我,拥抱生活"。到2016年,已开展八届不同主题的心理健康周宣传活动。5·25大学生心理健康周是每年都要举行的校园文化活动,它也是我校科技文化月系列活动的品牌之一。活动的目的旨在宣传心理卫生保健知识,帮助同学们掌握心理保健常识和建立积极健康的心理卫生意识。

(二)心理观察员培训。心理观察员是每个班必备的班委成员,其职责是为全班同学提供朋辈支持,并观察、记录班上同学的心理健康情况,如有问题及时向班主任及心理健康老师汇报。为了能够更好地使心理观察员开展工作,心理健康教育中心每年9月都会组织全校心理观察员进行培训,培训方式包括讲座、户外拓展、心理电影展播等。目的是让他们掌握基本的心理健康理论知识和技巧,以便能够在日常生活学习中更好地帮助同学。

(三)心理健康调查。为每一位学生建立心理健康档案、跟踪他们的心理变化、保障他们健康成长成才是心理健康教育工作的基本要求之一,也是国家对大学生心理健康教育的要求。因此,我校从2007年开始,每年10月份开始都会对新生开展心理健康调查并撰写调查报告。普查活动分为初测和复查两个阶段,具体的操作流程见本章第三节的内容。

(四)心理情景剧比赛。为了充实学生的课余生活、丰富校园文化氛围、提升学生的综合素质,我校自2010年开始,每年11月举办心理情景剧比赛,并曾与凯里学院和电子信息工程学院联合举办情景剧巡演,以及选派优秀创作团队赴省里面参赛。

(五)10·10世界精神卫生日。"世界精神卫生日"是由世界精神病学协会(World Psychiatric Association,WPA)在1992年发起的,时间是每年的10月10日。世界各国每年都为"精神卫生日"准备丰富而周密的活动。包括拍摄、宣传促进精神健康的影片、开设24小时服务的心理支持热线、播放专题片等。2000年是我国首次组织世界精神卫生日活动。我校从 2012 年开始，每年以"10·10 世界精神卫生日"为契机，指导心理协会和各班心理观察员开展心理健康系列活动。

（六）《心理健康报》。《心理健康报》是由心理健康教育中心组织发行的一份科普类内部刊物，每个季度发行一次。主要内容有经典心理故事、心海导航、心苑漫步、心理氧吧等栏目。每次印刷 500 份左右，由心理协会成员分发给各班级同学传阅。

（七）心理健康网站。从 2009 年拥有心理健康网站后，心理专职老师会定期完善和更新心理健康网站内容（网址：http://www.psy.qdnpt.com）。上面有中心简介、学习心理、人际交往、恋爱心理、职业规划、心理测试、心理故事、心理尝试、心态调节等栏目，它是同学们交流、互动、学习的一个平台。

（八）心理协会指导。2009 年，在原有心理观察员团队的基础上，于 9 月中旬面向全校学生招新，成立"馨飞"心理协会。到 2016 年，协会共有会员 500 余人，每学期至少开展一次心理健康相关活动。心理健康教育中心负责对心理协会进行业务指导，组织协会同学开展各类心理健康科普活动。

（十）拓展训练。拓展训练是我校大学生思想政治教育阵地的一面旗帜，经过多年的发展，已经取得了很大的成绩，获得了全校广大师生的认可和喜爱。目前我校建有专业的户外拓展场地，包括各种室内和户外拓展活动，每个学期心理健康教育中心都会组织各种形式和主题的户外素质拓展活动，参与对象主要有心理协会成员、心理观察员、学生干部等。

（十一）心理健康讲座。心理健康讲座作为心理健康教育途径之一，广泛应用于各类活动中。每年的 5·25 大学生心理健康周、10·10 世界精神卫生日、心理观察员培训的时候，心理健康教育中心都会组织开展不同主题的心理健康专题讲座。

二、教学咨询活动

（一）课堂教学活动。心理类的课程教学活动经历了几个发展阶段：2003—2011 年仅开设医学类的心理课程，如护理心理学、医学心理学等；2012 年贵州省教育厅根据国家的有关文件精神，下发了《贵州省教育厅关于进一步加强和改进全省普通高校学生心理健康教育的通知》（黔教社发〔2012〕201 号），要求从 2012 年秋季学期开始在全省范围内的高等学校全面开设心理健康教育课程，记 2 学分，学时数在 32—36 之间。因此，根据上级主管部门的文件精神，我校从 2012 年秋季学期开始将《大学生心理健康教育》作为公共基础课在全校范围内开设；到 2016 年，学校共有 14 名心理健康教师，不仅开设了《大学生心理健康教育》《医学心理学》《护理心理学》等必修课，还开设了《营销心理学》《教育心理学》等选修课程。

（二）心理咨询辅导：心理健康教育中心专职教师为全校师生提供心理咨询，咨询途径主要包括面对面咨询和网络咨询。第一，面对面咨询。学生可以直接到心理健康教育中心（大学生活动中心二楼）找心理老师进行咨询，也可先在网上与老师预约，然后再安排时间进行咨询。第二，网络咨询。对于那些由于各种因素不便于直接和心理老师面对面沟通的，也可以选择网络咨询的方式进行，网络咨询可以分两种途径实现。一是在心理网站上注册，然后用自己的账号给心理老师留言，把你想要老师解答的困惑写下并提交，然后心理老师会在1个工作日内给予适当的解答；二是直接通过心理网站上公布的咨询 QQ 与心理老师进行即时性沟通，咨询问题。

参考文献：

[1]朱爱胜.大学生心理发展导论[M].北京:高等教育出版社,2014.

[2]刘晓,黄希庭.社会支持及其对心理健康的作用机制[J].心理研究,2010,3(1):3-8.

[3]许宛欣,等.最新大学生心理干预及健康训练方案全集[M].北京:高等教育出版社,2012.

[4]穆学君.高职学生综合素质培养——职业篇[M].北京:高等教育出版社,2014.

第十五章

资助工作

第一节　概述

　　高校做好贫困家庭学生资助工作,是坚持党中央提出的"立党为公,执政为民"根本要求的具体体现;是实施"科教兴国"和"人才强国"战略的重要保证;是在教育工作中实践"三个代表"重要思想,贯彻落实科学发展观的重要内容;是为维护高校乃至社会稳定,增强大学生对党和国家热爱之情,努力办好让人民满意的教育的重大措施。

　　高职院校资助工作应围绕"资助"与"育人"相结合的思想搭建平台,促进学生的全面发展。建立以"奖、贷、助、勤、补"为主体的家庭经济困难学生资助体系,不断提高帮困育人工作的科学化水平,全方位地帮助家庭经济困难学生成才成长。我校资助工作包含生源地助学贷款、国家助学金、国家励志奖学金、国家奖学金、学费减免、中职免学费、中职国家助学金、精准扶贫、困难补助、勤工助学、义务兵役学费补偿助学贷款代偿等内容。

第二节　高职学生资助

一、生源地助学贷款

　　1. 申请对象:已被全日制高校正式录取,取得有效的录取通知书或高校在读的本省籍学生。

　　2. 具体事项:生源地助学贷款为国家开发银行提供的信用担保无财产抵押贷款;省教育厅统一管理,市州教育局分管,县区教育局直管;家庭经济困难高校学生和家长为共同借款人,每生每学年可申请不超过 8000 元贷款,用途为学费、住宿费,贷款利率为中国人民银行规定的同期基准利率;学生在校期间利息由同级财政支付,毕业后利息从毕业当年 9 月份开始自付,本金自学生毕业后两年开始分 8 年还清。每年 12 月 20 日还清当年本息。

3. 工作流程:

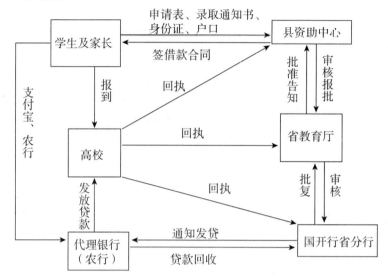

二、国家助学金

1. 资助对象及金额:资助全日制普通高校本专科在校生中家庭经济困难学生,每生每学年平均资助 3000 元生活费,分为特困生一档助学金 3500 元、贫困生二档助学金 3000 元、一般贫困生三档助学金 2500。学校按学年等额评定、分学期发放。

2. 评审标准:国家和省当年的评选办法及《黔东南民族职业技术学院高校国家助学金管理办法》。

3. 工作流程:

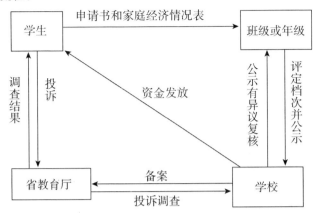

三、国家奖学金

1. 资助对象及金额:奖励全日制普通高校本专科二年级及以上品学特别优秀学生,每生每学年奖励 8000 元,颁发教育部的国家级荣誉证书,学校按学年等额评审发放。

2. 评审标准:国家和省当年的评选办法及《黔东南民族职业技术学院高校国家奖学金管理办法》。

3. 工作流程:

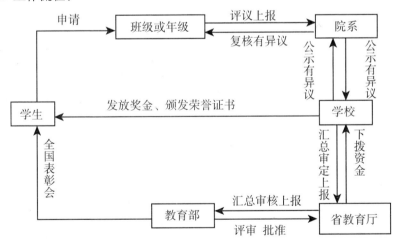

四、国奖励志奖学金

1. 资助对象及金额:奖励资助全日制普通高校二年级及以上品学兼优的家庭经济困难学生,每生每学年奖励 5000 元,颁发教育部的国家级荣誉证书,学校按学年等额评审发放。

2. 评审标准:国家和省当年的评选办法及《黔东南民族职业技术学院高校国家励志奖学金管理办法》。

3. 工作流程:

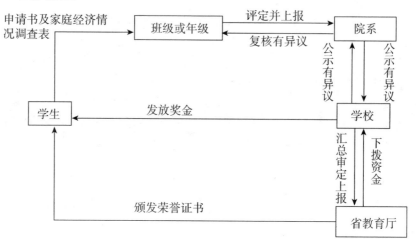

五、高校毕业生服义务兵役学费补偿助学贷款代偿

1. 资助对象:应征入伍服义务兵役的全省高校应届毕业生、在校大学生,及2011年及以后退役后考上大学的学生。

2. 资助标准:国家对每名高校毕业生每学年补偿学费或代偿国家助学贷款本息的金额,最高不超过8000元;高校毕业生在校期间每学年实际缴纳的学费或获得的国家助学贷款本息高于8000元的,按照每年8000元的金额实行补偿或代偿;高校毕业生在校学习期间每学年实际缴纳的学费或获得的国家助学贷款本息低于8000元的,按照学费和国家助学贷款本息两者就高的原则,实行补偿或代偿。

3. 工作流程:

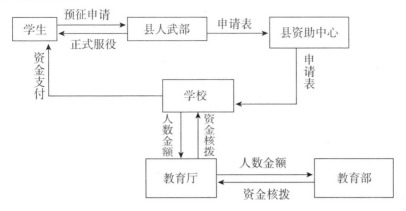

第三节　中职学生资助

一、中职免学费

1. 资助对象及金额:

从 2013 年秋季学期起,我省全面实行免除中等职业教育学费政策。免学费对象为我省中等职业学校的全日制学历教育正式学籍在校学生。免学费对象分为两类,一是按国家政策免除学费的学生;二是按我省全面免除学费政策,属于扩大免学费范围的学生。

国家免学费政策对象为公办学校全日制学历教育正式学籍一、二、三年级和民办学校全日制学历教育正式学籍一、二年级在校生中所有农村(含县镇)学生、城市涉农专业学生和城市家庭经济困难学生(艺术类相关表演专业学生除外);城市家庭经济困难学生按在校城市学生的 15% 确定。

我省实行全免学费,扩大免学费范围的对象为国家免学费政策范围以外的我省户籍一至三年级全日制学历教育正式学籍在校学生,包括城市非涉农专业学生和非家庭经济困难学生、所学专业为艺术类相关表演专业的学生以及民办学校三年级的学生。

就读于我省中等职业学校的外省户籍的全日制学历教育正式学籍在校学生免除学费按国家免学费政策执行。

免学费补助标准,免学费补助是学生享受免学费政策后,为弥补学校运转出现的经费缺口,财政核拨的补助资金。免学费补助标准为每生每年 2000 元。学校经物价部门批准的学费标准高于财政补助的部分,学校可以向学生收取高出部分的费用,或由学校自行解决。

2. 评审标准:参照《省财政厅、省教育厅、省人力资源和社会保障厅省物价局关于印发〈贵州省中等职业教育全面免除学费进一步完善国家助学金制度实施方案〉的通知》

3. 工作流程:

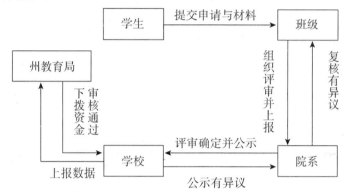

二、中职国家助学金

1. 资助对象及金额:具有学校全日制学历教育正式学籍的在校一、二年级涉农专业学生和非涉农专业家庭经济困难学生;学籍或户籍属集中连片特困地区的所有一、二年级农村学生(不含家住县城的县镇非农学生)。

涉农专业是指 2010 年教育部修订的《中等职业学校专业目录》确定的农林牧渔类 32 个专业,以及轻纺食品类的粮油饲料加工技术、粮油储运与检验技术专业和医药卫生类的农村医学专业等 3 个专业。

非涉农专业家庭经济困难学生比例按一、二年级在校学生人数的 20% 确定。

农村计生家庭子女在同等条件下优先享受国家助学金政策。

资助标准为每生每年 2000 元。

2. 评审标准:参照《省财政厅 省教育厅 省人力资源和社会保障厅 省物价局关于印发〈贵州省中等职业教育全面免除学费进一步完善国家助学金制度实施方案〉的通知》实施。

3. 工作流程：

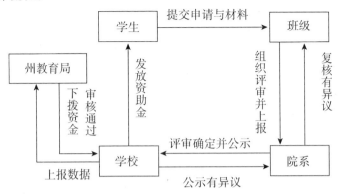

第四节　精准扶贫

一、资助对象

教育精准扶贫学生资助的对象为在普通高中、中职学校、普通高校(不含研究生阶段)就读,具有全日制学历教育正式学籍和我省户籍的农村建档立卡贫困户子女;在普通高中、中职学校、普通高校(不含研究生阶段)就读,具有全日制学历教育正式学籍和我省户籍的因灾因病等特殊原因返贫的农村非在册贫困户子女,经扶贫部门按"两公示一公告"程序审核后,进入贫困人口建档立卡系统的可纳入资助范围(资助对象在本办法中均称为"农村贫困学生")。

二、资助项目和标准

中职学校"两助三免(补)"。即对就读中职学校一、二年级的农村贫困学生,在确保享受原有的三年免学费(2000元/生·年)和一、二年级国家助学金(2000元/生·年)基础上,新增以下资助项目:扶贫专项助学金,标准为1000元/生·年;免(补助)教科书费,标准为400元/生·年;免(补助)住宿费,标准为500元/生·年。

普通高校"两助一免(补)"。对就读普通高校本专科(高职)的农村贫困学生,除享受原有的国家助学金外,新增以下资助项目:扶贫专项助学金,标准为1000元/生·年;免(补助)学费,标准为专科(高职)3500元/生·年。

三、评审标准

当年省教育厅下发的精准扶贫文件及《省教育厅　省财政厅　省扶贫开发办公室　省人力资源和社会保障厅关于印发〈贵州省进一步加强农村贫困学生资助推进教育精准扶贫实施办法(试行)〉的通知》(黔教助发[2015]274 号)。

四、工作流程：

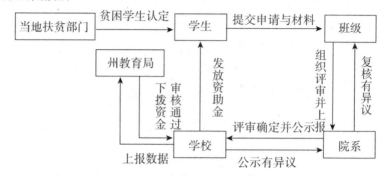

<h2 style="text-align:center">第五节　困难补助</h2>

一、资助对象及金额

凡具我院中高职全日制正式学籍,遵守黔东南民族职业技术学院各项规章制度,在校学习态度端正、生活简朴、刻苦勤奋、家庭遭受重大自然灾害或重大变故从而影响学业的学生(如家庭成员或学生本人突发重大疾病;抚养人一方或双方突然去世;遭受火灾、泥石流、洪水等重大自然灾害),学校给予一次性特殊困难补助。因为本人责任造成的困难学生,不在此列。

受助学生可获得一次性特殊困难补助 1000 元。

二、评审标准

参照《黔东南民族职业技术学院学生一次性特殊困难补助管理办法》。

三、工作流程：

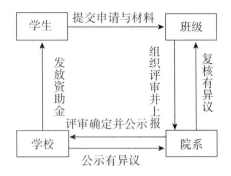

第六节　勤工助学

一、申请对象

凡是年满 18 岁，具有我院学籍的高职全日制在校学生可申请勤工助学岗位，且同时应满足以下条件：

1. 受过校纪校规处分或上学期有补考科目达 2 科以上(含 2 科)的学生，不予推荐。

2. 参加勤工助学活动的同学，需提供个人书面申请，填写《黔东南民族职业技术学院学生勤工助学申请表》。

3.《申请表》经辅导员、班主任、系推荐，学生资助管理中心审核，院领导批准后，由资助中心统一安排与用工部门对接、双向选择，落实合适岗位。

二、校内勤工助学酬金标准及支付

校内临时岗位按小时计酬，每小时不低于 8 元；校外勤工助学酬金标准不低于每月 1600 元。参照《教育部、财政部高等学院勤工助学管理办法》及《贵州省人力资源和社会保障厅关于调整 2015 年贵州省最低工资标准的通知》制定。

三、评审标准

《黔东南民族职业技术学院学生勤工助学实施办法(试行)》。

四、申请流程：

1. 呈报岗位：用工部门应提前 20 个工作日将需要岗位数、岗位职责、岗位要求以及劳动报酬标准等送学生资助管理中心

2. 确定岗位人数：学生资助管理中心对呈报的岗位人数进行核实上报，经院长办公会议确定岗位、薪酬，并将审核结果通知用工部门。

3. 学生申请:用工部门向学生公布岗位信息、岗位职责及报酬金额,由学生填写《勤工助学申请表》,用人部门面试、录用。

4. 上岗及管理:被录用的学生持《申请表》到学生资助管理中心备案。核准确定录用后,用工部门负责勤工助学学生日常管理工作。

5. 劳务费发放:用工部门负责向学生发放劳务费。

第七节　学费减免

一、资助对象

凡具我院中高职全日制正式学籍,遵守黔东南民族职业技术学院各项规章制度,在校学习态度端正、生活简朴、刻苦勤奋的家庭特别困难学生。

二、评审标准

《黔东南民族职业技术学院学生减免学费管理办法》。

三、工作流程:

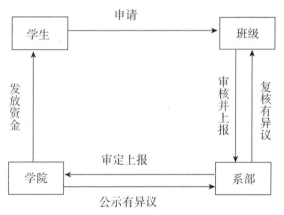

第十六章

党建工作

第一节　概述

学生党建工作是高职院校学生工作的重要组成部分,是新形势下加强高职院校学生思想政治工作的主要内容和有效途径。做好高职院校学生党建工作,对坚持社会主义办学方向和全面贯彻党的教育方针,增强党的阶级基础和扩大党的群众基础,提高学生党组织的影响力、凝聚力和战斗力,培养中国特色社会主义事业的建设者、接班人和高素质的技术技能人才,确保中国特色社会主义事业兴旺发达、后继有人,具有重大而深远的战略意义。

第二节　怎样发展学生党员

高职院校发展大学生党员要根据《中国共产党章程》《中国共产党发展党员工作细则》和党内有关规定及要求来进行。高职院校可根据实际制定发展党员工作实施细则。

一、发展学生党员的总体要求

高职院校发展大学生党员工作应当贯彻党的基本理论、基本路线、基本纲领、基本经验、基本要求,按照控制总量、优化结构、提高质量、发挥作用的总要求,坚持党章规定的党员标准,始终把政治标准放在首位;坚持慎重发展、均衡发展,有领导、有计划地进行;坚持入党自愿原则和个别吸收原则,成熟一个,发展一个。禁止突击发展,反对"关门主义"。

二、发展学生党员的注意事项

(一)要准确理解和把握总体要求

新形势下做好发展党员工作,必须认真落实"控制总量、优化结构、提高质量、发挥作用"的总体要求。十六字总要求是一个有机整体,要准确理解,全面把握。

1. 以控制总量为重点,实行发展党员总量调控,使党员数量年均增长控制在适当速度,党员队伍保持适度规模。

2. 以优化结构为关键,根据不同群体、行业和岗位特点,确定发展党员的重点,不断优化党员队伍结构。

3. 以提高质量为核心,坚持党员标准、加强培养教育、严格日常管理、严肃纪律要求,着力提高党员队伍整体素质。

4. 以发挥作用为目的,引导党员牢记宗旨、心系群众,立足本职、干事创业,充分发挥先锋模范作用。

(二)要坚持党要管党、从严治党的要求

党要管党、从严治党是我们党的一贯要求。在发展党员的原则、标准、程序、纪律等方面,要体现党要管党、从严治党要求。

1. 严格标准。坚持党章规定的党员标准,始终把政治标准放在首位,突出党员政治上的先进性和素质上的全面性。

2. 严格培养。在发展党员的每一个环节,都强调必须加强培养教育和考察。

3. 严格程序。在发展党员过程中,必须突出党组织的把关作用。

4. 严格责任。明确发展党员工作职责,严格执行发展党员责任追究制度。

(三)要坚持把政治标准放在首位

坚持党章规定的党员标准,始终把政治标准放在首位,注重思想入党,是发展党员工作的根本要求,也是保持党的先进性、纯洁性的重要保证。党的基层组织应当吸收具有马克思主义信仰、共产主义觉悟和中国特色社会主义信念,自觉践行社会主义核心价值观的先进分子入党。在培养教育过程中,要教育引导入党积极分子端正入党动机,确立为共产主义事业奋斗终生的信念。要对发展对象进行政治审查,凡是未经政治审查或政治审查不合格的,不能发展入党。

(四)要遵循发展党员程序

严格、科学、规范的程序是提高新党员质量的重要保障。在遵循发展党员工作的基本程序的同时,还要注意把握以下几个方面。

1. 在申请入党环节,党组织接到入党申请书后,应当在一个月内派人同入党申请人谈话。

2. 在入党积极分子确定环节,采取党员推荐、群团组织推优等方式产生人选,

由支部委员会研究决定,并报上级党委备案。

3. 在发展对象的确定环节,要报上级党委备案。

4. 在预备党员接收环节,要报具有审批权限的基层党委预审。

5. 在预备党员审批环节,要向上级党委组织部门备案。

6. 党总支不能审批预备党员,但应当对支部党员大会通过接收的预备党员进行审议。除另有规定外,临时党组织不能接收、审批预备党员。党组不能审批预备党员。

(五)强化党组织在发展党员工作中的领导责任

在发展党员工作中,要强化党组织的领导责任。

1. 学校党委要把发展党员工作列入重要议事日程,纳入党建工作责任制,作为党建工作述职、评议、考核和党务公开的重要内容。

2. 学校党委每半年要组织检查一次发展党员工作情况。

3. 党委组织部门每年向同级党委和上级党委组织部门报告发展党员工作情况和发展党员工作计划,如实反映带有倾向性的问题和对违反规定发展党员的查处情况。

4. 对具备发展党员条件但长期不做发展党员工作的基层党组织,上级党委要加强指导和督促检查,必要时对其进行组织整顿。

(六)要严肃发展党员工作纪律

1. 各级党组织对发展党员工作中出现的违纪违规问题和不正之风,进行严肃查处。

2. 对不坚持标准、不履行程序、超过审批时限和培养考察失职、审查把关不严的党组织及其负责人、直接责任人应当进行批评教育,情节严重的给予纪律处分。

3. 及时通报典型案例,对违反规定吸收入党的,一律不予承认,并在支部大会上公布。

4. 对采取弄虚作假或其他手段把不符合党员条件的人发展为党员,或为非党员出具党员身份证明的,要依纪依法严肃处理。

三、发展学生党员的基本流程

发展学生党员的基本流程是:提出入党申请;入党积极分子的确定和培养;发展对象的确定和考察;预备党员的接收;预备党员的教育、考察和转正。(见附件"发展党员工作流程图〔参考〕")

(一)入党积极分子的确定和培养教育

1. 提交入党申请书。符合党章规定的入党条件的学生,向所在系(院)党支部(简称党支部,下同)提交入党申请书。

2. 同入党申请人谈话。党支部收到入党申请书后,应当在一个月内由支部书记或支部委员同入党申请人谈话,了解基本情况,并做好谈话记录。

3. 推荐和确定入党积极分子。应当采取党员推荐、群团组织推优等方式产生人选,由支部委员会(不设支部委员会的由支部党员大会,下同)研究决定入党积极分子,经系(院)党总支(简称党总支,下同)审查同意后,报学校党委备案。

4. 确定培养联系人。党支部应当指定两名正式党员为入党积极分子的培养联系人,并建立培养档案。

5. 入党积极分子培养教育。党支部应当采取吸收入党积极分子听党课、参加党内有关活动,给他们分配一定的社会工作以及集中培训等方法,对入党积极分子进行培养教育。

6. 入党积极分子考察。党支部每半年对入党积极分子进行一次考察。学校党委每年对入党积极分子队伍状况做一次分析。针对存在的问题,采取改进措施。

7. 接续培养教育。学生入党积极分子毕业,学校应当及时将培养教育等有关材料转交新单位(或居住地)党组织。新单位(或居住地)党组织接续做好培养教育工作。

(二)发展对象的确定与考察

1. 确定发展对象。对经过一年以上培养教育和考察、基本具备党员条件的入党积极分子,在听取党小组、培养联系人、党员和群众意见的基础上,经支部委员会讨论通过、党总支委员会审查同意,经公示后可列为发展对象,并报学校党委备案。

2. 申领《中国共产党入党志愿书》。学校党委应及时汇总备案的发展对象报上级组织部门,并申领《中国共产党入党志愿书》;

3. 确定入党介绍人。发展对象应当有两名正式党员做入党介绍人。入党介绍人一般由培养联系人担任,也可由党组织指定。入党介绍人应根据规定任务做好有关工作。

4. 政治审查。党总支根据规定的内容,采取同本人谈话、查阅有关档案材料、找有关单位和人员了解情况、必要的函调或外调等方式,对发展对象进行政治审查。对流动人员中的发展对象进行政治审查时,还应当征求其户籍所在地和居住地基层党组织的意见。政治审查必须严肃认真、实事求是,注重本人的一贯表现。审查情况应当形成结论性书面材料。

未经政治审查或政治审查不合格的,不能发展入党。

5. 公示。经政审符合党员基本条件的发展对象,由党总支进行严格审查并发布公示(公示期不少于 5 个工作日)。

6. 培训。学校党委组织发展对象进行短期集中培训。培训时间一般不少于3 天(或不少于 24 个学时)。培训时主要学习党章、《关于党内政治生活的若干准则》等文件。

未经培训的,除个别特殊情况外,不能发展入党。

(三)预备党员的接收

1. 支部委员会研究审查。召开支部委员会,听取入党介绍人关于发展对象的情况汇报,对发展对象有关问题进行严格审查并形成书面记录。经支部委员会审查合格、党总支审查同意后,由党总支将发展对象上报学校党委预审。

对未来三个月内毕业离校的学生,一般不办理接收预备党员的手续。

2. 学校党委预审。原则上要召开学校党委会对发展对象进行预审。着重审查发展对象培养教育过程是否符合规定、档案材料是否规范齐全,并根据需要听取执纪执法等相关部门的意见。审查结果以书面形式通知党总支和党支部,并向审查合格的发展对象发放《中国共产党入党志愿书》。

3. 填写入党志愿书。发展对象、入党介绍人、谈话人及有关党组织要严肃、认真地填写发展对象的《中国共产党入党志愿书》。

4. 支部党员大会讨论。经学校党委预审合格的发展对象,由支部委员会提交支部党员大会讨论。召开支部党员大会讨论接收预备党员,实到会有表决权的人数必须超过应到会有表决权人数的半数。支部党员大会讨论接收预备党员主要程序是:

(1)发展对象汇报对党的认识、入党动机、本人履历、家庭和主要社会关系情况,以及需向党组织说明的问题;

(2)培养联系人、入党介绍人介绍发展对象有关情况,并对其能否入党表明意见;

(3)支部委员会报告对发展对象的政审考察情况;

(4)与会党员对发展对象能否入党进行充分讨论,并采取无记名投票方式进行表决。赞成人数超过应到会有表决权的正式党员的半数,才能通过接收预备党员的决议。因故不能到会的有表决权的正式党员,在支部大会召开前正式向党支部提出书面意见的,应当统计在票数内。

支部大会讨论两个以上的发展对象入党时,必须逐个讨论和表决。

5. 形成决议。党支部应当及时将支部党员大会决议写入《中国共产党入党志愿书》,并呈送系(院)党总支委员会审议。

支部党员大会决议主要包括:拟吸收预备党员的主要表现;通过决议的日期;

应到会和实际到会有表决权的党员人数;表决结果;支部书记签名。

6. 上报学校党委。党总支委员会审议通过后,将吸收预备党员本人入党申请、《中国共产党入党志愿书》、政治审查材料、培养教育考察材料等,一并上报学校党委审批。

7. 派人谈话。党委审批吸收预备党员之前,应当指派党委委员或党委组织员同拟吸收预备党员谈话。

8. 党委审批。学校党委审批预备党员必须召开党委会集体讨论和表决,做好会议记录,并形成会议纪要。党委会审批两个以上的发展对象入党时,应当逐个审议和表决。党委审批意见写入《中国共产党入党志愿书》,注明预备期的起止时间,并向呈报党总支做出书面批复。

党委对上报的接收预备党员的决议,应当在 3 个月内审批,如遇特殊情况可适当延长审批时间,但不得超过 6 个月。

9. 党员大会宣布。党总支应当及时通知党支部和本人并在党员大会上宣布。对未被批准入党的,就做好思想工作。

10. 呈报备案。学校党委应当及时将对预备党员的审批情况呈报上一级党委组织部门备案。

(四)预备党员的教育、考察和转正

1. 编入党支部和党小组。党总支应当及时将学校党委批准的预备党员编入党支部和党小组,指导对预备党员继续进行教育和考察。

2. 入党宣誓。预备党员必须面向党旗进行入党宣誓。入党宣誓仪式,一般由学校党委或党总支、党支部组织进行。

3. 继续教育考察。党总指导党支部通过党的组织生活、听取本人汇报、个别谈心、集中培训、实践锻炼等方式,对预备党员进行教育和考察。

4. 提出转正申请。预备党员不能提前转正,应于预备期满前一周主动向党支部提出书面转正申请。

预备党员的预备期为一年。预备期从支部党员大会通过其为预备党员之日算起。

预备党员预备期满,无论本人是否提交转正申请,党支部应当及时讨论其能否转为正式党员。

预备党员转为正式党员、延长预备期或取消预备党员资格,应当经支部大会讨论通过、党总支审查同意并报学校党委批准。

5. 支部大会讨论。党支部一般应在收到预备党员转正申请一个月之内召开党员大会讨论其转正问题。预备党员本人必须参加讨论其转正的支部大会。主要程序是:党小组提出意见;党支部征求党员和群众的意见;支部委员会审查;支部党员大会讨论、表决通过;党总支委员会审查同意;学校党委审批。

讨论预备党员转正的支部党员大会,对到会人数、赞成人数等要求与讨论接收预备党员的支部大会相同。

支部党员大会讨论、表决程序:预备党员汇报思想情况;预备党员所在党小组介绍情况、提出意见;支委会介绍情况、提出意见;支部大会讨论、表决。

6. 审批和宣布。支部党员大会对预备党员转正的决议,应在 10 日内报党总支委员会审查。党总支应在支部做出预备党员转正的决议 30 日内完成审查并呈报请学校党委审批。学校党委收到党总支预备党员转正报请事项应在三个月内审批,并向呈报党总支做出书面批复。党支部书记应当同本人谈话,并将审批结果在党员大会上宣布。

党员的党龄,从预备期满转为正式党员之日算起。

7. 材料归档。预备党员转正后,其《中国共产党入党志愿书》、入党申请书、政治审查材料、转正申请书和培养教育考察材料应及时归档,党支部不再保管其档案材料。学生党员的个人组织档案,随组织关系转递。

8. 预备党员接转手续。预备期未满而毕业离校的学生预备党员,学校党委当及时将对其培养教育和考察的情况,认真负责地介绍给接收预备党员的党组织。党支部对转入的预备党员,在预备期满时应当按照规定讨论其转正问题。

第三节　怎样教育学生党员

一、学生党员教育的含义

学生党员教育是由学校各级党组织进行的、旨在提高学生党员素质、增强学生党员党性的活动总称。学生党员教育是提高学生党员理论水平、党性修养和综合能力的主要途径,是高职院校学生党建工作的主要内容,是建设高素质学生党员队伍的主要措施。

二、学生党员教育的总体要求

以马列主义、毛泽东思想、邓小平理论、"三个代表"重要思想、科学发展观为指导,以提高学生党员理论水平、党性修养和综合能力为核心,与时俱进,创新思路,完善制度,改进措施,提高成效,不断加强学生党员先进性和纯洁性,努力建设信念坚定、素质优良、纪律严明、作用突出的高职院校学生党员队伍。

三、学生党员教育的主要内容

马列主义、毛泽东思想、邓小平理论、"三个代表"重要思想和科学发展观教育,党章、党纲和党的基本理论、基本知识教育,党的路线方针政策和形势任务教育,中国特色社会主义和中国梦教育,社会主义核心价值体系教育,党纪党规和反腐倡廉教育,党的光辉历史和优良传统、优良作风教育,爱国主义、集体主义、社会主义教育,国情、省情、市(州、地)情教育,社会主义市场经济知识、现代科学文化知识、法律法规知识教育,专业知识、技能技术、职业道德和就业创业教育。

四、学生党员教育的基本途径

(一)倡导自主学习。引导学生党员根据自身实际和工作需要,利用课余时间,自主选择学习内容和方式,认真搞好自学,提高学习能力。

(二)组织集中学习培训。通过培训班、党课、讲座、报告会和专题研讨等形式,有计划地组织好学生党员的集体学习。通过学校公共课堂,落实党建理论"进课堂、进教材、进头脑"工程,充分发挥好学生党员学习教育主渠道作用。通过开展读书活动、知识竞赛、演讲比赛、党日活动、看电影电视等方式,激发学生党员学习的积极性和主动性。

(三)开展实践锻炼活动。组织学生党员深入开展"创先争优"活动和主题实践活动。充分发挥思想政治教育主阵地作用,开展学生党员承诺践诺、志愿服务活动,创建学生党员责任区域、先锋岗位、示范支部、示范班级、示范宿舍,开展结对帮扶,推动学雷锋活动机制化、常态化,为学生党员服务师生、服务学校、服务社会和加强党性锻炼、发挥先锋模范作用搭建平台;以重大节庆日、重要活动、重要节点为契机,开展形式多样的主题教育活动;广泛开展组织学生党员参加学校文体活动,寓教于乐,激发学生党员学习兴趣,提高学生综合素质;有计划地组织学生党员开展寒暑期社会实践、社会调查活动,让学生党员到农村、社区、企事业单位等基层一线和艰苦地区、艰苦岗位接受教育锻炼,增强适应能力。

(四)参加党的组织生活。落实"三会一课"制度,根据学生党员特点和需求,丰富组织生活内容,创新组织生活形式,开展开放式、互动式党内活动,进一步提高组织生活效果。坚持和完善民主评议党员制度,每年组织开展一次民主评议党员工作。健全党员党性定期分析制度,定期集中开展学生党员党性分析评议活动。严肃组织生活纪律,院(系)党组织要经常检查学生党员参加组织生活情况,对无故不参加组织生活的党员,及时进行批评帮助。对不履行党员义务、不符合党员条件的党员,及时帮助教育,促其改正;对经教育不改的,按照党章和党内有关规定做出处理。

(五)做好思想政治工作。坚持以人为本,从政治、思想、工作和生活上关心、爱护、帮助学生党员。组织学生党员开展经常性谈心活动,沟通思想,相互启发教育。经常分析学生党员思想状况,及时解决思想问题,增强思想政治工作的预见性、针对性和实效性。发挥学生党员在学生中的榜样教育作用,通过选树先进典型、表彰先进,用身边人、身边事教育影响学生党员。

(六)发挥现代传媒作用。在巩固报刊、广播、电视等传统教育阵地作用的同时,要充分发挥网站、手机、QQ、微博、微信等基于互联网的现代传媒优势,为开展学生党员教育培训和自主学习创造条件、拓展平台,提高学生党员教育针对性和实效性。

第四节　怎样管理学生党员

一、学生党员管理的总体要求

坚持以邓小平理论、"三个代表"重要思想、科学发展观为指导,牢牢把握加强学生党组织先进性和纯洁性建设这条主线,坚持解放思想、改革创新,坚持党要管党、从严治党,明确目标、突出重点、健全机制、务求实效,不断提高学生党员管理工作科学化水平,努力建设一支信念坚定、素质优良、规模适度、结构合理、纪律严明、作用突出的学生党员队伍,为培养中国特色社会主义事业的建设者和接班人提供坚强组织保证。

二、学生党员管理的基本原则

(一)从严治党原则。从严治党是在新的历史条件下党的建设的基本方针,是对党员队伍进行教育、管理、监督的一个重要原则。要通过加强学生党员管理,增强学生党员的党性意识,使学生党员自觉坚持党员标准,维护和保障党的纪律的严肃性和权威性,自觉地接受党内外群众和党组织的监督。对那些不履行党员义务的学生党员,经过多次教育仍不能改正的,要劝其退党,或者从党内除名。对违反党的纪律的学生党员,要按照党章的规定做出处理。

(二)注重实效原则。结合贯彻党的基本路线的实践,坚持学生党员管理工作为贯彻落实党的教育方针和培养高素质人才服务,充分发挥学生党员的先锋模范作用,是学生党员管理工作的重要原则和重要经验。搞好学生党员管理工作,必须坚持注重实效的原则,牢固树立为实现党的基本路线和贯彻落实党的教育方针服务的思想。抓好学生党员管理工作,关键要看实际效果。重点要看学生党员的素质是否不断提高,党性是否不断增强,贯彻执行党的基本路线是否坚决,学习成绩、工作业绩和综合能力是否突出,在学生中发挥先锋模范作用是否明显。

（三）以人为本原则。做好学生党员管理工作,必须树立以人为本、加强服务的思想,建立健全党内关怀、激励、帮扶机制,完善工作制度,把服务学生党员、帮助生活困难学生党员相关政策落实好。要强化学校各级党组织的服务功能,把服务学生党员工作寓于教育、管理、监督之中,切实关心帮助爱护学生党员,激发学生党员的内在动力,增强学生党员对党组织的归属感、责任感,促进学生党员队伍建设。

（四）制度规范原则。建立健全和严格执行学生党员管理制度,是有效规范和约束学生党员思想、行为的重要保证。制度规范原则主要体现在三个方面:一是制定和完善学生党员管理制度。如"三会一课"制度、民主评议党员制度等。二是严格实施管理制度,加强管理制度落实情况检查。三是引导学生党员自觉地执行制度。

（五）教育引导原则。学生党员教育与管理是紧密相连的,学生党员管理是学生党员教育的基础,学生党员教育是学生党员管理的保障,二者同等重要,不可分割,不可偏废,必须统一于学生党员队伍建设的具体工作之中。

（六）改革创新原则。在新形势下,学生党员管理工作面临的诸多新情况、新问题,必须以树立改革精神,在实践中积极探索,研究新情况,解决新问题,创造新经验,使学生党员管理工作符合学生党建工作需要。要注意把继承优良传统和改革创新有机结合起来,不断改进学生党员管理工作方法和活动方式,使学生党员管理工作真正适应新形势、新任务的要求。

三、管理学生党员的主要内容

（一）编入党的一个组织。党章第八条规定:"每个党员,不论职务高低,都必须编入党的一个支部、小组或其他特定组织,参加党的组织生活,接受党内外群众的监督。"因此,每个学生党员必须参加党的一个组织,通过定期参加党组织生活,接受党组织的教育和党内外群众的监督,向党组织汇报思想和工作,取得党员之间的互相帮助,发扬优点,克服缺点,纠正错误,不断加强党性锻炼,增强组织观念,提高政治觉悟和思想水平。这是加强学生党员管理和经常性教育,促进学生党员发挥先锋模范作用,提高党组织凝聚力、战斗力的一项组织保证。

（二）严格组织生活。根据学生党员特点和需求,认真落实"三会一课"制度,丰富组织生活内容,创新组织生活形式,提高组织生活效果。坚持和完善民主评议党员制度,每年组织开展一次民主评议党员工作。健全党性定期分析制度,定期集中开展学生党员党性分析评议活动。严肃组织生活纪律,院(系)党组织要经常检查学生党员参加组织生活情况,对无故不参加组织生活的学生党员及时进行批评帮助。

（三）组织关系管理。理顺学生党员组织隶属关系,确保每个学生党员都能纳入党的一个基层组织的管理之中。对毕业生党员,已经落实工作单位的,应将党员组织关系及时转移到所在单位党组织;工作单位尚未建立党组织的,按照就近就便原则,将党员组织关系转移到工作单位所在地街道、乡镇党组织,也可随同档案转移到县以上政府所属公共就业和人才服务机构党组织;尚未落实工作单位的,可将党员组织关系转移到本人或父母居住地的街道、乡镇党组织,也可随同档案转移到县以上政府所属公共就业和人才服务机构党组织。对在转移和接收党员组织关系过程中推诿扯皮、无故拒转拒接的党组织及其负责人,上级党组织要批评教育,及时纠正。对伪造党员身份证明的,要依纪依法严肃处理。

（四）党籍管理。党籍指的是党员资格。党籍管理是学生党员管理中一项十分重要的工作。申请入党的学生被党组织批准后,就算取得了党籍。预备党员也有党籍。凡是学生党员自动退党、被劝退出党、自行脱党、重新登记时未予登记、受到开除党籍的纪律处分以及取消预备党员资格,就都失去了党籍。党组织应按党章及有关规定及时办理相应手续。党组织对学生党员党籍的处理必须采取十分严肃和慎重的态度。

（五）及时处置不合格党员。健全党员能进能出机制,对无正当理由连续6个月不参加党的组织生活,或不交纳党费,或不做党所分配的工作的学生党员,按自行脱党处理,并予除名。对理想信念不坚定、不履行党员义务、不符合党员条件的学生党员,党组织应对其进行教育,要求其限期改正;经教育仍无转变的,应当劝其退党;劝而不退的予以除名。处置不合格党员要按照稳妥、慎重的要求,做到事实清楚、理由充分、处理恰当、手续完备,不定比例、不下指标,认真执行规定,严格审核把关。对被劝退和除名的学生党员,党组织和有关人员要做好思想引导等工作。

（六）流动党员管理。党组织要注意加强学生流动党员的有效管理,保证学生党员无论流动到哪里,都能纳入组织管理,参加组织生活。对外出学习、实习的学生党员,学校党组织要在其外出前进行教育并提出要求,外出期间及时向其通报党内重要情况,配合流入地党组织共同做好教育管理工作。毕业生党员其组织关系保留在学校党组织的,学校党组织要承担对其教育管理责任,党员本人要主动与学校党组织保持联系,按规定交纳党费。按照有关规定做好出国(境)学生党员管理工作。

（七）党费收缴管理。按照党章规定,学生党员必须按期交纳党费。学生党员交纳党费的标准,按照中央组织部有关规定执行。学校党委和组织部门要建立健全党费收缴、管理制度,定期检查、通报党费收缴、管理和使用情况,发现问题及时纠正。对无正当理由,连续6个月不交纳党费者,应当按自行脱党处理。

(八)档案管理。党员档案,又称入党材料,是申请入党的同志自递交入党申请书以后,逐步形成和积累的一系列与党员发展、管理相关的材料,主要包括入党申请书、积极分子推优表和考察表、党内外群众座谈会记录、政审函调材料、思想汇报、党课学习记录、奖励材料和处分材料等。党组织必须做好学生党员档案的建立、保存、转接、清理等工作,确保学生党员档案安全。

第五节 学生党建工作相关文件和制度

1.《中国共产党普通高等学校基层组织工作条例》

2.《中国共产党发展党员工作细则》

3.《中共中央组织部、中共中央宣传部、中共教育部党组关于进一步加强高校学生党员发展和教育管理服务工作的若干意见》(教党[2013]22号)

4.《贵州省发展党员工作规程(试行)》

5.《关于印发规范发展学生党员档案材料管理的规定的通知》(黔东南职院党发[2013]31号)

6.《关于印发中共黔东南民族职业技术学院委员会党员组织关系管理办法的通知》(黔东南职院党发[2015]65号)

7.《关于印发中共黔东南民族职业技术学院委员会发展党员工作实施细则的通知》(黔东南职院党发[2015]66号)

8.《关于印发中共黔东南民族职业技术学院委员会基层组织"三会一课"制度实施办法的通知》(黔东南职院党发[2015]67号)

第十七章

社团工作

第一节　概述

一、高校学生社团是指由高校学生依据兴趣爱好自愿组成,为实现成员共同意愿,按照其章程自助开展活动的群众性学生组织。

二、社团成员必须是学校正式学籍学生。社团会员大会是社团的最高权力机构,依照本社团的章程行使职权。

三、社团分类:一般分为思想政治类,如青年马克思主义社团;学术科技类,如解剖协会;创新创业类,如创业协会;文化体育类,如篮球协会、街舞协会;志愿公益类,如青年志愿者协会、红十字协会;自律互助类,如青春同伴社等,及其他类。

第二节　管理机构

一、在学校党委的领导下,校团委指导和管理,由社团联合会负责学生社团及其活动的组织协调与管理。

二、社团须在每学期开学后三周内到社团联合会履行学期注册手续,并同时提交本学期工作计划和上学期工作总结。

三、社团须更换负责人或变更其他社团登记事项(名称、宗旨等)时,必须到社团部履行变更登记手续。社团成员每学期变动状况须上报社团联合会备案。

四、每学年学院团委根据各社团考核情况,评选出优秀社团,给予奖励。在社团活动中表现突出的社团负责人或社团主要成员,评选为"社团积极分子"或"优秀学生干部"。

五、校团委对违反规定的社团,有权予以批评教育。社团有下列情况之一者,

校团委可责令其停止活动,进行整顿:

1. 无正式负责人和组织机构;

2. 活动范围和内容与社团宗旨、章程相违背;

3. 不接受学院有关部门的各项规定和指导;

4. 财务出现较大差错或混乱;

5. 骨干成员有违法或严重违反校纪、校规的行为;

6. 成员盗用社团名义从事私人活动;

7. 出现其他应该停止活动,进行整顿的情形。

六、因在社团活动中违反规定受到校纪处分的学生,未经校团委同意,不得再参与任何社团活动。

第三节　成立、年审和注销

一、社团的成立

(一)成立学生社团,应当具备下列条件

1. 有 10 名以上的学生联合发起,发起人必须具有开展该社团活动所必备的基本素质,且未受过校纪校规处分。

2. 有规范的名称和相应的组织机构。

3. 有规范的章程。

4. 学生社团的名称必须体现社团宗旨,应当符合法律、法规的规定,不得违背校园文明风尚。学生社团名称应当与其性质相符,准确反映其特征。

(二)申请筹备成立高校学生社团,发起人应当向登记机关提交下列文件

1. 筹备申请书;

2. 章程草案;

3. 发起人和拟任负责人的基本情况介绍;

4. 指导教师基本情况。

(三)社团章程应包括

1. 社团的名称、类别;

2. 社团的宗旨、组织机构;

3. 经费来源;

4. 社团成员的资格及权利义务;

5. 社团负责人的条件、权限和产生、罢免的程序;

6. 社团的终止程序；

7. 章程的修改程序；

8. 其他应说明的事项。

（四）申请的程序

1. 由发起人持第六条规定的材料向团委提出申请。

2. 团委应当自收到本办法第六条所列全部有效文件之日起 15 日内,做出批准成立或者不批准成立的决定。批准成立的学生社团,应当自批准之日起 30 天内召开会员大会,通过章程、产生执行机构、负责人。审批期间不得以学生社团的名义收取会费和组织社团筹备以外的活动。

3. 经团委社团部初审通过后,发放《黔东南民族职业技术学院学生社团审批表》,由学院团委全面审查批准后,社团方可正式成立。

4. 社团得到批准成立后,应尽快以公告或公开会议的形式宣布成立。

5. 社团在学院团委审批后,方可自制各种形状的艺术图章或其他标志,以便开展工作,但不能擅自刻制任何公章。

（五）以下情况不得批准社团成立

1. 校内已经有性质相同或相近的学生社团,没有必要成立的;

2. 发起人受过校纪校规处分的;

3. 在申请筹备成立时弄虚作假的。

二、年审和注销制度

根据《黔东南民族职业技术学院社团管理办法》进行社团事项变更登记、章程的修改和注销。

第四节　社团活动

一、按照自愿、自主、自发原则,善用网络技术和新媒体,开展主题鲜明、健康有益、丰富多彩的线上和线下课外活动,繁荣校园文化。

二、社团应当在我国宪法、法律、法规和学院管理制度范围内活动,活动中不得在学生中散布违背宪法、法律和党的路线方针政策的错误观点和言论,不得开展与其宗旨不符的活动,不得开展纯商业性活动。

三、参与人数较多、校外举办的或与校外机构联合举办的活动需经校团委批准。企业、社会机构不得在学校建立特定冠名的学生社团。

第五节　经费管理

一、社团活动经费来源于学校拨款、社会赞助和会员会费等合法渠道。社团经费必须用于社团集体活动,任何部门和个人严禁侵占、私分或挪用。

二、社团制定严格的经费管理制度,每学期向全体成员公布经费和使用情况。

三、社团活动经费由校团委和社团联合会进行监督、审查。

第六节　黔东南民族职业技术学院社团联合会

黔东南民族职业技术学院社团联合会成立于2013年,是在校团委指导下的全校性学生组织。旨在服务和管理学校学生社团,加强社团间、社团与广大学生间的练习;促进社团良性发展,营造丰富的校园文化氛围;助力学生个人素质的全面提高,为学生的课余爱好搭建拓展平台。自2013年来每年召开一次全校社团会员代表大会,选举参生社团委员会成员。

社联组织结构图

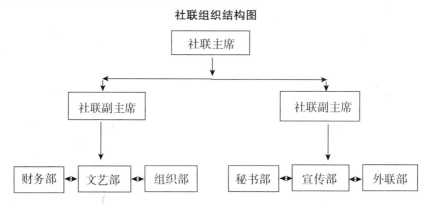

第一届社联主席杨永斌,副主席黎熙柏、秦松,宣传部长杨燕、策划部长邓黎平、文艺部长蒋琴、组织部长姚锋、外联部长李建、财务长杨梦琳,秘书部长陈盼;

第二届社联主席金本伟,副主席袁锋、曹任凤,宣传部长李燕、策划部长姜华、文艺部长潘小敏、组织部长王建、外联部长方魁、财务长王小胜,秘书部长刘佳;

第三届社联主席冉裕来,副主席郭娇、王源光,宣传部长劳小胜、策划部长徐琴、文艺部长陈建梅、组织部长张乙州、外联部长李菊、财务长杨其其;秘书部长唐双双；

第四届社联主席孙果果，副主席戴名航、卢易，宣传部长徐玲、策划部长罗美、文艺部长徐锋、组织部长邰燕、外联部长杨艳平、财务长邓永兰、秘书部长高穗。

第七节 黔东南民族职业技术学院学生社团简介

黔东南民族职业技术学院学生社团是学生为增长知识、锻炼能力、培养综合素质、丰富和活跃课余文化生活，自愿组织起来的群众性团体。我校截至 2016 年有学生社团 34 个，分为实践公益类、学术公益类、文化艺术类、体育运动类。学生社团根据各自社团宗旨开展各种活动，有志愿服务、文化体育活动、专业技能比赛、专题讲座、实践活动等。

序号	社团名称	成立时间
1	红十字协会	2005 年 6 月
2	青年志愿者协会	2007 年 6 月
3	旅游协会	2007 年 11 月
4	创业协会	2008 年 4 月
5	英语协会	2008 年 4 月
6	晨曦文学社	2008 年 5 月
7	心理协会	2010 年 6 月
8	解剖协会	2010 年 9 月
9	足球协会	2010 年 11 月
10	乒乓球协会	2010 年 11 月
11	羽毛球协会	2010 年 11 月
12	篮球协会	2010 年 11 月
13	新势力街舞协会	2011 年 11 月
14	春晖协会	2012 年 5 月
15	蓝天音乐协会	2012 年 8 月
16	外科协会	2012 年 12 月
17	绿洲环保协会	2013 年 4 月
18	ERP 沙盘协会	2013 年 4 月
19	青风书画协会	2013 年 4 月

序号	社团名称	成立时间
20	漫画协会	2013 年 5 月
21	中医协会	2013 年 8 月
22	德馨武术协会	2013 年 8 月
23	声乐协会	2013 年 12 月
24	护理综合能力协会	2014 年 6 月
25	护理科研协会	2014 年 6 月
26	灵犀棋牌社	2014 年 6 月
27	法律爱好者协会	2014 年 7 月
28	演讲协会	2014 年 8 月
29	青春伴绿	2015 年 3 月
30	梦愿新闻社	2015 年 4 月
31	汉服社	2015 年 12 月
32	苗侗歌舞社	2016 年 9 月
33	康复社团	2016 年 12 月
34	礼仪形象社	2016 年 12 月

第十八章

社会实践

第一节　概述

　　大学生社会实践是指学校按照高等教育的培育目标,以社会为课堂,以与学生密切相关的社会生活现实问题为题材,以假期和课余为主要活动时间,以与学生密切相关的社会生活现实问题为题材,以假期和课余为主要活动时间,以学生能动地参与为主要途径,有计划地为学生寻求或创设一定的情景,寓教育于实践中,通过引导学生综合运用所学的知识,开展以学生为主体,以实践性、自主性、创造性等为主要体征的各种活动。

　　社会实践是大学生思想政治教育的重要环节,对于促进大学生了解社会、了解国情、增长才干、奉献社会、锻炼毅力、培养品格、增强社会责任感具有不可替代的作用。

第二节　大学生社会实践基本类型

一、课程学习中的社会实践

　　1. 课程实践:针对学生在本课程中理论学习和实践学习的有机结合,强调学生对于本门课程的主动参与和直接体验。如课堂讨论、案例教学等。

　　2. 综合实践:针对学生在一段时间的课程中理论学习和实践学习的有机结合,强调学生对于一段时间所学的课程的综合运用和创新。如毕业设计。

二、日常课外社会实践

　　在学校的指导和规范下,以教师为引导者,以学生为主导和主体,学生主动策划、实施,以课外时间为活动时间,以学生兴趣为牵引,以丰富多样的活动形式为载体,引导学生强化专业实践、走进社会,促进学生全面发展的活动总和。

日常课外社会实践可分为道德修养类实践、人文素养类实践、学术科技类实践、创业实践、志愿服务类实践、勤工助学类实践。

三、假期社会实践

在学校的指导和安排下,以教师为引导者,以学生为主体,以假期实践为活动时间,以学生的实际活动为基础,以丰富的社会资源为依托,以顺应时代、弘扬时代主旋律为主题的实践活动形式为载体,引导学生走出校园,走进社会,深入了解国情和社会情况的系列活动总和。

假期社会实践又可以分为社会实践调查、生产实习实践、志愿服务实践。

第三节 大学生社会实践基本流程

组建团队→确定主题→申报立项→项目审核→经费审批→开展实践→评比表彰

组建团队:由各系自由组队,也可以视具体情况,跨院系、跨专业、跨年级自由组队,也可以由负责学生工作的老师牵头组队。

确定主题:各团队根据自身实际情况,选择感兴趣的内容作为实践主题,并根据主题选择实践地点和制订实践计划,提前联系好接收单位。由校团委开具社会实践介绍信、证明等。

申报立项:各团队根据准备情况和联系情况,向系部和校团委提出立项申请,明确实践主题和内容。

项目审核:系部或校团委对上交的各团队的项目申报表进行审核,组织立项答辩,进一步明确实践主题和内容,最终确定批准的团队及重点资助的团队。

经费审批:系部或校团委根据项目申报情况确定团队经费支持力度。

开展实践:各团队根据之前确定的实践主题和内容开展相关社会实践活并做好记录,撰写社会实践报告。

评比表彰:实践结束后每个团队提交一份社会实践调查报告和若干活动照片,团队的每名成员提交一份个人社会实践调查报告、论文或日记。系部或校团委组织评委对社会实践团队工作情况进行评审,确定优秀社会实践团队、社会实践先进个人,并进行表彰。

第四节　黔东南民族职业技术学院大学生社会实践

　　黔东南民族职业技术学院大学生社会实践是学校按照高等教育的培育目标，以社会为课堂，以与学生密切相关的社会生活现实问题为题材，以假期和课余为主要活动时间，以与学生密切相关的社会生活现实问题为题材，以假期和课余为主要活动时间，以学生能动地参与为主要途径，有计划地为学生寻求或创设一定的情景，寓教育于实践中，通过引导学生综合运用所学的知识，开展以学生为主体，以实践性、自主性、创造性等为主要体征的各种活动。

　　2010年开始，校团委根据团省委相关文件要求，每年寒、暑假下发全院寒、暑假社会实践计划，内容包含专业实践、专题调研、宣传教育、科技下乡等方面。由院团委牵头，各部门紧密配合，各学生社团广泛参与，全院上下广泛开展了勤工助学、志愿者服务、公益活动、"三下乡"、科技发明等实践活动。如学生社团积极组织开展义务献血，为社会奉献爱心；到社会福利院开展"帮老助残"活动，为孤寡老人打扫卫生、体检、洗衣服、谈心、表演文艺节目；组织开展各种形式的勤工助学活动，帮助困难同学解决实际问题；团组织积极组织团员参加"共青团文明执勤岗"、参加学院及黔东南州大型节庆活动等。大学生社会实践的开展既丰富了学生的课外生活，又引导学生奉献社会，做中华民族传统美德的传承者、社会主义道德规范的实践者、良好社会风尚的弘扬者。

附：

共青团黔东南民族职业技术学院委员会文件

院团字〔2012〕6号

────────────────────────────

　　关于下发"黔东南民族职业技术学院2012年暑期社会实践计划"的通知

各系团总支：

　　为贯彻落实胡锦涛总书记在纪念建团90周年大会上的重要讲话精神和《教育部等部门关于进一步加强高校实践育人工作的若干意见》精神，充分发挥社会实践作为加强和改进大学生思想政治教育重要途径的优势,进一步引导广大青年学生为"十二五"和社会主义新农村建设做贡献,迎接党的十八大胜利召开,决定组织开展我院 2012 年暑期大学生社会实践活动,现将计划下发给各系,各系要高度重视今年的社会实践组织工作,保证每个在校学生都有机会参与社会实践活动。

附:黔东南民族职业技术学院 2012 年暑期社会实践计划

共青团黔东南民族职业技术学院委员会

2012 年 6 月 20 日

附:

黔东南民族职业技术学院 2012 年暑期社会实践计划

一、活动目的

通过社会实践活动,丰富学生的假期生活,让学生把理论知识转化为实践能力,在实践中锻炼自己、认识自己、提高自己,为今后的工作打下坚实的基础。

二、指导思想

以中国特色社会主义理论为指导,深入学习实践科学发展观,进一步贯彻落实胡锦涛总书记在纪念建团 90 周年大会上的重要讲话精神和《中宣部中央文明办教育部团中央关于进一步加强和改进大学生社会实践的意见》的精神,充分发挥社会实践作为加强和改进大学生思想政治教育重要途径的优势,进一步引导广大青年学生为"十二五"和社会主义新农村建设做贡献,迎接党的十八大胜利召开。

三、活动主题

青春九十年   报国永争先

四、实践内容

(一)专业实习

结合各系专业特点,开展形式多样、内容丰富的专业实习活动。鼓励组队联系行业相关的政府机构、事业单位、大型企业等,到工作一线开展内容丰富的社会实践,增强同学对行业业务、能力需求等方面的认知,进一步拓展同学知识面,巩固专业知识。

(二)专题调研

鼓励广大同学在暑假期间结合专业特点和个人兴趣,就各自专业发展情况、建设社会主义新农村典型事迹和典型企业或个人等进行专题调查研究、分析并撰写调查报告。

（三）环保科普知识宣传

考察农村生态环境,宣讲环保科普知识。积极组织开展环境保护活动,宣传倡导环保观念,推动节能减排生活方式。通过植绿护绿,治理环境污染,同时通过生态环境调查,举办环保讲演,在基层宣传倡导环保观念,参与各种治理环境污染工作和活动。

五、组织形式

（一）以个人返乡社会实践为主,学校向学生发放个人返乡调查问卷。

（二）确定几个与专业相关的课题,实行课题招募,可自由挑选感兴趣的课题进行社会实践,按时将图片、资料进行统计分析,撰写并提交课题实践报告。其他事项待通知。

六、工作要求

（一）加强领导,统筹安排

各系要高度重视今年的社会实践组织工作,对今年的学生暑期社会实践要提前策划、布局。同时,保证每个在校学生都有机会参与社会实践活动的全覆盖要求。

（二）加强调研,合理规划

采用院系两级集中组队的方式开展本次实践活动。院团委及各系根据地方发展需求和学生成长需要,结合学科优势,充分利用学校、系资源,动员社会力量和专业教师的力量,积极开展校企互动、校地互动,展开社会实践的先期调研工作,在调研的基础上“按需立项,按项组团”,制订本系的学生实践方案和组队计划。

（三）加强教育,确保安全

各系要高度重视学生的安全,采取切实有效措施,安排专人管理,保持通信畅通,制订应急预案,确保万无一失。

（四）加强宣传,打造品牌

各系要在以往社会实践活动基础上,深入挖掘亮点,对社会实践过程中涌现出来的典型团队、个人及时进行宣传推广,尤其要做好整体宣传和深度报道,进一步提升我校社会实践活动的知名度和影响力。

第十九章

安稳工作

第一节　概述

校园安全稳定工作是教育工作的根本保证,是构建学校良好教育教学秩序的前提条件。增强安全稳定工作的责任感和使命感,树立对社会负责、对人民负责、对学生负责、对自己负责的态度,克服侥幸心理、麻痹思想,始终坚持"安全第一、预防为主、关口前移"的方针,真正把安全稳定工作放在各项工作的首位,确保正常的教育教学秩序。学校安全无小事,不容丝毫松懈和忽视,特别要做好双休日、节假日、开学和期末等敏感时期和外宿、外出旅游、实习、毕业等敏感时期的安全教育工作。

第二节　人身安全

大学生进入高校之前,基本上都是从家门到校门,保护学生人身安全和健康的职责主要由家长和学校的老师肩负着,在家长和学校老师的呵护下,社会上的各种危害和不安定因素对学生影响相对较小。如今学生走出家门,来到高校学习,一切事情都得靠自己去安排,急需增长安全知识,增强自我保护能力。学生需要转变观念,学会独立处理问题,包括一些复杂问题。牢固树立安全意识,提高安全防范能力,自觉遵守学校纪律,团结同学,与同学和睦相处,避免与他人发生摩擦,正确处理同学之间的矛盾和纠纷,坚决不参与群殴群斗。

一、校园十注意

1. 处理同学之间的关系,要以诚相待,相互尊重,团结友爱。

2. 与人相处,做事、说话态度和蔼,与人为善。

3. 宽宏大量,不斤斤计较。

4. 冷静克制,切莫莽撞。

5. 避免过激的言语和行为。

6. 依靠组织解决问题。

7. 妥善处理同学之间的冲突。

8. 自己要端正态度。

9. 保持冷静,不围观、不参与。

10. 及时报告老师,制止打架斗殴。

二、受到不法分子侵害如何报警

学生受到违法犯罪分子的直接威胁和侵害,仅凭同学自身力量很难防范,最有效的方法就是向派出所报告。

1. 报警电话的号码是110。这个号码应当牢记,以便发生异常情况时及时拨打;

2. 拨打110电话,要简明、准确地向派出所报告案件发生的地点、时间、当事人、案情等内容,以便派出所及时派员处理;

3. 打报警电话是事关社会治安管理的大事,千万不要随意拨打或以此开玩笑。

三、路上被人抢劫、敲诈和勒索怎么办

1. 要保持冷静,不要害怕,尽量说好话,说明自己没带钱,避免跟他们争吵。

2. 如果他们继续坚持要钱,就跟他们说回家取钱,趁机跑掉,并向你认识的人求助。

3. 如果还不行,就拖住别的大人大声喊"救命"。

4. 如果一个人遭挟持,不要反抗,不要"硬碰硬",可以给钱,但要记住对方的相貌特征,事后向公安机关报案。千万不要拉住欲跑的持刀歹徒不放,这样容易造成歹徒狗急跳墙,持刀伤人。

四、为防范被歹徒抢劫勒索,应注意以下几个方面

1. 要和同学结伴上学、回家,尽量不要单独外出;

2. 言谈举止一定要符合身份,不要过分张扬,避免引起问题少年的注意;

3. 上学放学路上尽量走大道,不走偏僻小路;

4. 穿着打扮要朴素,平时不穿名牌、不高消费,不在外人面前炫耀自家财富,以免被不良分子盯上。

五、在校外租房子应注意的人身安全和财产安全

根据《教育部办公厅关于进一步加强高校学生住宿管理的通知》(教社政厅

[2005]4号)和《教育部办公厅关于进一步做好高校学生住宿管理的通知》(教思政厅[2007]4号)以及《贵州省学校学生人身伤害事故预防与处理条例》文件精神与要求,原则上不允许学生自行在校外租房居住;对个别确需在校外租房居住的学生,要向学校提出书面申请,说明租房的原因、房屋详细地址、联系方式,承诺加强人身和财产安全的自我保护,经本人与家长双方签字报学校备案。

1. 在校外租房子,要在家长或监护人的陪同下签订《房屋租赁合同》,确保自己的合法权益。

2. 检查所租房屋有无安全隐患,如易塌方、泥石流、防盗方面等。

3. 家长或监护人随时与孩子保持电话联系,了解他们的生活、学习、安全及思想状况,尽量做到无真空现象,并经常到出租屋看望。

4. 对孩子进行思想品德及行为习惯教育,抵御不良习俗对孩子的影响。

5. 对"三无"伪劣食品和电器要有正确的认识,不在出租房内乱搭电源、抽烟、喝酒、赌博、点蜡烛看书等。

6. 不随便给陌生人开门,留宿。

7. 不随便搭乘陌生人的车。上车前给父母、老师、同学打电话,告诉所搭乘车的车牌及出行时间。

8. 不参与打架或其他违法犯罪活动。

9. 不去外面吃夜宵、喝酒、唱歌、跳舞。陌生人给的饮料不喝,给的烟不抽,坚决抵制毒品。

10. 财不外露,贵重物品和大量现金不放在出租屋内,贵重物品要保管好,大量现金要存银行。

11. 出门时,检查出租屋内的水、电、液化气、门窗是否关好,在确定无误后才能离开。

12. 遇紧急情况或突发事件可向身边的大人或拨打110电话报警求援。

第三节　财产安全

由于高校校园的开放性趋势,违法犯罪分子常常把作案目标投向高校,进入高校作案。高校在安全防范工作中仍存在一些薄弱环节,部分师生的安全防范意识不足,离开宿舍不随手锁门,将贵重物品随意放置在公共场所,粗心大意,等等。这些都给犯罪分子作案提供了可乘之机,有些无法提供破案信息,致使案件侦破困难,犯罪分子长期逍遥法外。

一、目前校园存在的主要安全隐患——盗窃

以作案主体进行分类,校园盗窃案可分为外盗、内盗和内外结伙盗窃三种类型。高校中内盗发案率比较高,少数大学生对自己要求不严,人生观和价值观发生扭曲,法律意识淡薄,不顾家庭和自身经济承受能力,追求时髦,从而导致没有钱花就去偷,逐步走上违法犯罪道路。预防和打击高校盗窃案,不仅是公安机关和学校保卫部门的重要任务,也是每个大学生应尽的责任和义务,增强防盗意识,了解校园内盗窃犯罪的基本情况、规律和特点,掌握防盗的基本常识和技能,是做好防盗、保证安全的基础。

二、大学校园里容易发生盗窃案件的地方

1. 学生宿舍。学生的现金、贵重物品、生活用品主要放在宿舍里,宿舍是最容易发生盗窃的场所。有些同学缺乏警惕性,安全防范意识太差,如有的同学看到陌生人在宿舍里乱窜漠不关心,有的同学随便留宿外人或出借钥匙等。

2. 教室、图书馆、食堂、操场等公共场所。学生的现金、贵重物品、学习用品放在书包里,书包放在教室、图书馆、食堂,人离开了,发生被盗。贵重衣服、物品在锻炼身体时放在操场。

三、如何预防,保证安全

1. 要牢固树立防盗意识,克服麻痹思想。千万不要以为大学校园是太平世界,是保险箱。盗窃分子的眼光时时盯着大学校园,特别是盯着缺乏经验的大学生。大学校园里时常有盗窃分子出入,身边的大学生中极个别人也有盗窃行为。因此,在防止盗窃时,既要防外贼,也要防内贼。

2. 妥善保管好现金、存折、汇款单等。现金最好的保管办法是存入银行,尤其是数额较大的要及时存入,绝不能怕麻烦。要就近储蓄,储蓄时加入密码。密码应选择容易记忆且又不易解密的数字,千万不要选用自己的出生日期做密码。这样,即使存折或现金卡被盗,犯罪分子也不容易取走钱,事主也有时间到银行挂失。身份证是最有效的证件,存折丢失,可以凭身份证去挂失,凭身份证去取款。因此,存款单据、汇款单据、存折及现金卡要同身份证、学生证分开存放,防止被犯罪分子同时盗走。因购买贵重物品而需要大额现金时,应当天取当天用,因故不能当天购物时,应将钱再存入银行。

3. 保管好自己的贵重物品。贵重物品不用时,不要随便放在桌子上、床上,防止被顺手牵羊或溜门盗走或窗外钓鱼给盗走,要放在抽屉、柜子里,并且锁好。寒暑假离校时应将贵重物品带走,或托给可靠的人保管,不要放在宿舍里,防止撬锁盗窃。贵重物品、衣物最好做上一些特殊记号,一旦被盗,报案时好说明,认领时也有依据,这样,即使被盗,找回的可能性也大一些。

4. 养成随手关窗锁门的好习惯。上课、参加集体活动、出操、锻炼身体等外出离开宿舍时，要关好窗、锁好门，包括关好玻璃窗，因为仅仅一层窗纱不足以防盗。一个人在宿舍时，即便上厕所、上水房洗衣服，几分钟、十几分钟的时间即可回来，也要锁好门，防止被犯罪分子溜门盗窃。某高校一位姓周的女同学，到相邻的宿舍聊天，没锁门，仅仅几分钟回来后发现上千元的手表、皮夹克和数百元现金被盗，她非常后悔，痛哭不已。

5. 在教室、图书馆看书，在食堂吃饭时，不要用书包占座，不在书包里放现金、贵重物品、钥匙，防止书包被盗或书包内的现金、贵重物品、钥匙被盗。

6. 关于自行车防盗。高校里自行车被盗案时有发生，要养成随手锁车的好习惯，尤其好车要严锁严管。

四、发生被盗，要保护好现场，及时报案

回到宿舍，如发现门窗被打开，或窗上玻璃被打碎、纱窗被割破、室内物品被翻得比较乱，这是室内发生盗窃的明显标志。遇到这种情况发生，头脑要清醒，不要急于到室内查找自己的物品。首先要保护好犯罪分子留下的现场，任何人不要进入室内，以便公安人员在现场提取犯罪分子留下的痕迹。其次，要马上报告学校保卫部门或公安机关，请他们来现场调查了解。配合公安保卫部门查破案件，如果发现存折或汇款单丢失，要马上到银行、邮局去报告、挂失。平时如果丢失贵重物品、自行车等，也要及时到学校保卫部门报告，讲明丢失或被盗情况及自己物品的特征。每位在校生都必须牢固树立以"安全第一，生命至上"为核心的校园安全文化观念，积极主动地增强自己的法制意识，提高自己的安全防范、防卫能力和对突发性事件的应急、应变能力，以及抵御违法犯罪的能力，保证自己身心健康地完成学业，并能成功地就业、创业。希望本须知能在大家的生活中发挥一些实际的效用。

第四节　防火安全

学校历来是各级政府和有关防火职能部门高度重视的防火重点单位，不论是哪一类型、性质的学校，都存在较大的火灾危险性。学校实验室及实验多，各类易燃易爆物品多，用火用电多，供水、供电、供气等基础设施老化的破旧建筑物多，在建的建筑工程多，人员密度高、集中而又相对分散，且习惯性违规违章行为时有发生，消防安全教育宣传不够深入和普及，安全管理时有疏漏……均是火灾引发的重要成因。

一、校园火灾从发生的原因上可分为以下类型

1. 生活火灾。一般是指人们的炊事用火、取暖用火、照明用火、点蚊香、吸烟、燃放烟花爆竹等,由生活用火造成的火灾称为生活火灾。随着社会的全面进步发展,炊事、取暖用火的能源选择日益广泛,有燃气、燃煤、燃油、烧柴、用电等多种形式。学生生活用火造成火灾的现象屡见不鲜,原因也多种多样,主要有:在宿舍内违章乱设燃气、燃油、电器火源;火源位置接近可燃物;乱拉电源线路,电线穿梭于可燃物中间;使用大功率照明设备等。由于部分学生缺乏必要的消防安全知识,违章生活用火严重,酿成火灾已成必然。有统计表明,生活火灾已占校园火灾事故总数的70%以上。安全使用生活火源必须引起学生的高度重视,学生必须学会自防自救。

2. 电器火灾。目前学生拥有大量的电器设备,大到电视机、电脑、录音机,小到台灯、充电器、电吹风,还有违规购置的电热毯、热得快等电热器具。学生宿舍由于所设电源插座较少,学生违章乱拉电源线路现象普遍,不合安全规范的安装操作致使电源短路、断路、接点接触电阻过大、负荷增大等引起电器火灾的隐患增多。电器设备如果是不合格产品,也是致灾因素。尤其是电热器的大量不规范使用,极易引发火灾。

二、校园火灾的预防

1. 学生宿舍防火。学生宿舍(公寓)是学校的防火重点部位之一,全面做好学生宿舍(公寓)防火工作有极其重要的意义。一般来说,生活用火是引发学生宿舍发生火灾的重要因素。为了杜绝学生宿舍(公寓)发生火灾事故,同学们要做到十戒:一、私自乱拉电源线路,避免电线缠绕在金属床架上或穿行于可燃物中间,避免接线板被可燃物覆盖。二、违规使用电热器具。三、使用大功率电器。四、使用电器无人看管,必须人走断电。五、明火照明,灯泡照明不得用可燃物做灯罩,床头灯宜用冷光源灯管。六、室内乱扔、乱丢火种。七、室内燃烧杂物、点蚊香等。八、室内存入易燃易爆物品。九、室内做饭。十、使用假冒伪劣电器。

2. 公共场所防火。随着学校建设发展,教室、餐厅、图书馆等处,人员往来频繁、密度大。公共场所管理松散,部分师生防火意识不强,室内装修使用可燃物质、有毒材料多,用电量高,高热量照明设备多,空间大等诸多因素,都是严重的火灾隐患,这些地方时有重大火灾发生,极易造成人员伤亡特别是群死群伤。

三、学生在公共场所滞留时,应掌握如下防火知识和方法

1. 清醒认识公共场所的火灾危险性,时刻提防。

2. 严格遵守公共场所的防火规定,摒弃一切不利于防火的行为。

3. 进入公共场所,首先要了解所处场所的情况,熟悉防火通道。

4. 善于及时发现初起火灾,做出准确判断,能及时扑救的要及时扑救,形成蔓延的要立即疏散逃生。

5. 要有见义智为的精神,及时帮助遭受伤害的人员迅速撤离、脱险。

四、火险,随时随处可能发生

只要我们每个人都能以高度的消防安全责任感,科学的消防态度搞好火灾的预防,许多火灾都可避免,所以要牢记《消防安全二十条》。

第五节 交通安全

随着私家车的增多,校园内的交通处在一个堪忧的状态,人与车或车与车之间各种情况的摩擦常有发生。一到上下课或上下班的高峰期,人来人往,车来车往,学生低头走路嬉戏打闹不看车,司机谈天说笑不看人,因此难免发生意外。

一、日常交通安全常识

1. 步行安全常识。步行外出时要注意行走在人行道内,在没人行道的地方要靠路边行走。横过马路时须走过街天桥或地下通道,没有天桥或地下通道的地方应走人行通道;在没画人行横道的地方过马路时要注意来往车辆,不要斜窜、猛跑;在通过十字路口时,要听从交通警察的指挥并遵守交通信号灯;在设有护栏或隔离墩的道路上不得横穿马路。

2. 骑车安全常识。骑车外出的同学,出行前要先检查一下车辆的玲、闸、锁、牌是否齐全有效,保证没有问题后方可上路。在道路上要在非机动车的道内行驶,没有划分车道的要靠右边行驶。通过路口时要严守交通信号,停车不要越过停车线;不要绕过信号行驶;不要骑车逆行;不扶肩并行;不双手离把骑车;不攀扶其他车辆;不在便道上骑车。在横穿4条以上机动车道或中车闸实效时,须下车推行;骑车转弯时要伸手示意,不要强行猛拐。

第六节 生活安全

一、日常生活注意事项:

1. 养成吃东西之前洗手的习惯。

2. 生吃瓜果要洗手。

3. 不要随便吃野菜、野果。

4. 不吃腐烂变质的食物。

5. 不随意购买、使用街头小摊贩出售的劣质食品饮品。

6. 不喝生水。

二、乘车注意事项

1. 到正规售票点买票。

2. 不随便搭便车。

3. 不随便携带大量现金。

4. 不带危险品上车。

5. 不给陌生人留电话号码。

6. 不将行李交给陌生人看管。

8. 不吸食陌生人给的香烟、食品、饮料。

9. 不参与旅途赌博。

10. 小心行李被"调包"。

三、如何应对地震的发生

1. 正在室内活动时,应注意保护头部,迅速跑到空旷地蹲下,尽量避开高大建筑物、立交桥,远离高压线及化学、煤气等工厂或设施。

2. 正在野外活动时,应尽量避开山脚、陡崖,以防滚石和滑坡;如遇山崩,要向远离滚石前进方向的两侧方向跑。

3. 正在海边玩时,应迅速远离海边,以防地震引起海啸。

4. 在行驶的电(汽)车内,抓牢扶手,以免摔倒或碰伤;降低重心,躲在座椅附近,地震过去后再下车。

5. 正在驾车行驶时,应迅速躲开立交桥、陡崖、电线杆等,并尽快选择空旷处立即停车。

6. 正在教室上课时,要在老师指挥下迅速抱头、闭眼、躲在各自的课桌下;在操场或室外时,可原地不动蹲下,双手保护头部,注意避开高大建筑物或危险物,不要回到教室去。

7. 正在公共场所时,听从现场工作人员指挥,不要慌乱。

四、学生校外兼职安全常识

1. 防范非法中介和短信诈骗。

2. 不要交押金、保证金以及抵押证件。

3. 防范皮包公司。大学生可以带上身份证和30元手续费到工商局查询用人单位最近一年的年检情况。

4. 识别非法传销。传销通常具有以下特征的一个或几个:在"入会"时告诉你的职责之一是发展更多的人;交昂贵的会费,在工作场所很多的人情绪激昂。如果识别出传销,应立即停止打工,及时报警。

5. 防范性骚扰或误入歧途。

五、女生安全常识

1. 不轻易与陌生人接近或交谈,不论其长相、衣着如何,应随时提高戒心。

2. 衣着要朴素,态度要端庄,不轻易接受陌生男子的邀约,相交不深就要保持距离。

3. 在假日或晚间,避免单人在教室看书,人数应在两人以上。

4. 不单独进入僻静之厕所、教室或幽暗的地方。不单独走荒郊、僻静巷道。

5. 不在幽暗、僻静处所久留,见陌生男子徘徊,应提高警觉,迅速离开。

6. 勿轻易让陌生人进入你的住室,夜晚回家门户应锁好,防止歹徒进入。

7. 夜间最好不外出,必须外出须结伴而行。

8. 夜间外出归途较偏僻时,最好请家人或同学(男生)来接。

9. 不乘坐长途出租车,夜间不单独乘坐出租车,不搭乘陌生人便车,不与陌生人一起坐出租车。

第七节　突发事件处理

突发事件,是指由于大学生自身不当行为或其他偶发性因素导致突然发生、引起广泛关注、需要立即处理、对学生身心或学校造成影响的事件。高校作为高等人才教育和科研基地,突发事件的发生不仅会使高校正常的教学秩序受到破坏,还会给大学生的身心健康带来不良的影响,甚至危及社会稳定。

一、突发事件的分类,按性质和诱因划分

1. 政治类突发事件,如由爱国情绪引发的过激行为、游行等。

2. 管理类突发事件,如罢餐、罢课、破坏公物等。

3. 治安类突发事件,如打架、火灾、车祸、被骗等造成的人身财产伤害损失。

4. 卫生类突发事件,如群体食物中毒、疾病传染等。

5. 自然灾害突发事件,如洪水、地震、泥石流等。

6. 校外事故波及校内,引起的退费事件。

二、按学生的行为表现划分

1. 情绪宣泄类,如某高校开始实施学生公寓晚间熄灯制度后引起学生在宿舍摔酒瓶、扔砖头、烧报纸、高声喊叫等过激行为,以宣泄对熄灯制度的不满情绪。

2. 违反校规类,如学生在宿舍私接电线引发火灾、熄灯后在蚊帐内点蜡烛看书引发的火灾、晚上外出翻墙摔伤等。

3. 违法犯罪类,学生中的盗窃、故意伤害、故意杀人等违法犯罪行为。

三、突发事件的预防

开展学生工作,必须具备一定的突发事件防范能力。由于突发事件的突然性和危害性,如果解决不好,不仅耽误学校的正常教学和工作秩序,损害学校的名誉,而且使大学生身心受到伤害,甚至殃及社会,引发社会矛盾。因此,从源头上杜绝突发事件的发生便显得最为重要。要做到以下预防工作:第一,围绕大学生学习、生活中的实际问题,加强对学生的思想教育。第二,辅导员通过日常上传下达的工作,保证学校和学生之间信息的畅通。第三,辅导员在学生工作中给予大学生弱势群体更多的人文关怀,维护学校的稳定发展。第四,辅导员参与编制高校突发事件应急预案,并适时开展突发事件应急演练活动。

四、突发事件的处置

1. 讲求原则,做好突发事件的应对工作。第一,辅导员应通过捕捉、分析危机征兆,及时上报、及时处理,尽力减少突发事件带来的负面影响;第二,辅导员通过思想政治教育正确引导学生的思想,稳定学生情绪;第三,领导学生组织,充分发挥学生的积极性认真落实应急方案;第四,辅导员要在突发事件的处理中,做好联络工作。

2. 认真负责,做好突发事件的善后工作。第一,做好善后与恢复工作;第二,对学生进行事后教育;第三,做好信息收集和档案保存工作。

五、与家长的沟通工作

作为一名学生工作者,一定要学会与家长沟通。与家长沟通好了,家长可以理解、支持老师的工作,可以取得学校协同教育的良好效果;反之,因为不善于和家长沟通,也会产生不必要的麻烦。

第八节　少数民族学生的稳定工作

少数民族学生作为高校的一个特殊群体,容易发生群体性事件,其安全稳定工作事关社会稳定、和谐社会构建,事关民族团结和落实党的民族政策,事关学校正常的教学秩序,事关民族地区乃至整个社会的和谐与稳定。

1. 对于家庭经济特别困难的少数民族学生,学校建立专项资助基金,通过个性化的"资助包"方式进行帮扶。

2. 建立健全心理健康教育机制。通过小品表演、角色模拟游戏、互访互问以及其他活动形式,学习介绍自己,了解别人,与人交往,以此转移情绪、宣泄痛苦、发泄愤怒等,防患于未然。

3. 引导少数民族学生正确对待自己、他人和社会。正确对待困难、挫折和荣誉,树立合理竞争、共同发展的理念,引导从全局出发,冷静理性、合法有序地表达诉求,自己维护安定团结的政治局面。

4. 把心理咨询室工作的触角延伸到班级和宿舍,充分发挥心理咨询人员在安全稳定工作第一线的作用,帮助他们解决实际困难和问题,及时化解矛盾和纠纷,把问题解决在萌芽阶段。

5. 及时发现和掌握不稳定因素及犯罪线索,坚持"预防为主"的方针,大力加强校园社会治安防控体系建设,努力打造一支懂民族工作,热爱民族工作的学生管理队伍,增强工作主动性,确保校园和谐稳定。

第九节　新生入校情绪稳定工作

一、新生特点

新生喜欢关注异性,善交际,但不成熟;讲哥们义气,爱面子,自私等心理发展极为迅速;没有紧迫感,没有求知欲,没有责任心;不良习惯,社会不健康因素沾染严重。要想做好新生的情绪稳定工作,要从以下几个方面着手:

二、接待新生

新生的接待是我们第一次与他们面对面接触。第一,我们接待者要给新生一个好的第一印象,要求接待者应有良好的形象,注意我们的语音;第二,接待的具体工作要熟悉(吃饭安排、宿舍安排,等等),要掌握工作的具体步骤;第三,新生入住宿舍立马进行"宿舍访问",及时过问他们的生活用品有没有准备好,了解来校路上的情况,身体有没有不舒服,是否需要帮助等;第四,要注意观察有特点的学生,以便我们日后重点教育。

1. 接待工作完了之后要在生活上及时关心他们。

2. 利用班会或者课后及时地把学校的校史、校情、校况校貌介绍给学生,培养新生热爱学校的思想感情和为校争光的理想抱负。

3. 尽快成立临时班委会,组织第一次班干会议,通过交谈,对班干部进一步了解,再通过班干部深入全面了解班级学生,同时要了解新生的一些特殊情况,并激发班干部对班级工作的热情。

4. 及时通过学生填写的入学登记表对每一个学生的基本情况进行了解,对资料填写不详细的学生我们要找本人谈话,或者找其他学生从侧面了解。

5. 设计一份调查表,通过调查表帮助发现问题,并及时解决学生提出的问题,帮助他们树立新的学习目标和方向,优化他们的学习动机,转变学习方法。

6. 组织班会,让在校的老生现身说法,给新生介绍自己的刻苦学习历程和就业情况以及取得的成绩。引导新生正确对待暂时的困难,克服自卑心理,以健康向上的精神风貌迎接崭新的生活,树立坚持不懈的奋斗目标。

7. 组织新生学习学校的规章制度和纪律,明确学校对学生的基本要求,增强学生的组织纪律观念,使他们学会自我管理、自我约束。

8. 心理教育。引导新生正确评价与定位自己,培养健康向上的情感和欲望,建立和谐的人际关系。新生健康问题日益严重,我们要及时发现,及时谈话。帮助新生尽快完成心理上的过渡,适应新生活环境和人际交往,增强心理承受能力及抗挫折应变能力等。

9. 感恩教育。通过感恩父母、感恩家庭、感恩学校、感恩社会的教育,使他们懂得珍惜学习的机会。人性向善,把社会、学校、家庭的正能量,美好的东西传输给新生,让他们认识到自己的价值和肩负的使命。

第十节 校园节假日稳定工作

一、值守

加强门卫值班和安保工作;值班人员要认真巡逻检查并做好值班记录。

二、排查

放假前对所有建筑、电器设施、食堂、宿舍校园周边等重点区域、重点环节进行一次拉网式安全排查。对排查出的问题,立即整改,切实消除事故隐患。

三、宣传教育

放假前对学生进行安全教育培训,第一,要求离校前务必关好水、电、门窗,贵重物品要妥善安排,严防盗窃事件的发生。第二,回家途中注意交通安全,不搭黑出租,不要到陌生水域游泳,救人的前提要确保自身安全,出现紧急情况及时拨打报警电话。第三,要谨防诈骗和传销,回到家给老师报平安。

第十一节　学生评奖评优后的稳定工作

一、在确定流程的前提下,要采用规范的评比方法,保证评比结果的公开、公正、公平。

二、学校的管理部门要对整个评优评奖活动文件、流程以及细则进行公示,保证下达到班级的每一位同学,保证信息的公开性和透明性,保证学生的活动有据可依。

三、在进行学生评比的过程中,可以采用班级会议的形式,对评比过程进行公开,保证学生能够自律。

四、对评比工作的执行部门,要坚决杜绝各种违规活动,不得以权谋私,对于组织活动的学生干部要进行严格要求,避免出现暗箱操作的行为。

五、对于最终的评定结果,要严格按照学校规定的程序进行公示,勇于接受全校师生的监督,如果有的学生出现质疑,要做好细致的解释,严格按照评比规则进行办事。

第二十章

档案管理

档案管理亦称档案工作。是档案馆(室)直接对档案实体和档案信息进行管理并提供利用服务的各项业务工作的总称。

第一节　学生档案

学生档案是指学校在学生管理活动中形成的,记录和反映学生个人经历、德才能绩、学习和工作表现的,以学生个人为单位集中保存起来以备考察的文字、表格及其他各种形式的历史记录。

一、档案材料内容及要求

序号	材料名称	数量	要求
1	毕业生档案袋	1份	封面上信息填写清楚,袋内的学生资料要在封面上的"备注"栏处打"√",并且顺序一致
2	新生入学登记表	1张	完善表格内容,简历时间填写准确,张贴照片,加盖相应公章
3	学年鉴定表	2张	填写学生入学前两年的鉴定情况,日期准确,加盖相应公章
4	毕业生登记表	1份	完善表格内容,内容真实,封面右上角的学籍号为必填项,张贴照片,日期依序填写,加盖相应公章
5	学生体检单	1份	学生毕业档案应有本人体检报告单,没有体检报告单,要求学生自行到州级医院进行体检,把体检报告单装入档案
6	军训鉴定表	1张	如实填写学生军训情况,加盖相应公章

续表

序号	材料名称	数量	要求
7	学生实习手册	1份	根据实习情况,真实填写相关内容,签字并加盖相应公章
8	高中学生档案	1份	不能打开高中学生档案,整体装入高职毕业生档案袋内
9	其他材料	/	其他应装入学生档案的材料,如学生的表彰,装入复印件,切勿装入原件

二、档案材料创建与管理

(一)学生处根据当年学校录取人数准备档案材料,新生入校后,各系学生管理员到学生处领取学生档案材料,辅导员、班主任根据班级人数到学生管理员处领取空白档案材料,一人一份。

(二)新生入校后,学生的高中档案通过邮局寄到学生处,学生处做好登记并统一分发至各班;如学生自带本人高中档案,直接交与辅导员、班主任。辅导员、班主任做好登记,确保人人有档。

(三)辅导员、班主任在学生学习期间适时填写学生信息,与时俱进,体现科学态度,实事求是地录入原始信息。

(四)学生毕业的最后一个学期,将进一步做好学生档案的整理工作,其安排如下:

日期	事项	备注
第五、六、七、八周	各系毕业班辅导员、班主任整理本班学生档案	各系分管副主任、学生档案管理员负责督促本系辅导员、班主任
第九周	学生处对各系各班的档案整理工作进行第一次检查	各系收齐统一放置学生档案
第十周	学生处对检查情况进行反馈	通过学校OA系统反馈
第十二周	根据反馈情况,各辅导员、班主任对学生档案进行补漏、完善	各系分管副主任、学生档案管理员负责督促本系辅导员、班主任
第十三周	学生处对毕业生档案进行第二次检查	各系收齐统一放置学生档案
第十四周	各系辅导员、班主任对学生档案进行封档,档案密封处加盖学生处公章	

三、档案材料移交与遗失

（一）学生档案的移交

学生籍贯	移交方式	备注
凯里籍学生档案	统一移交凯里市人才交流中心	各系上交学生处,再由学生处移交至凯里市人才交流中心 学生处、各系对学生档案移交进行登记,以备查询
非凯里籍学生档案	通过邮局寄至学生户籍所在地的人才交流中心等档案管理部门	学生处、各系辅导员、班主任、邮局工作人员协作完成,档案邮寄后,邮局提供邮寄电子清单,学生处、教学系各保存一份,以备查询

我校不保存毕业学生档案,学生毕业后,学生档案将移交或寄出,如特殊原因需要保存的,统一保存到学生处,学生处和教学系进行登记,以备查询。

（二）学生档案的遗失、毁灭

学生档案移置人才交流中心等档案管理部门后,就转变为人事档案,具有真实性和唯一性,遗失、毁灭都不能进行补档,可持本人身份证和毕业证到学校档案室开具学生在校期间档案材料的相关证明。

第二节　文书档案

文书档案是机关、团体、企事业单位在行政管理事务活动中产生的,由通用文书转化而来的那一部分档案的习惯称谓。包括命令、指示、决定、布告、请示、报告、批复、通知、信函、简报、会议记录、计划和总结等。

各系部接到学院文件后,将根据其内容做出安排落实,并将文件及落实情况的材料进行整理和归档。此以学生处文书档案工作为例:

1. 学生处收文处理:

文件来源	收文途径	处理流程
党政办公室 其他部门	自取 送达 邮箱 OA 系统	登记 交与处长 安排落实 存档

学生处接收文件,首先进行登记,详细记录文件序号、发文单位、发文名称、转交人及转交时间,如图:

2016 年学生处收文登记目录

编号	发文单位	文件名称	收文时间	转交领导
1	省教育厅	×××××××××	2016.3.24	×××
2	州政府办	×××××××××	2016.3.25	×××

学生处对接收文件、工作事务的材料记录进行分类存档,如图:

A、学生活动 迎 新 A———1	A、学生活动 军 训 A———2	A、学生活动 新 生 体 检 A———3	A、学生活动 秋 季 运 动 会 A————4	A、学生活动 素 质 拓 展 运 动 会 A————5	A、学生活动 学 生 评 优 评 奖 A————6

2. 学生处发文处理:

学生处作为学生事务的管理部门,根据工作需要会向学院发出请示,也会向各教学发出工作安排的通知。其步骤如下:

第一步	第二步	第三步	第四步
拟定文件	报送至学院党政办	党政办按收文流程处理	保存原始文件
	发送至各教学系	根据本部门收文流程处理	

第二十一章

会务工作

第一节　概述

　　会务,就是对会议进行服务,本身其实是一个短语,现在会务已经逐渐成了一个词语,很多人现在说的会务,其实就是指会议。

　　会议是现代社会生活、政治生活、经济生活中一种经常的广泛的活动形式。开会,同人们关系极为密切;而组织安排会议,则同秘书部门、秘书工作人员的关系极为密切。

　　会议一词有两种含义,一是指有组织有领导地商议事情的集会,比如学校党委会、院长办公会、大学生思想政治教育工作大会等;二是指一种经常商议并处理重要事务的会议,比如学生工作例会、辅导员工作例会、周日晚自习班会等。会议一般包含四个要素:一是有组织,二是有领导,三是商议事情,四是集会。

　　在我国,会议已经成为党和国家机关、企事业单位实行集体领导的基本方法之一,已成为各级党政机关、企事业单位日常工作的一种重要方式。在宣传、贯彻、执行党和国家的路线、方针、政策,统一思想,提高认识,进行决策,布置工作,调查研究,交流经验,统筹协调,纠正失误,解决问题等方面都有重要的作用。

第二节　会务分类

一、按照会议规模

1. 小型会议,人数少则三五人,多则几十人,一般不会超过一百人。

2. 中型会议,人数在一百至一千人之间。

3. 大型会议,人数在一千人至数千人以上。

4. 特大型会议,人数在数万人以上,例如节日集会、庆祝大会等。

二、按照会议性质和内容划分

1. 规定性会议即法定的必须按期召开的各种代表大会。

2. 日常性会议,即领导机关、领导同志贯彻民主集中制原则,实行集体领导,研究和处理日常工作的会议。

3. 专业性会议,即为研究某项工作,讨论和解决某个问题而召开的工作会议和专业会议。

4. 纪念性会议,即为纪念重大历史事件或重要人物、重要节日而召开的会议。

5. 座谈性会议,包括各种各样的座谈会、茶话会等。

三、按照会议形式划分

1. 有会有议的,多数会议属于这种类型。

2. 会而不议的,例如报告会、传达会、动员会、表彰会、纪念等。

四、按照时间划分

可划分为定期性会议和不定期会议,还可以划分为多次性会议和一次性会议。定期性会议也叫例会,到预定时间如无特殊情况必须召开,不定期会议则视情况灵活掌握,必要时随时召开。多次会议是指需要开两次以上的会议,一次性会议是指只需要开一次的会议。

五、按照会议阶段划分

可划分为预备会议和正式会议。预备会议是整个会议的组成部分,是为正式会议做准备的会议,但在职权和效力上同正式会议有所区别。

六、按照开会手段划分

可划分为常规会议和电子会议。常规会议即传统性的会议,电子会议指电视会议、卫星会议、电脑电话会议、电子计算机会议等。

七、高职院校主要会议

在高校,主要会议有职代会、教代会、学校党委会、院长办公会、团代、学代会、教学工作会、科研工作会、报告会、学术讲座以及其他专项工作会等;学生工作主要会议有:大学生思想政治教育工作大会,大学生思想政治教育工作专题会议,团总支工作例会,学生会工作例会,社团工作例会,学生工作例会,辅导员工作例会,周日晚自习班会,辅导员工作培训会,辅导员工作交流会,学生座谈会,学生家长座谈会,班务会,主题班会,班、团干部会,班级总结会以及其他专项工作会议。

第三节 会务工作

会务工作是一项复杂的系统工作,也是学生工作中一项不可或缺的内容。在筹备组织的过程中,稍不注意就会出现难以弥补的错误,造成不良影响。要想做好会议服务,应注意完善以下几项工作:

一、会前准备工作

1. 组织会务班子,明确工作职责。大型会议还要制订详细的会务工作方案,如团代会、学代会、大学生思想政治教育工作大会、校园文化活动月活动开幕式大会、学院运动会开幕式大会等。

2. 发出会议通知。包括会议名称、内容、会期、时间、地点、与会人员范围。

3. 印制会议日程,编排会议议程;准备领导讲话、主持词,制定注意事项。

4. 大型会议要编组并提出小组召集人、讨论地点。

5. 大型会议要印制会议凭证。如出席证、列席证、工作证、请柬等。

6. 会场布置。会场布置要充分体现会议气氛。

(1)悬挂会标、徽记、旗帜等。

(2)设置主席台,落实主席台领导,安排座次,设置发言席,摆放席签、话筒,并保证音响效果。

(3)确定会议桌摆放形式,明确划分会场区域,并使与会者明确。

(4)保证照明、通风、录音、录像、空调设备齐全、有效。

(5)摆放适量花卉。

7. 后勤服务工作。大型会议要对与会人员的食宿、用车、医疗保健、文化娱乐、安全保卫等做出细致安排。

8. 做好会议发言、投票、发奖、集体照相等方面的准备工作。

9. 进行会前检查或向领导汇报准备工作情况。

二、会间组织与服务工作

1. 会务人员提前 1 小时到达会场,反复检查会场准备情况。

2. 搞好会议签到、会议材料分发。如辅导员工作交流会等。

3. 落实主席台领导、发言人是否到齐。

4. 按预定方案组织与会人员由前向后依次就座。

5. 维持好会场秩序。会议开始前 5 分钟,关闭会场大门,与会人员入座就绪,无关人员离开会场;开会期间关闭手机或调整为振动状态,一般不允许找人,无关人员不准进入会场。

6. 做好会议记录,写好会议简报。

7. 组织照相等。

三、会议善后工作

1. 会议结束后,要检查会场,带回剩余材料、席签等。

2. 根据会议结束时间,提前组织安排车辆,送行与会人员。如学生家长座谈会等。

3. 做好会议文件的清退、收集、归档工作。

4. 做好会议报道工作。

第四节　黔东南民族职业技术学院学生工作会务实例

实例一:2016 年大学生思想政治教育工作暨表彰大会

一、计划

贵州省 2010 年、2013 年两次思想政治教育工作评估,都要求高校每年要召开一次大学生思想政治教育工作大会,每个学期要召开一次大学生思想政治教育专题会议。

黔东南民族职业技术学院大学生思想政治教育工作计划按学期编制,每年一次的大学生思想政治教育工作大会纳入秋季学期思想政治教育工作计划。

二、准备

(一)准备大学生思想政治教育工作大会上学校党委书记的讲话。内容包括上一学年度大学生思想政治教育工作总结,部署下一学年度大学生思想政治教育工作

(二)准备大会议程

(三)撰写大会主持辞

(四)落实优秀辅导员代表、优秀学生代表发言

(五)下发《关于召开 2016 年大学生思想政治教育工作暨表彰大会通知》(黔东南职院办通[2016]98 号)附会场座区分布图

2016年大学生思想政治教育工作暨表彰大会座区图

注：护理系学生120人、临床系学生96人、医技系学生90人、口腔系学生75人、财经系学生90人、旅游系学生70人、生环系学生70人、机电系学生65人、建工系学生64人（不包括领奖学生）。由各教学系选派参会学生，原则上2016级新生班级每1人代表，其余尽可能是获奖的学生参会。
10月21日（星期五）下午14点体育馆门口（红晨西饼店）集中，由系分管学生工作副主任带队。14点20分准时入场。

（六）大会头一天进行颁奖彩排

（七）春季学期期末学校下发即将过去学年度评优文件。如关于评选2015—2016学年度优秀个人和先进集体的通知（黔东南职院办通〔2016〕55号）

（八）秋季学期各教学系根据学校下发的评优文件，全面启动2015—2016学年度优秀个人和先进集体评选工作

（九）教学系评选、公示；学生处、团委汇总、审核并在校园网公示

（十）学生处、团委向学校提交《说明》上会

附件：关于呈报《评选2015—2016学年度优秀个人和先进集体》的说明

学校：

根据《黔东南民族职业技术学院2016年上半年学生思想政治教育工作计划》（黔东南职院办发〔2016〕2号）文件精神与要求，学生处、团委于2016年6月草拟《评选2015—2016学年度优秀个人和先进集体》文稿，学校于6月28日下发《关于评选2015—2016学年度优秀个人和先进集体的通知》（黔东南职院办通〔2016〕55号）。

2016年9月各教学系全面启动2015—2016学年度优秀个人和先进集体评选工作。至2016年9月30日，先后完成了教学系评选及公示，学生处、团委汇总、审核并于30日在校园网公示工作，现提请学校审定。

一、评选项目及结果

1. 优秀辅导员 21 人。

2. 先进班集体 27 个。

3. 三好学生 445 人。

4. 优秀学生干部 396 人。

5. 优秀学生奖学金：一等奖学金 164 人、二等奖学金 228 人，三等奖学金 244 人。

6. 优秀团总支 4 个、先进团支部 29 个、优秀学生会 4 个、优秀社团 7 个。

7. 优秀团总支干部 34 人、学院优秀学生会干部 7 人、教学系优秀学生会干部 7 人、优秀团员 668 人、优秀团干 150 人、社团优秀干部 36 人、社团积极分子 154 人。

二、经费预算

2~5 项：肆拾叁万玖仟壹佰玖拾元整(439190.00)，其中：护理系 96520 元；临床系 70200 元；医药技术系 24770 元；口腔系 26630 元；财经系 59890 元；旅游系 40210 元；建工系 33700 元；生环系 38330 元；汽车与机电系 48940 元。

6~7 项：肆万叁仟叁佰贰拾元整(43320.00 元)。

合计：肆拾捌万贰仟伍佰壹拾元整(482510 元)。

三、附件

1.《关于评选 2015—2016 学年度优秀个人和先进集体的通知》(黔东南职院办通[2016]55 号)

2.2015—2016 学年度优秀学生奖学金、三好生、先进班集体、优秀学生干部人数统计及奖金预算(单位：元)

3.2015—2016 学年度优秀团总支、优秀学生会、优秀团员等人数统计及奖金预算(单位：元)

4. 表彰决定

(1)关于表彰 2015—2016 学年度优秀辅导员的决定

(2)关于表彰 2015—2016 学年度先进班级三好学生优秀学生干部学校奖学金获得者的决定

(3)关于表彰 2015—2016 学年度先进团总支等先进集体和优秀团干等先进个人的决定

(十一)制作表彰文件

(十二)制作表彰证书、奖状

(十三)制作奖学金发放清册

（十四）会场音响、话筒、主席台座位牌以及会场上方电子显示屏字幕制作等

三、实施

（一）下午 3:00 的大会,会务工作人员需要在下午 1:00 进场,反复检查会场准备情况。

（二）领奖教师及学生 2:00 入场;参加大会的学生 2:20 入场;参加大会教师 2:40 入场;学生处安排 4 名老师在会场内指导参加会议师生按《大会座区图》就座。

（三）下午 3:00,大会主持人宣布黔东南民族职业技术学院 2016 年大学生思想政治教育工作暨表彰大会开始。

1. 宣读表彰决定

2. 学校领导给获奖师生颁奖

（1）优秀辅导员上台领奖

（2）先进班集体、先进团支部代表上台领奖

（3）先进团总支、先进学生会、优秀社团上台领奖

（4）优秀学生干部、优秀团员、社团先进个人代表上台领奖

（5）三好生代表上台领奖

（6）学院奖学金获得者代表上台领奖

3. 获奖学生代表万杨同学发言

4. 获奖辅导员代表沈黎同志发言

5. 学院党委书记发表重要讲话

（四）大会主持人宣布:黔东南民族职业技术学院 2016 年大学生思想政治教育工作暨表彰大会到此结束。

四、善后

（一）资料

会议结束后,工作人员一要检查会场,带回剩余材料、席签等;二要做好会议文件的清退、收集、归档工作。如会议通知、表彰文件、会议议程、大会主持词、领导讲话、代表发言文稿等。

（二）简报

会议结束后要做好会议报道工作。

附:

我校召开2016年大学生思想政治教育工作暨表彰大会

作者:简才永　摄影:胡毓璐　来源:学生处　点击数:121　发布时间:2016

年 10 月 24 日

2016 年 10 月 21 日下午,我校 2016 年大学生思想政治教育工作暨表彰大会在大礼堂举行。学校党委书记张恩莲,校长陈文祥,纪委书记王贵生,副校长曹庆旭、罗春寒、吴文勇出席大会。参加大会的有大学生思想政治教育工作领导小组成员、系分管学生工作副主任、辅导员、班主任、思想政治理论课教师、学生代表 1000 余名。大会由校长陈文祥主持。

会上,吴文勇副校长宣读了《2015—2016 学年度大学生思想政治教育工作的表彰决定》。本年度共有 4 个先进团总支、4 个先进学生会、29 个先进团支部、27 个先进班集体、7 个优秀社团、396 名优秀学生干部、668 名优秀团员、190 名学生社团优秀个人、445 名三好学生、164 名学院一等奖学金、228 名二等奖学金、244 名三等奖学金和 21 名优秀辅导员和班主任受到表彰。

获奖学生代表万杨同学发言,她感谢学校和老师们的关心与培养,并表示要珍惜美好的大学时光,过好大学的每一天,不辜负家人和老师们的期望。

获奖辅导员代表沈黎发言,沈老师表示自己很荣幸能够成为一名辅导员老师,因为做辅导员不仅可以实实在在地辅导和帮助很多学生,更能实现自己的人生理想与获得成就感,正如她所说的:"每当节假日手机短信收到爆的时候,我体会到了作为一名辅导员的幸福感!"

党委书记张恩莲做 2015—2016 大学生思想政治教育工作报告并部署 2016—2017 大学生思想政治教育工作。她说:在过去的一年里,学校思想政治教育工作以立德树人为根本,培育和践行社会主义核心价值观教育现新气象;以"1 + 2 + 4"系列文件为抓手,学生日常行为养成教育有新成效;以创新"思政课"教学为依托,大学生思想政治理论课教学质量有新提高;以创新创业为导向,大学生就业指导工作有新突破,我校荣膺全国创新创业 50 强。最后她对下一学年度的思想政治教育工作做了如下要求:第一,要进一步加强和改进学生思想政治教育工作,以社会主义核心价值观为引领,不断增强学生思想政治教育的有效性,并以学校荣膺全国首批创新创业典型经验 50 强高校为契机,逐步提升学校学生工作建设水平;第二,要进一步促进职业技能培养与职业精神养成相融合,要切实加强学生文化素质教育,促进学生身心健康,注重学生职业行为的养成,对外要不断强化与政府、行业、企业的合作,对内要不断丰富校园文化活动,营造良好的学习氛围,多办一些传递正能量的实践育人活动。

校长陈文祥强调指出,党委书记张恩莲的报告,对我校大学生思想政治教育工作具有很强的针对性、指导性和操作性,全校要认真学习,深刻领会,切实抓好贯彻落实。最后,提出了三点倡议:一是倡议全校师生文明就餐,餐后不要将餐具和食物残渣留在餐桌上;二是爱护学校的公物,要像爱护自己的东西一样爱护学校的公物,因为学校的一花一草都是我们大家的;三是爱护学校的环境,不要随地乱扔垃圾。(责任编辑:李立新)

实例二:2016 年 11 月份学生工作例会

一、计划

每个月召开一次学生工作例会是黔东南民族职业技术学院学生工作运行机制的内容之一,纳入每个学期学生工作要点。

二、准备

(一)根据黔东南职院发[2014]30 号文件:关于印发黔东南民族职业技术学院教学系学生工作考核评价奖惩办法的通知,每个月初学生处、团委要对教学系的学生工作进行考核,形成《教学系学生工作检查考核统计表》。

(二)辅导员宿舍值班统计表

(三)学生寝室卫生情况通报

(四)学生晚归情况统计

(五)会议签到册

(六)会议议程

(七)会议通知

三、实施

(一)学生处工作人员携带会议资料提前十五分钟进入会场,做好会前最后准备及检查工作。

(二)参加会议在签到的同时,领取会议资料。

(三)会议主持人宣布会议开始。

1. 学生处通报 10 月份主要学生工作完成情况

2. 学生处就 11 月份主要学生工作做安排

3. 与会人员进行有关问题讨论

4. 学校领导做会议小结及要求

(四)主持人宣布会议结束

四、善后

(一)资料

归档工作:《教学系学生工作检查考核统计表》《辅导员宿舍值班统计表》《学生寝室卫生情况通报》《学生晚归情况统计》《会议签到册》《会议议程》《会议通知》以及会议简讯等。

(二)简讯

做好会议简讯工作。

附:

我校召开十一月份学生工作例会

作者:杨国江 摄影:杨国江 来源:学生处 点击数:55 发布时间:2016 年 11 月 04 日

2016 年 11 月 4 日下午,11 月份学生工作例会在行政楼五楼会议室召开,会议由副校长吴文勇主持。各教学系党总支书记、分管学生工作副主任、校团委副书记刘静、各系团总支书记及学生处全体工作人员参加了会议。

首先,学生处屈维彪处长对 10 月份各教学系学生工作考核、辅导员值班情况及学生工作完成情况做了全面反馈,就11月份思政、诚信档案建设、精准扶贫、新生体检等工作做了详细的安排。团委刘静副书记详细解读了《"文明驻心中,修养见行动"主题实践月活动方案》,对活动的时间、目标、内容和要求做了全面说明。

会上,与会人员还围绕"如何教育和管理特殊学生"展开热烈讨论,大家列举实例、深入交流、总结经验。最后,副校长吴文勇强调指出:1."文明驻心中,修养见行动"是11月份的工作重点,要把它抓实、抓好、抓出实效。2.从11月份起,各系要继续安排辅导员入驻学生公寓值班,时间为晚上9:00到11:00,并纳入教学系学生工作考核。3.诚信档案要抓紧落实相关工作。4.针对"特殊学生",各系要做好筛查,切实做到心中有数,及早介入,有效制订工作预案。

实例三:主题班会

一、计划

辅导员班主任根据学校、教学系学生工作计划或班级学生工作实际情况或校园现象确定主题,围绕主题开展班级活动。

本例介绍的主题班会:不要让"校园贷"变成"校园害"。

二、准备

(一)什么是校园贷

(二)黔东南民族职业技术学院"校园贷"摸底资料

(三)中央电视台 2016 年 12 月 2 日焦点访谈视频资料:《校园贷莫要变成"校园害"》

(四)会议议程

三、实施

(一)主持人告知今天的主题班会:不要让"校园贷"变成"校园害"。

(二)主持人随机提问:你知道校园贷吗? 你是否参与校园贷?

(三)组织同学们观看中央电视台 2016 年 12 月 2 日焦点访谈视频:《校园贷莫要变成"校园害"》

(四)主持人与班级学生开展互动活动

(五)主持人就中央电视台 2016 年 12 月 2 日焦点访谈视频《校园贷莫要变成"校园害"》、本校校园贷摸底情况,分析校园贷现象及可能会给学生造成的危害,希望同学们要谨慎开展网上交易,学会保护自己的财产安全,对校园贷提出建议与要求:提出积极防患未然的措施:

1. 切实做好班级"校园贷"基本情况调查工作,摸清底数,建立台账,正面引导。

2. 不违规、不违法的"校园贷"消费行为,是学生的个人权利,学校不干预,也不主张。

3. "校园贷"消费是个人行为,但不得涉及、损坏他人利益。

4. 同学之间互相帮助是应该的,但怎样帮、帮到多大程度,自己要量力而行,注意把握尺度。

5. 学生自己应该在、也能够在什么范围、多大范围消费,对自己应该有一个清醒的认识和预判。不攀比,不从众,用平和的心态对自己、对他人。

6. 注意保护个人信息,注意保管个人财物。

7. 个人"校园贷"消费行为若涉及、危及他人利益而导致的一切后果及法律责任,由个人"校园贷"消费行为人自行承担。

四、资料归档

"校园贷"纸质资料、黔东南民族职业技术学院"校园贷"摸底资料、中央电视台 2016 年 12 月 2 日焦点访谈视频《校园贷莫要变成"校园害"》纸质资料、会议议程、会议记录等。

第二十二章

综合测评

第一节　概　述

综合测评是指对学生的德、智、体等方面制定一系列的量化指标与实施细则，平时考核积累，每月或每学期评定一次，最后形成综合测评成绩，是学生、班级、教学系部各项评优评奖的重要依据和参照。通过综合测评可以提升学生自强、创新能力，促进学生德、智、体、美全面发展。

第二节　测评原则

测评标准要根据党的教育方针和学校的办学目标，通过理性的思考，制定出既具目的性，又具规律性的客观评价标准，既要兼顾学生的道德修养，又要考虑学生的意志品质；既考虑学生的人文知识的积累，又考虑学生人文精神的培养；既考虑学生对新事物的感知能力，更考虑学生的发展潜能等。要从心理学、生理学、能力学人文精神的诸多因素来考察，重点要注重学生的构建和创新精神的培养。其原则要以解放思想、实事求是的态度，不拘泥于对德智体总体原则的僵化理解，更不能把德育与概念画等号，把智育与考分划等号。建立科学合理，操作性强的综合测评体系，使素质教育内容具体化、目标量化。

第三节　测评对象

综合测评包含学生个人综合测评、班级综合测评、教学系部综合测评。

一、个人测评

学校学生个人测评指的是学生思想品德综合量化考核鉴定。

学生思想品德的考核、鉴定以"增强法治观念,遵守宪法、法律、法规,遵守公民道德规范,遵守学校管理制度,具有良好的道德品质和行为习惯"为主要依据,以实施思想品德综合量化分为基础(占60%),结合个人小结(占20%)、师生民主评议(占20%)等形式进行。

学生思想品德综合量化考核旨在促进学生良好思想品德的形成和良好行为习惯养成,引导学生自主、全面发展。

(一)基本要求

学生思想品德量化考核是班委会、学生会、教学系、团委、学生处的一项常规性工作。

学生日常行为、校园文化活动及社会实践的参与情况,班级应当作好详细记录。班委会在辅导员的指导下,根据学校相关部门、组织及人员提供的资料,每学期对每个学生进行客观综合的考核评价,形成思想品德分。

学生思想品德综合量化考核坚持公开、公正、公平的原则。每学期末对学生思想品德综合量化考核情况要在班级进行张榜公示,接受学生核实与查询。公示结束,将思想品德综合量化分(占60%),个人小结(占20%)、师生民主评议(占20%)三项合计分录入学生成绩管理系统和上报教学系备案并及时归入学生本人档案。

(二)考核分值

学生思想品德综合量化考核评价体系由基本分、加分、减分三部分组成。其中基本分为70分,加分、减分按照《黔东南民族职业技术学院学生思想品德综合量化考核要素》具体要求进行。

学生思想品德综合量化考核评价结果以百分制记载。

凡受纪律处分的,按处分级别在学期总分中予以相应减分:留校察看减25分、记过减15分、严重警告减10分、警告减5分、通报批评减3分。

(三)学生思想品德综合量化考核要素

1. 基本分70。

2. 加分项

自觉增强法治观念,遵守宪法、法律、法规,依法办事,服从和遵守国家的宪法和法律,不触碰法律底线的加5分。

自觉遵守公民道德规范,无打架、赌博、恋爱出格、考试违纪作弊、不爱护公物、不讲礼貌、讲话冲撞人、公共场所衣衫不整、举止不雅、放纵自己情绪的加

5 分。

自觉遵守学校管理制度,遵守作息时间,不旷课、不迟到、不早退、不晚归、不外宿,遵守学校管理规章制度的加 5 分。

在社会上有助人为乐或扶危济困典型突出表现,并带来良好社会反响的酌情加 5 ~ 10 分。

学校评优评先,被表彰当月加 8 分。

担任团干、学生会干部、班干、社团干部尽职尽责的加 5 分。

参加各种活动获得省级以上(含省级)表彰奖励的加 10 分,获得州级表彰奖励的加 8 分,获得校级表彰奖励的加 5 分,获得系部表彰奖励的加 3 分。

参加志愿者活动或公益活动的加 3 分。

加入学生社团,并在其中积极工作、学习的加 3 分。

全学期无违纪现象,努力配合班级工作的加 5 分。

文明礼貌,尊敬老师,团结同学,受到师生好评的加 3 分。

获得校级文明寝室两次以上,室长加 5 分,成员每人加 4 分;获得系级文明寝室两次以上,室长加 3 分,成员每人加 2 分;获优秀公寓称号的,楼长加 6 分,层长加 4 分。

积极配合学校有关人员检查寝室的,每次加 4 分。

服从分配,自觉履行值日职责,卫生劳动责任心强,无失职现象的加 5 分。

积极参加各种文体活动的,州、市级每项加 5 分,校级每项加 3 分,系部每项加 2 分。

3. 减分项

法治观念不强,有触碰法律底线现象,违反宪法、法律、法规言行及记录的,一次扣 5 分。

公民道德规范不强,有打架、赌博、恋爱出格、考试违纪或作弊、不爱护公物、不讲礼貌、讲话冲撞人、公共场所衣衫不整、举止不雅、放纵自己情绪的,一次扣 5 分。

遵守学校管理制度观念不强,有不遵守作息时间,旷课、迟到、早退、晚归等行为及记录的,一次扣 5 分。

升旗、早锻炼、晚自习、听讲座及院系组织的活动旷课一节减 2 分;不服从团组织、学生会、班委会工作安排的,每次扣 3 分。

检查发现寝室内务及卫生两次以上评价较差的,室长扣 5 分,成员扣 3 分;有不假外宿行为及记录的,一次扣 8 分。

寝室内违规私接电源、使用大功率电器或私自改动水、电仪表装置,造成盗用水电的,每次扣 5 分。

未经许可,擅自进入异性寝室者,每次扣 5 分;熄灯后行为不自律,未按时就寝的,每次扣 5 分。

由于个人言行失范,由此挑起人际矛盾、冲突或明显给学习、工作、生活秩序造成负面影响的,每次扣 5～10 分;已造成公私财物损失的,照价赔偿。

在社会上违背公序良俗,带来负面影响,有损学校声誉及大学生公众形象的,每次扣 5～10 分。

不配合学校检查寝室的,每次室长扣 5 分,寝室其它成员扣 3 分;不文明就餐,就餐后未清理餐桌残食干净的,每次扣 5 分。

在建筑物内、室外师生集中地和必经通道吸烟的,每次扣 3 分;寝室内地下有烟头的,每次室长扣 5 分,寝室其它成员扣 3 分。

对老师不尊重,对同学不礼貌;讲粗话、脏话,让对方不愉悦的,每次扣 2 分;践踏草坪、损坏公物等,每次扣 3 分。

在校园墙壁、走廊、桌面等处乱写乱画的,每次扣 2 分;随地吐痰,随手乱抛纸屑,随处乱扔垃圾的,每次扣 3 分。

携带管制性刀具进校园,每次扣 5 分;打架、翻越校园围墙、爬墙跳窗,每次扣 5 分。

在校园内饲养动物,干扰他人正常生活的每次扣 5 分。

(四)学生思想品德考核鉴定结果应用

学生思想品德考核鉴定成绩是评定奖、助学金、评先评优、推荐入党、入团的重要条件。考核鉴定成绩在 90 分以上方可评为"三好学生"、"优秀学生干部"、"优秀团干"、"优秀团员"、"优秀毕业生"等。

凡学年学生思想品德考核鉴定成绩在 60 分以下者不得升级,在校期间平均成绩在 60 分以下者不予毕业。

二、班级测评

班级是学校教育教学管理的基本单位。职业院校学生的职业道德、职业技能、行为习惯、自我管理与自我服务等离不开学校班级教育教学的影响和熏陶。

班级团组织建设、学习成绩、常规评比积分、活动比赛参与率、违纪率、事假率等要素是班级量化考核的主要依据。

(一)考核指标

1. 班级团组织建设(最高分 10 分)

班级团支部建设成效明显,学年团支部工作评比按本系部排名分优、中、差三等,分别加 7、6、5 分;团支部积极向党组织推荐发挥表率作用的入党积极分子;推荐对象成为重点培养对象的,每名加0.5分,发展为中共预备党员的每名加1分。

2. 学习成绩(25分)

基本分15分。按班级补考学生总人数计算:班级无补考学生总人数比例在80%以上的记15分,70%—80%的记12分,60%—70%的记10分,50%—60%的记5分,低于50%的记2分,低于20%的记0分。

优秀率10分。按班级总评分的红分(80以上)率人数计算:5%—10%的记2分,10%—20%的记4分,20%—30%的记6分,30%—40%的记8分,高于40%的记10分。

注:学习成绩总分=基本分+优秀率。

3. 班级常规评比积分(20分)

各系部开展涉及相应的班级考勤、晚自习纪律、学生行为规范、劳动卫生、早锻炼出勤、宣传工作等方面的常规评比,通过评比反应班级日常管理成效,期末将各班评比结果进行排名,按实际名次评分。

计分方式:获评比优秀的20分,获评比良好的18分,获评比合格的15分,获评比基本合格的10分,获评比较差的6分,获评比差的4分,倒数第一记0分。

4. 校园文化活动参与率(15分)

班级应组织学生积极参加学校及系部组织开展的各项校园文化活动,以丰富校园文化生活,提升学生综合素质及培养学生高尚的情操。按照组织质量及参与率进行评分。

组织质量及参与率优秀的记15分,良好的记12分,较好的记9分,一般的记6分,较差的记3分,出现有意不组织或有意抵制现象的记0分。

5. 违纪率(15分)

无违纪行为的记15分。班级受警告处分的人数5%以下的得13分,每增加2个百分点加扣2分,扣完为止;班级受严重警告人数5%以下的得11分,每增加2个百分点加扣3分,扣完为止;班级有受记过处分的得9分,每多一名加扣4分;班级有受留校察看处分的得7分,每多一名加扣5分;班级有受开除学籍处分的得5分,超过2人得0分。以上扣分可累计,扣完15分为止。

6. 欠费率(10分)

班级学生应按时交纳学校规定的费用。无恶意欠费现象的记10分,有恶意欠费现象,经催促仍不缴纳相应费用的。每出现一人扣1分,扣完为止,有拒缴学费且催缴不力记0分。

7. 事假率(5分)

学生应以学业为重,不得无故请事假。学期总事假人数比例低于20%的计为满分,每增加5个百分点扣1分;班级学生因直系亲属婚丧嫁娶等特殊情况而不得不请假的不扣分,批假前辅导员必须核实确认,请假条必须注明请假原因并按批假权限履行相关请销假手续。

8. 加分项

班级学生在正式组织的各项活动中取得成绩的予以加分。在省级及以上比赛中获得一等奖的加10分,二等奖加8分,三等奖加7分。在州级比赛中获得一等奖的加8分、二等奖加6分,三等奖加5分。在院部比赛中获得一等奖加6分、二等奖4分、三等奖3分。在系部比赛中获得一等奖加4分、二等奖加2分、三等奖1分。同一比赛不同级别取最高级别加分后不再累加低级别的奖励加分,但同一人的不同比赛可以累加。

(二)考评要求

1. 班级考评以学期为单位进行。

2. 在学校下发的班级量化考核评比文件指导下,其项目及各项系数由各教学系根据管理重点与特点进行具体设置。

3. 各教学系班级数量不一,是全系统一评比还是按年级分组评比,由教学系自主安排。具体名次应依班级数量,根据评比结果按不同组别积分,综合确定最终名次排列。

三、教学系学生工作测评

(一)考核原则

为进一步加强和改进学生工作,构建学校学生工作考核评价奖惩体系,促进学生工作的科学化、规范化、制度化。

(二)考核项目

工作计划总结、学生组织建设、校园文化活动、学生纪律等。

(三)考核评分

考核总分为100分,每月进行考核,加扣分实行上不封顶,下不保底。学期的考评分按每月的得分加权平均后计算。

(四)考核结果应用

上月的考核结果在下月的学生工作例会上从高分到低分进行排序通报。学期考核结果在90分以上的,具备资格参加学院学生工作的评先评优,并按从高分到低分的排序取足名额为止,考评分相同的,可并列表彰。

（五）教学系学生工作量化考核表

项目	序号	考核内容	分值	考核标准	考核部门及办法	周期	实得分
工作计划总结	1	每月学生工作有计划、有总结	4	有计划、有总结各得2分。	学生处查阅材料，每月院学生工作例会上交上月总结与当月计划	每月	
学生组织建设	2	学生队伍建设	4	学生党组织、团组织、学生会、班委会健全完善，各得1分。	学生处查阅材料	每月	
工作会议	3	每月系学生工作例会	5	1. 每月按时召开系学生工作例会，对上月学生工作进行总结，对当月学生工作进行安排布置得2分； 2. 有会议记录、签到记录各得2分； 3. 由系总支书记或系主任主持会议得1分。	学生处查阅材料	每月	
	4	每月系学生干部工作会议（系团总支、学生会干部）	5	1. 每月按时召开系学生干部工作例会，对上月学生工作进行总结，对当月学生工作进行安排布置得2分； 2. 有会议记录、签到记录各得2分； 3. 由副主任以上系领导主持会议得1分。	学生处查阅材料	每月	

续表

项目	序号	考核内容	分值	考核标准	考核部门及办法	周期	实得分
工作会议	5	周日晚自习班会	6	1. 按照《黔东南民族职业技术学院周日晚自习班会制度》召开班会的得2分； 2. 有周日晚自习班会记录的得2分； 3. 由辅导员、班主任主持召开得2分。	学生处在每月学生工作例会前检查	每月	
校园文化活动	6	积极组织开展校园文化活动	5	1. 结合本系特点组织开展校园文化活动的(有方案、有简报、有图片)得2分； 2. 按要求参加学院校园文化活动的得2分； 3. 班级全面参与校园文化活动的得1分。	团委每月查阅资料	每月	
学生纪律	7	迟到、早退、旷课等现象	8	迟到、早退、旷课等发现一人次扣1分。	学院值周组抽查，学生处检查	每月	
	8	课堂纪律	5	上课玩手机、看小说杂志、睡觉、说话，发现一人次扣1分。		每月	
文明教育管理	9	学生文明行为	5	学生穿拖鞋进教室，校园内男女学生勾肩搭背、搂搂抱抱、违反规定抽烟喝酒等不文明行为的，发现一人次扣一分。		每月	

续表

项目	序号	考核内容	分值	考核标准	考核部门及办法	周期	实得分
卫生状况	10	教学楼卫生	5	打扫不干净,地面有垃圾、烟头等杂物的发现一处扣1分。	总务后勤检查	每月	
	11	寝室卫生内务	5	学生寝室内物品排放不整齐,地面有垃圾、烟头、酒瓶等杂物的,发现一起扣1分。	学院值周组抽查,学生处检查	每月	
	12	公共区域卫生	5	公共责任区不打扫、不保洁、不清运垃圾,发现一起扣1分。	总务处检查	每月	
辅导员上班、入住学生宿舍	13	辅导员上班、入住学生宿舍情况	5	1.辅导员不按要求上班、入住学生宿舍,发现一起扣3分; 2.值班辅导员不按要求检查学生就寝、卫生、纪律等情况的,发现一起扣2分。	院领导值周抽查和学生处检查	每月	
宿舍管理	14	就寝、纪律情况	6	1.晚归,夜不归宿,吵闹,男女相互串寝室,晚归翻越门、窗、墙,晚上熄灯后讲话,吹拉弹唱的,发现一人次扣2分; 2.出入宿舍未持相关证牌,发现一起扣1分。	学院值周组抽查和学生处检查	每月	
	15	认真开展学生宿舍检查工作	6	按照《黔东南民族职业技术学院学生宿舍检查制度》认真做好宿舍检查工作,不按要求开展"三查"工作,缺少一次扣2分。	学生处检查	每月	

续表

项目	序号	考核内容	分值	考核标准	考核部门及办法	周期	实得分
宿舍管理	16	认真开展文明宿舍评选	3	1. 按时进行系级文明宿舍评选，及时上交院级文明宿舍材料，得 1 分；2. 被评为院级文明宿舍一个加 2 分。	学生处查阅每月文明宿舍评选结果	每月	
学生、班级考核工作	17	学生操行量化考核	6	未按照《黔东南民族职业技术学院学生操行分考核办法》对学生操行分进行考核的，缺一班级扣 2 分。	学生处进行检查	每月	
	18	班级量化考核工作	4	未按照《黔东南民族职业技术学院班级量化考核评比细则》对本系班级进行考核的，缺一班级扣 2 分。		每月	
学生工作品牌	19	学生工作品牌建设	5	有一个学生工作品牌建设。有计划(1分)、有方案(1分)、有进度(1分)、有效果(2分)；缺一项扣相应分数	学生处查阅资料	每月	
资助工作	20	系部成立资助工作领导小组；建立家庭经济困难学生档案；积极宣传国家资助政策,协助做好生源地助学贷款工作；认真开展勤工助学工作。掌握政策,认真做好国家级、校级奖助学金评定工作,材料准确、评定符合标准,无违规操作现象	3	组织未健全、材料不齐全、宣传不到位的,一项扣 1 分。		每月	

续表

项目	序号	考核内容	分值	考核标准	考核部门及办法	周期	实得分
特别奖惩	21	加分项		1.代表学院参加全州、全省、全国校园文化活动的,分别加2分、4分、6分。获得国家级奖励的每个项目加10分,获得省级奖励的每个项目加8分,获得州级奖励的每个项目加6分; 2.先进个人或者先进集体,在国家级媒体得到宣传或得到国家级表彰加10分,在省级媒体得到宣传或得到省级表彰加8分(每年常规的国奖助学金、三好生等不包含在此加分项目); 3.参与院级校园文化活动,一等奖加6分;二等奖加4分;三等奖加2分。	团委、学生处查阅资料	每月	
	22	扣分项		1.发生火灾、伤亡等安全事故的扣10分; 2.发生学生打架斗殴或抢劫、偷盗等事件的扣10分。	学生处、保卫处查阅资料	每月	

第四节   公益卡

一、公益卡的意义

为了在同学之间实现爱心帮助接力,让大家在刻苦学习的同时,多为校园环境和校园文化的建设奉献一份爱心,同时在公益活动中逐步培养自己自强自立、感恩社会、回报社会的意识,使自己的综合素质得到全面的发展,开展学生公益活动,并推行公益活动卡制度。

二、推行公益活动卡的对象

一、二年级的学生。

三、完成公益活动的时间要求

1. 对于一年级的同学,每人每学期至少要完成 15 小时的公益活动,才有资格参加国家奖学金、国家励志奖学金和国家助学金,以及三好学生、优秀学生干部等评选。

2. 对于二年级已经获得国家奖学金、国家励志奖学金和国家助学金,以及三好学生、优秀学生干部等评选的同学必须完成规定的每学期至少 15 小时的公益活动。如不完成,将上报学院暂缓发放所得奖励,完成之后再补发。

四、公益活动的内容

1. 承担各类临时性、突击性活动;

2. 各类义务劳动;

3. 其他具有专业技术特长要求的志愿服务工作(如社会实践活动、送科技、文化、卫生下乡等);

4. 为有困难的学生提供帮助;

5. 其它公益性服务。

五、公益活动的安排与认定

学院相关部门、系领导、团总支书记、学生党支部书记、学生管理员和班主任、辅导员老师均可安排与认定。

1. 系上可随时将"需要开展的公益活动内容、人数要求,以及联系人的信息"公布到班主任 QQ 群上和旅游系宣传栏内,各位同学看到公布的信息后直接联系相应老师,完成任务后,找相应老师签字认可。

2. 校内活动:学校组织的活动由主办部门盖章认证;系上安排的公益活动由相关部门负责人盖章或签字认证;辅导员、班主任老师安排的由辅导员、班主任签字认证。

3. 校外开展的活动,需所服务单位或服务对象盖章、签字。

六、其它

1. 学生公益活动记录卡由学校统一印制、管理,用于记录参加活动情况。每学期末由辅导员班主任审核汇总,并报教学系作为参加各类评奖评优活动的重要依据和荣誉证明。

2. 学生公益活动卡实行"一人一卡,一档一卡"制,卡不得转借他人使用,严禁他人代为参与活动;每次活动结束认证以后,由学生本人保管。

3. 若有遗失应及时向系团总支申请补办,已完成时间凭相关证明补签。

4. 学生进行公益活动时的安全,有单位组织的,由组织单位负责;无组织的,由学生自行负责。

5. 每次活动按学生思想品德考核鉴定规定予以加分。

第五节　注意事项

一、定量评价与定性相结合的原则

综合素质评价的目标是多元的,评价手段和评价主体是多样的,既要关心过程,也要关心结果。因此,不可能采用整体划一的评价指标来对待千变万化的评价对象,也不可能完全依靠定量评价手段。

二、建立和完善大学生素质发展的有力保障机制

作为大学生素质评价的有力保障,最为重要的是学校应成立人才培养委员会和大学生素质评价中心,加强人才培养与素质评价的理论研究和工作协调,解决人才培养与素质评价两张皮的问题。在人才培养上,要以市场为导向,探索产学研结合的培养模式,培养社会欢迎的人才,注重核心知识、核心能力、核心素质的培养。大学生素质评价中心应以学工处和团委等部门为主牵头,具体负责对大学生平时的素质评价和评先评优工作。大学生素质评价中心要定期召开会议,及时修订大学生综合测评标准,从而形成人才培养和素质评价协调有力的保障机制。

三、测评工作要增加透明度,做到三个公开

一是测评人员要公开,由各班民主推荐产生;二是测评过程要公开,要不断接受其他同学的监督,及时纠正测评中存在的问题;三是测评结果要公开,要将测评结果在一定范围内公开,尤其对每位学生加减分要说明具体原因。

第二十三章

评优表彰

第一节　概　述

评优表彰对于学生积极向上、立志成才、勤奋学习以及全面发展起着重要的引导和激励作用,对学生的健康成长发挥着积极而深远的影响。评优评奖是高校学生教育管理工作中的一项重要任务,成为大学生思想政治教育不可或缺的途径。

在评优评奖工作中要对学生进行以集体主义为主要内容的核心价值观导向。帮助学生树立以社会主义理想为方向,以爱国主义为基础,以集体主义为核心内容,以自觉、自主、自律、自强为基本原则的价值观。有意识地把集体主义核心价值导向与主体价值导向结合起来,互为依据,互相渗透,保持教育激励的长效性。

学校对获得奖励的集体、个人予以表彰的形式有:授予荣誉称号、通报表扬、寄发喜报、颁发奖状、锦旗或证书、颁发奖金、纪念品或其他。

第二节　评奖机构

学校设立学生奖励评审领导小组和评审委员会,负责学生奖励的评审工作以及对院(系)评奖工作进行指导、监督和协调。

学校评审领导小组由学校党委书记、院长任组长、分管副院长等学校领导任副组长,有关部门负责人、各院(系)党总支书记为领导小组成员,全面领导学校学生奖励评审工作,负责聘请评审委员会组成人员,批准评审委员会提交的评审报告。

学校学生奖励评审委员会由主管学生工作的校领导、学生处、教务处、团委等相关部门负责人、院(系)分管学生工作副主任、辅导员代表和学生代表组成,负责学校学生奖励评审工作,向学校评审领导小组提出评审意见。

学校学生奖励评审委员会办公室设在学生处,负责全校学生奖励的日常管理工作。

各教学系设立学生奖励工作小组,负责本院(系)学生奖励工作的评审工作。

教学系学生奖励工作小组成员包括教学系领导班子成员、综合办公室、学生管理科、教务与创新创业教育科、招生就业科负责人以及辅导员和学生代表等。

学校各级评选(审)机构的工作,接受学校纪检监察室的监察。

第三节　奖项设置

一、国家、省设立的奖励项目

1. 国家奖学金

2. 国家励志奖学金

3. 先进班集体

4. 三好学生

5. 优秀学生干部

6. 优秀毕业生

二、学校设立的奖励项目

1. 先进团支部、先进团总支、优秀学生会、优秀社团

2. 优秀团员、团干、社团优秀干部、社团积极分子

3. 感动校园年度人物及年度人物提名奖

4. 先进班集体

5. 优秀学生奖学金(分一、二、三等奖学金)

6. 三好学生

7. 优秀学生干部

8. 创新创业奖学金

9. 单项学习成果奖学金(分一、二、三等奖)

10. 专业优秀学生奖学金

11. 文明宿舍

12. 因学校发展需要的其它专项奖励

三、捐赠奖学金

第四节　评奖资格

一、评奖范围为计划招收的有正式学籍的学生,且在校就读一学年及以上。成教学生可参照执行。

二、受奖人须具有诚信意识,获得国家助学贷款的学生应按时缴纳利息。不按时缴纳国家助学贷款利息的学生取消本办法中任何个人优秀的评选资格。

三、班集体为学院正式建制的教学班。

四、学生寝室为学院正式建制的学生寝室。

五、地区级先进个人或集体应在院级先进基础上推荐。

第五节　评奖条件

国家、省设立的奖励项目按国家、省规定要求实施。

学校设立先进团支部、先进团总支、优秀学生会、优秀社团。先进团支部需具备以下条件:

1. 支部班子健全,分工明确,支委成员互相关心,形成班级青年团员的组织核心。经常组织支部成员学习党的路线、方针、政策及国情形势,利用板报、壁报、广播等阵地做好宣传工作;

2. 积极了解和反映团员青年的要求,定期召开团支部委员会、团小组会和团支部大会,定期过好组织生活;

3. 有计划地开展丰富多彩的文体活动和积极健康的社会实践活动;

4. 按时收缴团费,并按规定上交上级团组织,努力做好团建工作,积极向党组织推荐团员中的优秀分子作为入党积极分子培养;

5. 支部工作有计划,有检查,有总结,有记录;支部工作考评排在前列,支部中的团干、团员在班级学习和生活中确实发挥了带头作用。

先进团总支、优秀学生会、优秀社团评选推荐,根据《黔东南民族职业技术学院团总支工作考核评价办法》《黔东南民族职业技术学院系学生会工作考核评价办法》《黔东南民族职业技术学院社团工作考核评价办法》,以每月的工作量化考评为依据,学年考评结果平均分在 90 分以上,从高分到低分的排序取足名额为止,考评分相同的,可并列表彰。

学校设立优秀团员、团干、社团优秀干部、社团积极分子称号。优秀团员、团干、社团优秀干部、社团积极分子需具备以下条件：

1. 具有坚定正确的政治方向,热爱祖国,拥护中国共产党的领导;

2. 遵纪守法,无旷课、晚归、迟到、早退行为,评选年度未受任何纪律处分;

3. 模范执行《高等学校学生行为准则》和学校有关规章制度,学年思想品德考核成绩90分以上;

4. 学习成绩良好以上,教务系统上的所有科目在参评年度内无第一次考试不及格科目;全学年学科成绩平均分在75分以上(或各门课成绩都在70分以上),专业技能考核成绩80分以上;

5. 模范履行学生干部的工作职责,工作积极主动,勇于创新,乐于奉献;在学生活动、校园文化建设、服务同学等方面表现突出,工作政绩考评排名在同类干部前1/3(优秀团员、社团积极分子除外);

6. 诚实守信,学风、考风端正,无吸烟现象;没有无故欠缴学费、住宿费和水电费;

7. 积极参加体育锻炼,本学年体育成绩达标或合格。

学校设立感动校园年度人物及年度人物提名奖,感动校园年度人物及年度人物提名奖需具备以下条件:

1. 认真学习邓小平理论和"三个代表"重要思想,深入学习实践科学发展观,坚持党的基本路线,热爱社会主义祖国,拥护中国共产党的领导;

2. 自觉遵守宪法和法律,遵守学校各项规章制度,诚实守信,品德优良;

3. 认真学习,刻苦钻研,学习成绩良好,并在学生群体中具有较高威信及认可度;

4. 除具备以上条件外,参选学生还需在以下至少一项中具有突出表现:勤奋好学、自强不息、科技创新、自主创业、热心助人、志愿服务、诚实守信、见义勇为、敬老爱亲、特殊才能等其他方面具有突出成绩感动他人的事迹。

学校设立先进班集体奖,先进班集体需具备以下条件:

1. 班级成员自觉维护宪法确立的根本制度和国家利益,坚持正确的政治方向,维护学校的稳定;

2. 班级成员学习目的明确、学习态度端正、学习气氛浓厚,学习成绩优良率高;班级考核评比总评成绩在系名列前15%;

3. 班级成员遵守法纪,遵守《高等学校学生行为准则》和学校的规章制度;本学年内无学生严重违纪和受党团组织或学校纪律处分;

4. 班级积极开展各项健康向上的文体活动,积极组织广大同学参加义务劳

动、社会公益活动以及学校组织的各项活动,并起到模范带头作用;

5. 班级成员团队精神好,互相帮助,关系和睦,关心集体利益,注意维护班级形象;

6. 班级成员尊敬老师,师生有良好的互动关系;

7. 班干部以身作则,工作热情高,能团结和带领同学积极开展"创优"活动;

8 班级没有重大安全事故发生;

9. 班级成员诚实守信,没有无故欠缴学费、住宿费和水电费;

10. 班级晚自习秩序好。

学校设立优秀学生奖学金,申请优秀学生奖学金需具备以下条件:

1. 具有坚定正确的政治方向,热爱祖国,拥护中国共产党的领导;

2. 遵纪守法,无旷课、晚归、迟到、早退行为,评选年度未受任何纪律处分;

3. 模范执行《高等学校学生行为准则》和学校有关规章制度,学年思想品德考核成绩90分以上并居本班思想品德考核排名前5名。

4. 学习成绩优良,教务系统上的所有科目在参评年度内无第一次考试不及格科目;全学年各门考查课成绩在80分以上,各门考试课在85分以上,总评平均成绩位居同年级或同专业前5名;

5. 诚实守信,学风、考风端正,无吸烟现象;没有无故欠缴学费、住宿费和水电费;

6. 关心集体,团结同学,热心助人,积极参加学校、班级、宿舍等集体活动;在校园文化建设、服务同学等方面表现积极;

7. 积极参加社会实践、公益活动、体育锻炼及文体活动。

8. 本学年获得"三好生"或"优秀学生干部"者。

学校设立三好学生称号,推荐评选三好学生需具备以下条件:

1. 具有坚定正确的政治方向,热爱祖国,拥护中国共产党的领导;

2. 遵纪守法,无旷课、晚归、迟到、早退行为,评选年度未受任何纪律处分;

3. 模范执行《高等学校学生行为准则》和学校有关规章制度,学年思想品德考核成绩90分以上;

4. 学习成绩优良,教务系统上的所有科目在参评年度内无第一次考试不及格科目;全学年各门课成绩在80分以上或各门课平均分85分以上,专业技能成绩考核80分以上;

5. 诚实守信,学风、考风端正,无吸烟现象;没有无故欠缴学费、住宿费和水电费;

6. 关心集体,团结同学,热心助人,积极参加学校、班级、宿舍等集体活动;在

校园文化建设、服务同学等方面表现突出;

7. 积极参加社会实践、公益活动、体育锻炼及文体活动,本学年体育成绩达标或成绩合格。

学校设立优秀学生干部称号,推荐评选优秀学生干部需具备以下条件:

1. 具有坚定正确的政治方向,热爱祖国,拥护中国共产党的领导;

2. 遵纪守法,无旷课、晚归、迟到、早退行为,评选年度未受任何纪律处分;

3. 模范执行《高等学校学生行为准则》和学校有关规章制度,学年思想品德考核成绩90分以上;

4. 学习成绩良好以上,教务系统上的所有科目在参评年度内无第一次考试不及格科目;全学年学科成绩平均分在80分以上(或各门课成绩都在75分以上),专业技能考核成绩80分以上;

5. 模范履行学生干部的工作职责,工作积极主动,勇于创新,乐于奉献;在学生活动、校园文化建设、服务同学等方面表现突出,工作政绩考评排名在同类干部前1/3;

6. 诚实守信,学风、考风端正,无吸烟现象;没有无故欠缴学费、住宿费和水电费;

7. 积极参加体育锻炼,本学年体育成绩达标或合格。

学校设立创新创业奖学金,申请创新创业奖学金需具备以下条件:

1. 热爱社会主义祖国,拥护中国共产党领导;

2. 勤奋学习、善于思考、积极实践、勇于创新,成绩突出;

3. 遵守宪法和法律,遵守学校规章制度,严于自律、诚实守信、品格高尚,积极投身社会实践、志愿服务及和谐校园建设;

4. 未受学校纪律处分;

5. 学生在校开展制度创新、理论创新、文化创新?、科技创新,发表论文、获得专利或结合所学专业开展自主创业成功,符合学校创新创业规定与要求;

6. 参评成果需是当年评奖规定时间内获得。

学校设立单项学习成果奖学金,申请单项学习成果奖学金需具备以下条件:

1. 热爱社会主义祖国,拥护中国共产党领导;

2. 勤奋学习、善于思考、积极实践、勇于创新,成绩突出;

3. 遵守宪法和法律,遵守学校规章制度,严于自律、诚实守信、品格高尚,积极投身社会实践、志愿服务及和谐校园建设;

4. 未受学校纪律处分;

5. 在校学生参加学校组织的学习成果评比活动,符合学校单项学习成果规定

与要求;

6. 参评成果需是当年评奖规定时间内获得。

学校设立专业优秀学生奖学金,申请专业优秀学生奖学金需具备以下条件:

1. 专业优秀学生奖学金在学校招生相对困难的专业中设置(以当年招生简章中向社会和考生公布的为准);

2. 具有坚定正确的政治方向,热爱祖国,拥护中国共产党的领导;

3 遵纪守法,无旷课、晚归、迟到、早退行为,评选年度未受任何纪律处分;

4. 模范执行《高等学校学生行为准则》和学校有关规章制度,学年思想品德考核成绩90分以上并居本班思想品德考核排名前5名。

5. 学习成绩优良,教务系统上的所有科目在参评年度内无第一次考试不及格科目;全学年各门考查课成绩在80分以上,各门考试课在85分以上,总评平均成绩位居同年级或同专业前5名。

6. 诚实守信,学风、考风端正,无吸烟现象;没有无故欠缴学费、住宿费和水电费;

7. 关心集体,团结同学,热心助人,积极参加学校、班级、宿舍等集体活动;在校园文化建设、服务同学等方面表现积极;

8. 积极参加社会实践、公益活动、体育锻炼及文体活动。

9. 本学年获得"三好生"或"优秀学生干部"者。

学校设立文明宿舍奖,文明宿舍应具备以下条件:

1. 宿舍成员自觉维护宪法确立的根本制度和国家利益,坚持正确的政治方向,维护学校的稳定;

2. 制度健全,有宿舍公约,宿舍长认真负责,制度能贯彻落实;

3. 宿舍成员团结友爱,相处和睦,共同进步,并积极参加集体活动;

4. 宿舍整洁有序,文化氛围健康高雅;宿舍成员在宿舍内无吸烟、酗酒、留宿外人现象;

5. 宿舍成员按时作息,无晚归现象,不影响他人休息和学习;

6. 宿舍成员未受任何纪律处分和通报批评;宿舍没有重大安全事故发生;

7. 宿舍成员爱护公物,妥善使用和保管宿舍设施,不使用大功率电器;

8. 宿舍成员诚实守信,没有无故欠缴学费、住宿费和水电费;

9. 宿舍成员没有在宿舍内进行商业活动、参与非法传销活动和进行任何宗教、封建迷信活动。

第六节　评奖办法与比例

学校于每年3月份启动感动校园年度人物及年度人物提名奖工作,5.4青年节予以表彰;其余奖项于每年9月份启动评奖工作,10月份予以表彰。

国家奖学金、国家励志奖学金、先进班集体、优秀学生奖学金、三好学生、优秀学生干部、优秀毕业生、专业优秀学生奖学金、文明宿舍的评奖工作由学生处牵头。

先进团支部、先进团总支、优秀学生会、优秀社团、优秀团员、团干、社团优秀干部、社团积极分子、感动校园年度人物及年度人物提名奖的评奖工作由团委牵头。

创新创业奖学金、单项学习成果奖学金的评奖工作由教务处(创新创业教育工作处)牵头。

因学校发展需要的其它专项奖励工作由相关职能部门牵头。

国家奖学金、国家励志奖学金、省级先进班集体、三好学生、优秀学生干部、优秀毕业生评选的比例和奖励金额按当年教育部、教育厅文件执行。

先进团支部按在校团支部总数的15%评选推荐,先进团总支按在校团总支的30%评选推荐,优秀系学生会按在校学生会总数的30%评选推荐,优秀社团按学生社团总数的15%评选推荐。

先进团支部、先进团总支每个集体奖励200元;优秀系学生会、优秀社团每个集体奖励100元;

优秀团员按团员总数的10%评选推荐,优秀团干按团干总数的10%评选推荐,社团优秀干部按社团干部总数的15%评选推荐,社团积极分子按社团学生数的10%评选推荐。

优秀团员、优秀团干、社团优秀干部个人奖励金额为每人100元;社团积极分子个人奖励金额为每人50元

感动校园年度人物及年度人物提名奖的评选推荐:

1. 教学系每年在勤奋好学、自强不息、科技创新、自主创业、热心助人、志愿服务、诚实守信、见义勇为、敬老爱亲、特殊才能等项目中择优向团委推荐1~3人作为感动校园年度人物及年度人物提名奖候选人选;

2. 学校学生奖励评审委员会在全校候选人选中评审感动校园年度人物4~8名,其余候选人经评审后选出年度人物提名奖予以表彰。

3. 感动校园年度人物每人奖励 100 元,年度人物提名奖每人奖励 50 元。

先进班集体按在校学生班级总数的 15% 评选推荐,三好学生按在校学生总数的 6% 评选推荐,优秀学生干部按在任学生干部总数的 15% 评选推荐,文明宿舍按宿舍总数的 3% 评选推荐。

先进班集体每个集体奖励 200 元;三好学生、优秀学生干部奖励金额为每人 100 元;文明宿舍每个宿舍奖励 100 元;

优秀学生奖学金一等奖按系学生总人数 2% 评定;二等奖按系学生总人数 3% 评定;三等奖按系学生总人数 4% 评定。如果专业内不能满足评定条件的,由各系自行调整,但不能超过各等级的相应比例。

优秀学生奖学金奖励金额:一等奖学金 1000 元、二等奖学金 800 元、三等奖学金 600 元。

学校创新创业奖学金:

1. 学生在校期间开展制度创新、理论创新、文化创新?科技创新,发表论文、获得专利等个人创新每年按 10 人评选推荐,创业个人每年按 20 人评选推荐,团队按 10 个评选推荐;不够条件的自然放弃;

2. 创新创业奖学金的评定由教务处(创新创业教育工作处)组织开展;每年 9 月份与其他项目同步进行;

3. 创新学生一次性奖励 1000 元;学生自主创业成功的一次性奖励 2000 元,团队创业成功的一次性奖励 3000 元。

学校单项学习成果奖学金:

1. 教学单位改革职业人才培养考核评价方式,积极探索学习作品、职业场景、职业过程等考核评价方式,每学年举行一次单项学习成果评比活动,每次评出一等奖 1 名,二等奖 2 名,三等奖 3 名;

2. 教学单位将评比结果报送教务处审核汇总;其作品由学校永久性收藏的,教务处根据其价值提出奖励建议,呈报学校学生奖励评审委员会审定;

3. 参加学校组织的学习成果评获奖的学生,一等奖 800 元,二等奖 600 元,三等奖 500 元。

学校专业优秀学生奖学金

1. 专业优秀学生奖学金在学校招生相对困难的高职专业中设置(以当年招生简章中向社会和考生公布的为准);

2. 一等奖学金控制在专业学生总人数 2% 以内;二等奖学金控制在专业学生总人数 3% 以内;三等奖学金控制在专业学生总人数 4% 以内。

3. 获奖学生一次性可获得 1000、800、500 不等的奖励。

第七节 评奖程序

一、学校发文公布评选办法；

二、院(系)组织初评；

三、院(系)公示初评结果；

四、院(系)上报初评结果；

五、学校学生奖励评审委员会办公室复核并公示结果；

六、学校学生奖励评审委员会评审；

七、学校学生奖励评审领导小组审批；

八、学校公布最终结果；

九、学校召开表彰会或以其他形式予以表彰。

第八节 注意事项

认真学习评优评先文件,全面掌握教学系、班级学生的优与先;根据评优评先文件,结合教学系、班级实际,制定评优评先实施工作方案,严格按实施方案实施是切实做好评优表彰工作的先决条件。

一、提高学生个人对公平的客观认识和判断

公平是一种主观感受,每个人对公平的理解不同,某个人觉得不公平的事情在其他人看来可能是公平的。绝对的公平是不存在的,只有相对的公平。大学生还处于青春发育期,对问题的看法还不够全面和客观,平时辅导员应多与学生进行沟通,正确引导学生进行比较,以相对公平的客观认识和判断来看待问题。

二、细化综合测评内容,收集各项考评信息

学生综合测评需要进一步完善和细化,各测评项的分值要进一步标准化,假设纪律作风满分5分,应设置一个分值范围和标准,区别对待,而对于酌情给分的子项也应有个相对客观的标准。同时,在明确规则的前提下,应尽可能在日常管理工作中收集学生上课情况、考勤情况、寝室卫生情况等方面的资料并定期汇总、公示、存档,根据这些材料进行测评加减分使测评工作更客观更公正,使学生主观感觉到评优评奖整个过程的真实、可信和公平。

三、整个评优评奖过程必须公开透明

　　及时将评定内容、评定流程等内容全面公示,通过班会形式面对面地通知到每位同学,信息公开透明,便于每位同学了解评选信息,参评机会平等。在各班级进行评选的过程中,班会或是评选会议的整个评选流程都要公开透明,学生干部应以身作则严格要求自己,班级各成员应积极参与,严格按照流程和要求评选,评选结果确定后应进行三级公示(学校、教学系、班级),如果有质疑反馈应及时了解事情缘由并予处理。

第二十四章

常用文书

2012 年 4 月 16 日,中共中央办公厅、国务院办公厅关于印发《党政机关公文处理工作条例》的通知(中办发[2012]14 号)中规定公文种类主要有 15 种:决议、决定、命令(令)、公报、公告、通告、意见、通知、通报、报告、请示、批复、议案、函、纪要。结合学生管理工作实际,在此选取工作中必须掌握的 5 种公文:请示、报告、通知、函、会议纪要和使用广泛的计划、总结、公示等,共 8 种常用文书进行介绍,旨在使得从事学生管理工作的教职工能够熟练掌握和使用,推进各项工作顺利开展。

第一节　请示

一、概念与种类

请示是请求上级机关指示工作、批准某种要求时使用的公文。请示是上行文,可分为批准性请示和批转性请示两种。批准性请示指的是请求上级领导解决本单位、本部门的某些困难和某个问题的请示。对上级制定的方针、政策、法律、条例、规章制度或对上级的某个指示有不同理解,希望上级明确解释。批转性请示指的是某一部门在实际工作中,遇到一些新情况、新问题,经过认真研究,提出了解决的措施和方法,因职权范围所限,无权要求有关单位和人员予以贯彻落实,希望上级审核肯定,并批转有关单位照办。

二、结构与写法

(一)结构

请示的内容由标题、主送机关、正文、发文机关署名、印章与成文日期等几部分组成。

标题:由发文机关、事由和文种三个要素或者是事由和文种两个要素组成。

主送机关:写明主送的领导机关名称。只有一个主送机关。

正文:请示缘由＋请示事项＋结语。

请示缘由:即请示的原因、背景和理由,要充分、具体、恰当,以便上级充分了解情况,做出决策。

请示事项:请示的核心内容,要明确具体。这一部分的常用语有:"为此,特请求……","鉴于上述情况,特请示如下……"。

结语:另起一段空两格位置书写。常用结语有:妥否(当否),请批示(指示)。妥否(当否),请批复(指示)等。

发文机关署名、印章与成文日期:单一机关行文时,在成文日期之上、以成文日期为准居中编排发文机关署名;成文日期一般右空四字编排;发文机关署名和成文日期居印章中心偏下位置,印章顶端应当上距正文(或附件说明)一行之内。

(二)写作要求

1. 请示的上级机关应是与本部门有直接的隶属和指导关系,一般不得越级请示。

2. 应坚持一文一事和一个主送机关的原则。

3. 请示与报告要严格分开,不得混用。不得在报告中夹带请示事项。

请示与报告的区别

区分点	请示	报告
行文目的	请求指示或批准	汇报工作、反映情况、提出建议
性质	请求性公文	陈述性公文
对上级要求	必须批复	一般不需批复
行文时间	事前	事中、事后
内容含量	一文一事	一文多事
结语	妥否(当否),请批示(指示)。以上意见妥否(当否),请批示(指示)。	特此报告、专此报告

三、格式模版

××××××××××××文件

×××〔20××〕××号　　　　　　　　　　　　　　签发人:×××

××××××××××

关于××××××××××××的请示

×××：

鉴于×××××，根据×××××，为了××××，拟××××，特将有关事项请示如下：

一、×××××

二、×××××

妥否，请批示。

×××（印章）

×年×月×日

（联系人：　　　联系电话：　）

抄送：×××，×××，×××，×××，×××。

××××××（印制单位）　20××年××月××日印发

（页码，双面印刷，单页码居右空一字，双页码居左空一字。）

第二节　报告

一、概念与种类

报告，是下级机关向上级机关汇报工作、反映情况，答复上级机关的询问时使用的公文。报告是上行文，使用范围相当广泛，频率相当高。

报告分为工作报告、情况报告、建议报告、答复报告、报送报告等几种。

工作报告是在某项工作进行到一定阶段，或工作已经完成时，将工作情况、取得的成绩、存在的问题、经验教训等内容，向上级机关汇报时使用；

情况报告在下级机关向上级机关汇报近期出现或发生的某种情况、某一问题，或工作中某些方面的状况的时候使用；

建议报告是指工作中出现的许多新情况新问题，经过调查研究，提出处理建议，向上级机关汇报时使用的一种公文。上级机关如果认为这些建议比较好，有推广参考价值，也可批转所属下级各机关参照执行；

答复报告是在对对上级机关查询、查办、催办的事项，做出专门回答时使用；

报送报告指下级机关向上级机关报送各种材料时随文随物写的报告。

二、结构与写法

(一)结构

报告的内容由标题、主送机关、正文、发文机关署名、印章与成文日期等几部分组成。

1. 标题:由发文机关、事由和文种三个要素组成,有时也可以省略发文机关。

2. 主送机关:写明主送的领导机关名称。只有一个主送机关。

3. 正文:一般包括基本情况、主要成绩、经验教训、存在问题、今后意见建议等几部分。结束语是在正文之后另起一段空两格位置书写。常用的结束语是:"特此报告""专此报告""以上报告,请审阅""以上报告,如无不当,请予批转"。

4. 发文机关署名、印章与成文日期:单一机关行文时,在成文日期之上、以成文日期为准居中编排发文机关署名;成文日期一般右空四字编排;发文机关署名和成文日期居印章中心偏下位置,印章顶端应当上距正文(或附件说明)一行之内。

(二)写作要求

一是实事求是、内容真实。二是突出中心,不要面面俱到。三是报告中不要夹带请示事项。

三、格式模版

关于×××××的报告

××〔20××〕××号

×××:

为了××××,根据××××,在××期间×××部门(所从事工作、成绩、体会、问题),现将有关情况报告如下:

一、××××(基本情况)

二、××××(做法和主要成绩)

三、××××(存在的问题)

　　××××××(今后的打算)

特此报告

×××(印章)

××××年×月×日

第三节　通知

一、概念与种类

通知指用于批转下级机关的公文,转发上级机关和不相隶属机关的公文,发布规章,传达要求下级机关办理和需要有关单位周知或共同执行的事项,任免和聘用干部时的公文。

根据通知使用的用途,通知可以分为转发性通知、颁布性通知、指示性通知、一般事务告知性通知、任免通知五类。作为学生管理部门使用频率最高的是一般事务告知性通知,即用来传达、安排事务性工作的一类通知。

二、结构与写法

(一)结构

通知一般由标题、主送机关、正文、发文机关署名、印章与成文日期等部分构成。根据通知种类的不同,写法上有所区别。在此,仅列举事务性通知的写法。

1. 标题:有完全式和省略式两种。完全式标题是发文机关、事由、文种齐全的标题,省略式标题则根据需要省去其中的一项或两项。

2. 主送机关:写受文机关全称或者规范简称。

3. 正文:由缘由、事项和要求三项内容组成。

缘由:写明拟发通知的目的或依据,要言简意赅、简明扼要。

事项:通知的核心,要层次分明,条理清晰,准确达意。

要求:表明发文机关对下级执行通知事项的态度,并以此作为通知的结语,结束全文。如,"特此通知""以上各点,望遵照执行""请认真贯彻落实""参照执行"等。

4. 发文机关署名、印章与成文日期:单一机关行文时,在成文日期之上、以成文日期为准居中编排发文机关署名;成文日期一般右空四字编排;发文机关署名和成文日期居印章中心偏下位置,印章顶端应当上距正文(或附件说明)一行之内。

二、写作要求

1. 标题中除含有法规性文件时须加书名号外,一般不加任何标点符号。

2. 如有多个主送机关时,同类型、相并列的单位之间用顿号间隔,不同类型、非并列关系的单位之间用逗号间隔,最后用冒号。

3. 通知的内容要明确具体,且层次分明,便于受文机关及时办理。

4. 讲求时效性,通知行文要及时迅速。

三、格式模版

模板1

关于×××××的通知

×××:

　　×××××××××(通知缘由)×××××××××××××××

×××××(通知事项)。

　　×××××××××××××××(要求怎样做)。

特此通知

×××(印章)

×××年×月×日

模板2

关于召开×××××会议的通知

×××:

　　为了×××××(目的),根据××××××(依据),×××××××(主办单位)决定于×××年××月××日在××××(地点)召开×××会议。现将有关事项通知如下:

　　一、会议内容

　　×××××××××××××××××××××××

　　二、与会人员

　　×××× ××××

　　三、会议时间

　　×月×日——×月×日(会期×××,×××××报到。)

　　四、会议地点

　　××××××××

　　五、其他事项

　　1. ×××××××。

　　2. ×××××××。

联系人：×××

电话：×××××××

电子邮箱：××××××××

传真：××××××××。

附件：1. ×××××××会议报名表

　　　2. ×××××××会议回执单

×××× (印章)

××××年×月×日

第四节　函

一、概念和种类

函是不相隶属机关之间商洽工作，询问和答复问题，请求批准和答复审批事项时所使用的公文。函的使用范围广，使用频率高。

按内容和用途来分，函可以分为商洽函、询答函、请批函和告知函四种。

商洽函即不相隶属机关之间商洽工作、联系有关事宜的函；

询答函即不相隶属机关之间相互询问和答复有关具体问题的函；

批请函即用于不相隶属机关之间请求批准和答复审批事项的函；

告知函即告知不相隶属机关有关事项的函。

按性质分，函可以分为公函和便函。按照行文方向分类，函又可以分为去函和复函。

二、结构和写法

函的类别较多，在此主要介绍规范性公函的结构、内容和写法。公函由首部、正文和尾部三部分组成。

（一）首部：主要包括标题、主送机关两个项目内容。

1. 标题：由发文机关、事由和文种构成，有的只由事由和文种构成。

2. 主送机关：受文机关的全称或者规范化简称。

（二）正文：开头写行文的缘由、背景和依据。主体写需要商洽、询问、答复、联系、请求批准或答复审批及告知的事项。结语常用"特此函告""特此函达""盼复""望函复""请即复函""请大力协助为盼""望能同意""望准予××是荷""特此复函""此复"等惯用语。也有的函不写结语。

(三)尾部:发文机关署名、印章与成文日期。在成文日期之上、以成文日期为准居中编排发文机关署名;成文日期一般右空四字编排;发文机关署名和成文日期居印章中心偏下位置,印章顶端应当上距正文一行之内。

(四)写作要求

1. 一文一函,简洁明了;

2. 语言要规范得体,谦恭有礼,尊重对方。

三、格式模版

×××××××××××文件

×＝＝＝＝＝＝＝＝＝＝＝＝＝＝＝＝＝＝＝＝

×× 函[20××]××号

××××关于×××××××的函

×××:

　×××
××××。

特此函复

×××(印章)

×年×月×日

第五节 会议纪要

一、概念和种类

会议纪要是"适用于记载和传达会议情况和议定事项"的公文。

会议纪要大致分为两种:办公会议纪要和专项会议纪要。

办公会议纪要也叫日常行政工作会议纪要,主要用来反映党政机关、人民团体、企事业单位的领导机关开会研究问题、部署工作的情况。作用是为机关单位工作的开展提供实在的指导和具体的依据。

专项会议纪要包括交流会、座谈会、研讨会等专项会议,是通过对涉及有关工作的重要方针、政策和理论原则问题的交流、讨论情况的纪实,给人们以深刻的启示,给工作以宏观的指导。专项会议纪要如果未经领导机关批转就不具有像办公会议纪要那样的行政约束力。

二、结构与写法

（一）结构

由标题、成文日期、正文、落款等部分组成。

1. 会议纪要的标题：常见的标题有两种形式："发文机关＋会议名称＋会议纪要"或"会议名称＋会议纪要"。

2. 会议纪要的成文日期

会议纪要的成文日期一般加括号标写于标题之下正中位置，以会议通过日期或领导人签发日期为准。也有出现在正文之后的。

3. 主送机关

不写主送机关，而是以抄送的方式发送给各与会机关，与需要知道会议情况的机关。

4. 正文

分为前言、主体、结尾三大部分。

前言：主要用来记述会议的基本概况。包括：召开会议的时间、地点、会议名称、主持人、主要出席人、会议主要议程、讨论的主要问题等。

主体：会议纪要的核心部分，会议的主要精神、会议议定的事项、会议上达成的共识、会议对与会单位布置的工作和提出的要求、会议上各种主要观点及争鸣情况等，都在这一部分予以表达。多数情况下，这部分内容需要分条分项撰写。不分条的，多用"会议指出""会议认为""会议要求"等惯用语作为各层意思的开头语，以体现内容的层次感。

结尾：比较简短。通常用来强调意义、提出希望和号召等。在不影响全文结构完整的前提下，也可以不写专门的结尾部分。

5. 落款

如果未在标题中或标题下注明制发单位名称和制发日期的，则要在正文后签署。有的会议纪要不署名。

（二）写作要求

1. 掌握会议的全部情况。写作会议纪要首先要弄清楚会议的目的、任务、内容和形式，掌握会议的所有文件材料，参加会议的全过程，并认真做好记录，特别要注意阅读会议的主体文件和材料、领导同志的发言，掌握会议的主要精神。

2. 突出重点，简明精练，概括出会议的主要内容。

3. 层次分明，清楚地突显出会议的侧重点。

4. 正确区分使用会议纪要和会议记录。会议纪要以会议记录为基础和依据，表现会议的主要内容。会议记录则是如实记录。另外,会议记录只作为机关单位内部存查使用的文书,不对外公布,会议纪要则在一定范围内公布传达,作为正式行政公文使用。

三、格式模版

×××会议纪要

(××年×月×日)

会议时间:

会议地点:

主持人:

参会人员:

缺席人:

记录人:

会议议题:

纪要内容

本次会议由×××召集,×××主持,×××记录。整个会议共持续××小时,现纪要如下:

一、会议听取了×××××××××××××××××××。

二、会议研究讨论了××××××××××××××××××。

三、会议原则上同意××××××××××××××××××。

四、会议决定××××××××××××××××××××××。

发送:×××、×××、×××、×××、×××

第六节　计划

一、概念和种类

(一)概念

计划是党政机关、社会团体、企事业单位和个人,为了实现某项目标和完成某项任务而事先拟订目标、措施和要求的事务文书。

计划是计划类文书的统称,常见的安排、打算、规划、设想、要点、方案等都属于计划一类。

规划:是具有全局性的、较长时期的长远设想。

方案:是从目的、要求、工作方式方法到工作步骤——对专项工作做出全面部署与安排的计划。

安排:是对短期内工作进行具体布置的计划。

设想:是初步的草案性的计划。

打算:是短期内工作的要点式计划。

要点:是列出工作主要目标的计划。

(二)类型

1. 按内容分,有综合计划、专项计划等。

2. 按性质分,有生产计划、学习计划等。

3. 按范围分,有国家计划、部门计划、单位计划、科室计划、班组计划、个人计划等。

4. 按时间分,有年度计划、季度计划、月度计划等。

5. 按形式分,有文件式计划、表格式计划和文件表格结合式计划等。

二、结构与写法

(一)结构

计划的结构一般都由标题、正文和落款三部分组成。

1. 标题:由"单位名称 + 计划时限 + 计划内容 + 计划名称"四个要素组成。如果计划尚不成熟或还未讨论通过,就需要在标题后面加括号注明"初稿""草案""讨论稿""征求意见稿"等字样。

2. 计划的正文由任务和目标,方法和措施,进度和步骤三层内容组成。分为前言、主体、结语三个部分。

(1)前言:全文的导语。要求简明扼要地交代清楚三方面的内容:计划的指导思想,计划的总目标、总任务,对基本情况的总分析等。前言与主体间常用"为此,特制订本计划"之类的过渡语来承上启下。

(2)主体:是计划的主要部分,由任务要求、措施办法、时间步骤三部分组成。

(3)结语:是计划内容的补充,既可写执行计划的注意事项;也可以是概述完成计划的有利条件、展望计划实施后的前景;或完成计划的信心和决心,为完成计划目标提出的口号等。

3. 落款:在正文的右下方,写明制订计划的单位名称和日期。如单位名称在标题中已出现,则只需写明制订计划的日期。

(二)写作要求

1. 要符合党和国家的方针、政策规定。

2. 要从实际出发。对本部门、本单位的实际情况进行深入的调查研究和科学分析的基础上,确定计划的任务目标和措施。要做到重点突出,措施得力,体现出目标的明确性、任务的具体性和措施的可行性,以确保计划内容的如期实现。

三、格式模版

××单位××××年×××工作计划

××××××××,为此,特制订本计划。(前言:或依据,或总任务和要求,或完成任务的意义,或制定计划的目的)

一、工作目标

1.××××××××××(工作目标之一)

2.××××××××××(工作目标之二)

二、工作措施

1.××××(办法、条件、负责人,即"怎么做"之一)

2.××××(办法、条件、负责人,即"怎么做"之二)

三、步骤程序

1.××××(步骤或阶段,即"何时完成"之一)

2.××××(步骤或阶段,即"何时完成"之二)

××单位
××××年×月×日

第七节　总结

一、概念与种类

(一)概念

总结,是单位或个人对自己前一阶段一定时期的工作、学习或思想进行回顾和分析研究,从中找出经验或问题,做出有指导性结论的一种应用文体。

(二)类型

总结的分类方法可以很多,按性质分,有综合性总结及专题性总结。

1. 综合性总结,是对一单位、一部门工作进行的全面性总结,它要展现该单位、该部门一定时期工作的全貌。其包括的内容比较广泛,既要反映工作的概况和取得的成绩,存在的问题、缺点,也要写经验教训和今后如何改进的意见等。但写作时也不能面面俱到,而要有所选择,突出主要工作和重要经验。

2. 专题性总结,是对一定时期的某项工作或某一方面的问题进行的专门性总结。这类总结往往偏重于总结某一方面的成绩、经验,其他方面则可少写或不写。

二、结构与写法

(一)结构

总结的结构一般包括标题、正文和落款。

1. 标题。公文式标题由"单位名称+时限+事由+文种"组成,多用于综合性总结。文章式标题,即概括文章的内容或基本观点的标题。标题中不出现文种"总结"两字。这种标题比较灵活,可根据总结内容来确定,多用于专题总结。

2. 正文。一般包括开头、成绩和做法、取得的主要经验或教训或存在的不足,结尾。

开头部分:即前言部分:主要用来概述基本情况,做出基本评价。要简明扼要,开门见山。

主体部分:总结的主要部分。内容包括成绩和做法、经验和教训等方面。要求层次分明、条理清楚。

结尾部分:分析存在问题,提出今后方向。

3. 落款:包括署名和成文时间。

(二)写作要求

1. 要熟悉实践过程,积累选择材料;

2. 要实事求是,总结规律;

3. 观点与材料要一致,叙议要得当。

三、格式模版

××单位××年××工作总结

(一)工作概述(背景、内容、完成情况、效果等)

(二)工作分析

1. 成绩与亮点,分析具体原因,提炼经验。

2. 不足与失误,分析具体原因,提炼教训。

(三)未来工作设想

1. 构想、建议——解决目前工作中存在的问题。

2. 下一步工作如何发扬成功经验并规避失败教训。

××年××月××日

第八节 公 示

一、概念

公示是党政机关、企事业单位、社会团体等事先预告群众周知,用以征询意见、改善工作的一种应用文文体。公示具有明显的公开性、告知性和监督性。

二、结构与写法

公示的内容结构由标题、正文和落款三部分组成。

(一)标题:三种形式,分别为:"发布公示的机关 + 公示内容 + 文种""公示内容 + 文种""公示"。

(二)正文

1. 公示的内容:包括发布公示的目的、依据以及公示的具体事项等。

2. 公示期限及联络方式。

(三)落款

发布公示的单位名称(加盖公章)及发布时间。

三、格式模版

公 示

根据××××文件精神,按照我校×××实施方案,经×××评审,现将我校×××年获得第一批精准扶贫资助学生名单公示如下:

×××××××××××××××××××××××××××

×××××××××××××××××××××××××××

×××××××××××××××××××××××××××

公示期一周(月 日— 月 日),如有异议,请向××××××××反映。

联系人:×××××

联系电话:×××××

××××(印章)

二〇一 年 月 日

学生管理工作人员撰文时要注意的几个问题:

1. 确有必要,注重效用。

2. 经学生处负责人审核之后再报院办,呈校领导审批同意后,由院办行文。

3. 公文结构层次序数中第一层为"一",第二层为"(一)",第三层为"1."第四层为"(1)"。

4. 语言特点:准确、简练、严谨、庄重、生动。

5. 同一公文中,对同一单位的称谓应保持上下文一致。

参考文献:

[1]刘利华.学校常用工作文书写作规范与范例[M].南宁:广西人民出版社,2008.

[2]学校常用公文写作培训提纲[EB/OL]. http://www.360doc.com/content/14/1126/17/15224945_428266521.shtml.

[3]杨文丰.高职应用写作[M].北京:高等教育出版社,2014.

[4]中共中央办公厅、国务院办公厅关于印发《党政机关公文处理工作条例》的通知(中办发[2012]14号).

[5]党政机关公文格式(2012年新标准)[EB/OL]. http://jnd.mca.gov.cn/article/zyjd/zcwj/201303/20130300425648.shtml.

[6]会议纪要议案[EB/OL]. 西安欧亚学院 - 应用文写作精品课程申报网站. http://jpkc.eurasia.edu/writing/soja.htm.

[7]公示[EB/OL]. 百度百科. http://baike.baidu.com/link?url=vnIwv2rei1vTgPw6LU5D2xEUivGyQKvMfTY3AX - y7383k4JtHLJ7lnpP76EV - IVwURq656dt8C5ZGw0nzrLxc_.

第二十五章

实习管理

第一节　概述

学生实习,是指实施全日制学历教育的中等学校和高等学校学生按照专业培养目标要求和人才培养方案安排,由学校批准到企(事)业等单位(以下简称实习单位)进行专业技能培养的实践性教育教学活动,包括认识实习、跟岗实习和顶岗实习等形式。

认识实习是指学生由学校组织到实习单位参观、观摩和体验,形成对实习单位和相关岗位的初步认识的活动。

跟岗实习是指不具有独立操作能力、不能完全适应实习岗位要求的学生,由学校组织到实习单位的相应岗位,在专业人员指导下部分参与实际辅助工作的活动。

顶岗实习是指初步具备实践岗位独立工作能力的学生,到相应实习岗位,相对独立参与实际工作的活动。

2006 年,《教育部关于全面提高高等职业教育教学质量的若干意见》(教高[2006]16 号)文件明确指出,高职教育要大力推行工学结合、校企合作的人才培养模式,高职院校要保证在校生至少有半年时间到企业等用人单位顶岗实习。顶岗实习是有效推进高职院校人才培养模式的重要途径,可以更好地培养学生的职业素养,全面提升学生的专业技能。

顶岗实习仅仅是教学场所和教学形式的改变,它依然是学校教育教学活动的重要组成部分,将教学场所迁移至校外企业,学生不仅要遵守学校的各项规章制度,还必须严格遵守实习单位的相关规定。

第二节　顶岗实习管理

顶岗实习的学生管理是一项艰巨又复杂的工作,它直接关系到校企合作中人才培养工作的效果,只有加强顶岗实习期间的学生管理,才能让顶岗实习工作扎实有效地推进。

一、加强校企合作,夯实顶岗实习基础

顶岗实习不仅仅是学校和学生两个主体,还关系到政府机构、行业协会、用人单位等社会群体。政府机构应从宏观上制定大学生顶岗实习的政策,给予接受顶岗实习学生的用人单位一定的补贴、免税等政策鼓励;行业协会利用其贴近企业的优势,定期安排一些顶岗实习的岗位,为企业和学校搭建供需平台;企业应该将培养技术人才作为企业的责任,企业生产旺季,学生的顶岗实习能够解决企业人手不够的问题,节约人力资源的成本。

作为校企合作主动的一方,学校或院系应该积极主动地联系用人单位,邀请企业领导、行家能手给学生开设职业生涯规划、就业创业方面的讲座,努力为企业输送优秀的毕业生。此外,为了吸引企业参与校企合作,学校或院系可以通过选派优秀教师进企业挂职锻炼,参与技术攻关,提供技术支持,为企业员工进行专业理论知识的培训等。学校主动为企业做好服务,必将受到企业的欢迎,促进校企合作形成良好的合作机制。

二、做好学生实习前的思想动员工作

实习前由辅导员、带队老师利用班会、座谈会、实习动员大会等形式对学生进行思想引导。通过总结前面实习学生取得的成绩和存在的问题,选择一些优秀毕业生讲一些实习的感受,让学生端正实习态度;利用一些事故实例,分析违规操作后果的严重性,让学生时刻牢记安全操作规程,提高警惕,防止意外事故发生;教育学生在实习时要养成独立分析问题、解决问题的习惯;"企业"代替了"学校","岗位"代替了"课堂","8~12小时工作制"代替了"课表作息制",时刻做好吃苦耐劳的思想准备;面对复杂的工作关系、接触形形色色的人群,除了要学会独立生活外,还要以一名实习生、学习者的身份处理好与身边同事之间的关系。

三、六层管理模式对顶岗实习学生进行科学化管理

顶岗实习由学校、企业与学生共同参与,需要建立科学的管理模式。一方面学校要建立分管校或系(院)领导牵头,各系(院)安排专任教师和辅导员共同负责制。另一方面,校企双方共同商议明确企业不仅要承担学生岗位技能训练,对学生在工作中遇到的技术问题提供指导,还要安排专人对学生进行管理,逐步形成学校→企业→实习指导老师→辅导员→学生干部→学生六层管理模式。

系(院)领导和实习指导老师定期走访实习单位,及时了解、掌握及检查学生完成实习的情况,指导学生撰写实习报告,对实习中违反纪律的学生及时给予批评并上报系(院)。为每一位学生做好实习进程的详细记录,检查批阅学生的实习任务,确定学生初步的实习成绩。

辅导员的工作是顶岗实习中不可或缺的组成部分,包括对实习的组织、学生的思想教育、解决学生生活问题等。顶岗实习期间,由于师生距离的加大,辅导员要从全新的角度对学生加以管理,运用教育、帮助代替直接命令,了解学生在工作、学习、生活中的状况,注重与学生及时沟通交流,为其创造条件,提供资源,主动解决生活问题。

学生干部在顶岗实习期间起到不可替代的作用。因此,要在每一个实习单位建立一个小组,充分发挥学生干部的模范带头作用。学生干部是联系学校和系(院)的纽带,传达各项任务的桥梁,落实各项工作的骨干力量。系(院)领导、实习指导老师、辅导员应召集学生干部会议,了解学生安全、思想、心理问题等,对出现的问题及解决方案提出讨论。

四、建立切实可行的考核体系

顶岗实习期间,学生在企业参与的社会活动要比在学校复杂得多,不仅要学习理论,联系实际,并动手操作,还要学会与人沟通,处理人际关系,吃苦耐劳。因此,必须建立一种合适的评价机制。教学单位根据专业特点制定统一格式的《学生实习手册》。对学生实习成绩的考核分两部分:一是实习单位指导教师对学生的考核,原则上占总成绩的70%;二是学校实习指导教师对学生的实习进行评价,原则上占总成绩的30%。

考核结果分优秀、良好、合格和不合格四个等级,学生考核结果在合格及以上者获得学分,并纳入学籍管理。《学生实习手册》中学生实习经历(内容、项目等)要有实习单位的评价与鉴定,学生实习考核的成绩和经历(内容、项目等)存入档案,作为评价学生的重要依据之一。

五、黔东南民族职业技术学院学生实习管理具体做法

按照学院管理制度要求,学院采取的是以二级学院(系)为单位的实习组织形式,各二级学院(系)分管领导、实习创业就业指导科具体负责学生实习工作。二级学院(系)安排学生参加实习时,成立有相应的实习领导小组,由二级学院(系)院长(主任)任组长,负责实习的领导工作,分管副院长(主任)担任副组长,全面负责学生实习期间的工作,实习创业就业指导科和辅导员班主任负责实习期间学生的指导和管理。学院教务处进行指导、监督、检查。另外指派学生会干部、班干部等成立实习学生管理小组,在学生中间进行自我管理,聘请接受学生实习的单位负责人和技术人员负责学生在单位实习期间学习工作的管理与指导。如下图所示:

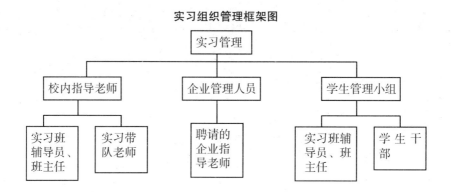

实习组织管理框架图

实习管理流程图

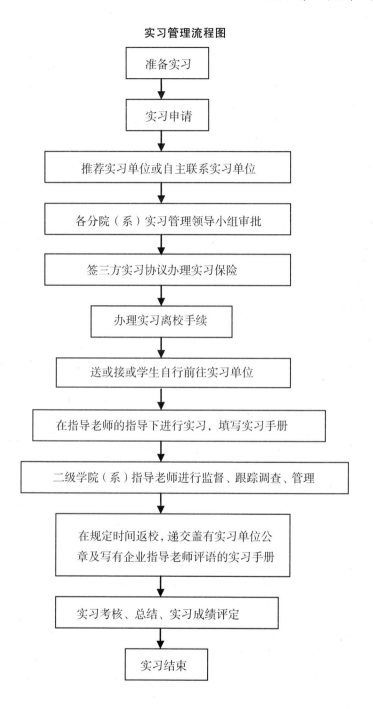

顶岗实习协议书

甲方(顶岗实习单位):

地　　址:

联系人:

联系电话:

乙方(学校):黔东南民族职业技术学院

地　　址:

联系人:

联系电话:

丙方(顶岗实习学生):

联系电话:

顶岗实习学生家长(或监护人):

联系电话:

　　根据中华人民共和国相关法律法规的规定,经甲、乙、丙三方共同协商,甲方同意乙方安排丙方到甲方进行顶岗实习,丙方自愿接受乙方安排并自愿到甲方顶岗实习。为使顶岗实习达到预期效果,本着互相协作、共同提高、共同发展的原则,甲、乙、丙三方就实习期间所涉相关事宜达成如下协议,共同遵照执行。

第一条　学生顶岗实习的基本约定

1. 顶岗实习期自　年　月　日至　年　月　日止。

2. 丙方在甲方实行跟班顶岗实习制。根据甲方经营管理需要和乙方学校顶岗实习要求安排顶岗实习。

3. 按照甲方顶岗实习生实习补助费等管理相关规定,经由乙方同意,乙方派遣学生的顶岗实习补助费由甲方直接支付给丙方。

第二条　甲方的义务

1. 为丙方提供顶岗实习基地和相关的顶岗实习环境;

2. 对丙方做好安全教育和法纪教育；

3. 为学生提供必要的实习条件和安全健康的实习劳动环境，不得安排学生从事高空、井下、放射性、高毒、易燃易爆以及其他具有安全隐患的实习岗位；

4. 制定并实施本单位的生产安全事故应急救援预案，为实习场所配备必要的安全保障器材，为实习学生提供必需的食宿条件和劳动防护用品，保障学生实习期间的生活便利和人身安全；

5. 在顶岗实习期间对丙方进行顶岗实习监督管理，并对丙方顶岗实习期间的劳动纪律、思想品德、实践技能等进行考评，填写顶岗实习鉴定表，作为乙方对丙方顶岗实习期间表现考评的依据；

6. 根据国家有关规定为顶岗实习学生投保工伤保险和其他保险。

第三条 乙方的义务

1. 认真担负丙方的领导和监管责任，与甲方共同做好对丙方的顶岗实习管理工作，以确保丙方圆满完成顶岗实习培训任务；

2. 顶岗实习前应对丙方进行严肃的法纪和职业道德教育，同时，组织丙方于县级以上医院进行健康检查或提供3个月内的体检证明；

3. 乙方应派出专人负责对丙方的教育和共管工作，切实掌握丙方顶岗实习状况，做好丙方顶岗实习期间的管理和教育；

4. 为丙方办理顶岗实习学生实习责任保险。

第四条 丙方的义务

实习期间，丙方必须承担以下各项义务：

1. 自觉接受甲、乙各方的共同监督、管理和教育，确保圆满完成顶岗实习任务；

2. 自觉服从统一指挥和实习安排，遵纪守法，尊敬实习指导教师，严格遵守甲方规章制度和技术操作规程，刻苦学习技能；

3. 在服从指挥的前提下，增强自我防护意识和能力，不得违规违章操作，避免导致自身或他人的人身伤害事故发生；

4. 爱护公共财物，丙方对甲方财物不得私自处理和毁损；

5. 在顶岗实习期间以及顶岗实习期结束后的任何时间内，对于在顶岗实习中接触或了解的有关甲方的商业信息，应予以保密，不得泄露给任何第三方。

第五条 顶岗实习期间有关问题的处理原则

1. 顶岗实习期间丙方发生人身伤害事故的处理：

①在顶岗实习操作过程中发生人身伤害的，甲方及时通知乙方，共同对丙方进行及时医疗救治，并在第一时间由乙方通知丙方家长。

②不是在顶岗实习操作过程中发生的人身伤害,甲方知道的,亦应在第一时间通知乙方,并协助乙方对丙方进行及时医疗救治,相关费用由伤害责任人承担。

③在顶岗实习操作过程中发生人身伤害的费用,由承保意外伤害事故险的保险公司支付的保险金承担;不足部分,依据《学生伤害事故处理办法》及有关法律法规和政策处理。

④对于引发人身伤害事故的其他情形,其责任认定和理赔,依据《学生伤害事故处理办法》及有关法律法规和政策处理。

2. 丙方发生疾病不能完成顶岗实习任务的,由甲方将丙方退回乙方,终结丙方在甲方的顶岗实习,治疗费用由乙方协助丙方按医保办法处理。

3. 丙方严重违纪违规或者触犯法律的,由甲方将丙方退回乙方,终结丙方在甲方的顶岗实习。

4. 丙方违纪违规造成甲方财物损失的,应承担赔偿责任。赔偿事宜由乙方协调处理;协调处理不了的,由另行委托乙方及法律服务机构向丙方索赔;索赔费用由甲方垫付,由丙方承担。

5. 丙方未经请假私自外出的,甲方通知乙方催促丙方及时返回,说明情况并接受处理。丙方无故不返回的,视为丙方不愿意继续顶岗实习而自动终止顶岗实习活动,由乙方根据校规处理。

6. 丙方在业余时间违法乱纪造成不良后果的,其法律责任由丙方自行承担。甲方通知乙方共同处理,甲方可以单方解除顶岗实习关系,将丙方退回乙方,由乙方按相关的规定处理。

7. 丙方在顶岗实习活动中发生不适宜继续在甲方顶岗实习的其他情形时,由甲方将丙方退回乙方处理,终结顶岗实习活动。

第六条 顶岗实习期间学业和学习成绩认定

顶岗实习期间,岗前培训由乙方负责,在岗培训由甲、乙方共同负责,甲方的考核结论作为顶岗实习学年的学习成绩登入学籍卡,顶岗实习成绩不合格的视为顶岗实习学年成绩不合格。

第七条 特别约定条款

1. 丙方家长(或监护人)对本协议书予以确认并签署,同意本协议条款约定的相关权利和义务。

2. 若因丙方个人行为给甲方造成的经济损失和法律责任,由丙方自行承担;丙方无经济能力承担相关责任的,由丙方与其家长(或监护人)连带承担。

第八条 不可抗力

1. 不可抗力是指各方不能合理控制、不可预见或即使预见亦无法避免的事件,该等事件妨碍、影响或延误任何一方履行本协议全部或部分义务。该等事件包括但不限于地震、台风、洪水或其他天灾、战争、骚乱、罢工或政策原因等任何其他类似事件。

2. 若发生任何不可抗力事件,任何一方均不应承担另一方因该等事件未能或延迟履行而可能蒙受的任何损害、增加的成本或损失。

3. 如发生不可抗力事件,遭受事件一方应立即用可能的最快捷的方式通知对方,并在 10 个工作日内提供证明文件说明该事件的细节和不能履行或部分不能履行或需延迟履行本协议的原因,然后由各方协商是否延期履行本协议或终止本协议。

第九条　协议的变更与终止

1. 本协议未尽事宜,协议各方可进一步协商,签订书面补充协议。

2. 本协议的任何修改须经协议各方协商一致,签订书面补充协议。

3. 非因法定事由以及本协议约定的事由理由,任何一方不得单方面解除或终止本协议。

4. 在出现下列情形之一时,本协议终止:

(1)任何一方被人民法院依法查封且丧失继续履行本协议的能力;

(2)任何一方被人民法院依法宣告破产;

(3)任何一方因不可抗力丧失继续履行本协议的能力。

第十条　违约责任

若协议任何一方未能履行其在本协议下全部或部分义务,该协议一方应承担未能履行义务而直接导致另一方所蒙受的损失。

第十一条　争议的解决方式

1. 因执行本协议而产生的或与本协议有关的所有争议均应首先由协议各方通过友好协商解决。

2. 若任何一方就本条项下存在的争议向另一方发出书面通知后 90 日内未能通过协商解决的,该等争议应向当地劳动仲裁委员会申请仲裁。

第十二条　协议生效与其他

1. 本协议一式三份,各方各持一份,每份具有同等法律效力。

2. 本协议自各方签字盖章(或按指印)之日起生效。

3. 本协议期满,由各方届时根据客观环境及甲方学校教育、甲方学生顶岗实习及乙方工作需要决定是否续签本协议。

协议各方签字盖章:

甲　　方：　　　　　　　　　　　　　　　　　　　　（盖章）

法定代表人

或授权代表：＿＿＿＿＿＿＿＿　　　　　　　　　　　（签名）

乙　　方:黔东南民族职业技术学院　　　　　　　　　（盖章）

法定代表人

或授权代表：＿＿＿＿＿＿＿＿　　　　　　　　　　　（签名）

丙方(本人签字并按指印)：

实习学生家长(或监护人)：

　　　　　　　　　　　　签订时间地点:二〇一　年　月　日于凯里

第二十六章

就业指导

第一节　概述

就业指导可分为狭义和广义两大类。狭义的就业指导,是给要求就业的劳动者传递就业信息,做劳动者和用人单位沟通的桥梁。广义的就业指导,则包括预测要求就业的劳动力资源,社会需求量,汇集、传递就业信息,培养劳动技能,组织劳动力市场以及推荐、介绍、组织招聘等与就业有关的综合性社会咨询、服务活动。在我国,就业指导还应包括就业政策导向,以及与之相应的思想教育工作。

一、信息指导

信息指导是就业指导的基础,学校和就业部门只有搜集和掌握了广泛的社会需求信息,才能为毕业生创造尽可能多的就业机会,也才有可能对毕业生进行就业指导。

二、思想指导

思想指导是就业指导的中心,其内涵有三:一是帮助毕业生树立正确的择业标准;二是帮助毕业生确立高尚的求职道德;三是帮助毕业生选择正确的成才道路。

三、求职技术指导

求职技术指导是就业指导的基本内容之一,一般来讲,面临就业选择的毕业生,普遍思想准备不足,有惶恐感,在供需见面时比较拘谨,甚至手足无措,有的因此而错失良机。还有一些毕业生不清楚各项有关的政策规定,不了解自己有哪些权利和义务,更不知道应该如何行使自己应有的权利。至于具体的招聘应聘程序,个人表格的填写、资料的整理和使用,面对用人单位如何介绍自己,以及应有的礼仪和言谈举止,也需要进行必要的指导。这样,可以避免由于不按时到会、介绍不着边际、材料不得要领、礼貌不周、言语不当、衣冠不整、手续不全等技术原因造成的求职障碍。

第二节　就业指导的实施

一、职能部门

招生就业处是学校学生就业指导的职能部门。在国家毕业生就业工作方针、政策的指导下,具体负责全校学生就业定位、就业心理、就业技巧教育指导工作,积极宣传国家就业政策和劳动法规,增强学生的市场意识和竞争意识。

组织召开校园招聘会,帮助学生落实用工单位。加强学院就业网站建设,做好学生就业推荐和服务。建立学生用工档案,做好毕业生跟踪调查分析工作。

负责编制毕业生就业计划并上报主管部门,加强与教务处、学生处等部门的沟通,了解和掌握各类毕业生情况。

二、课程安排

结合学生年级、专业特点、就业岗位职业能力需求,制订各专业大学生就业指导课程方案。就业课程内容涵盖大学生职业生涯规划、职业核心能力培养、应聘材料制作及应聘技巧等。

建立学校就业指导中心、教学系(院)就业指导办公室、班级就业委员就业信息发布体系,使各项就业政策、就业信息、就业活动等及时传递到班级学生。

三、就业能力提升活动

旨在帮助在读大学生、应届毕业生和高校未就业大学生通过参与社会实践和职场体验活动,进一步端正就业观念,积累工作经验、增强就业创业能力,借助活动平台,可以提高大学生的组织管理能力、心理承受能力、人际交往能力和应变能力等。此外,还可以使他们了解到就业环境、政策和形势等,有利于他们找到与自己的知识水平、性格特征和能力素质等相匹配的职业。

通过大学生职业生涯规划大赛、大学生求职简历大赛、大学生创业大赛、模拟面试大赛、模拟商战大赛等比赛达到以下目标:

1. 引导学生通过各种方法、手段了解自我,了解自我特性与职业选择和发展的关系,形成初步职业发展目标。

2. 帮助学生了解相关职业和行业,掌握收集和管理职业信息的方法。

3. 帮助学生了解所处环境的各种资源和限制,思考并改进自己的决策模式,提高个人就业适应能力。

四、就业指导工作探索

1. 健全学生就业体系与机制

实行"学院主导,系部推动,班级落实"的毕业生就业工作机制,从制度层面保障毕业生就业工作的开展。

首先,学校成立就业工作校级领导小组,下发《黔东南民族职业技术学院2014—2015学年度学生就业工作二级目标考核责任书》,落实"一把手"工程,统筹协调各责任部门,要求全体教职员工参加、关注、支持毕业生就业工作,并且每年召开1~2次专题会议,讨论制订年度毕业生就业工作目标。

其次,系部成立以系主任为领导的就业指导小组,设置就业指导咨询室。具体工作一是对应届毕业生的基本情况进行调查研究,有针对性地制订出适合本系部特点的毕业生就业工作方案,并负责方案的组织实施;二是做好就业工作的班级衔接,以辅导员培养工作为抓手,推进辅导员就业工作专业化;三是加强与行业企业联系,积极主动推荐毕业生就业。

再次,辅导员以班级为单位,对学生进行就业指导。激发学生通过多渠道自主择业的热情,根据学生特点进行面试技巧、个人简历制作辅导等,提高就业能力。关注家庭经济困难和就业困难的学生。

通过院、系、班级的有力衔接,毕业生就业工作已形成了多主体参与、上下齐动的良好局面,体现了组织领导到位、机构人员到位、经费保障到位和责任分工到位"四个到位"的工作特点。

2. 职业规划教育端口前移,并贯穿于整个教育教学的始终

高职院校学生职业规划教育要从学生入学系列教育开始,比如有关部门的第一次集会演说或讲座,班主任辅导员的第一次主题班会,任课教师的第一堂理论教学或实习、实训,都要渗透职业理念,帮助学生建立职业意识和树立职业目标,搞清楚我是谁? 为什么要上学? 为什么要选择职业技术学院。其次,在全院范围内启动就业指导和服务工作"进班级"活动,进一步加大对同学们的就业指导和服务力度;第三,由招生就业办收集并建立用人单位信息库,方便学生查询、了解,密切关注社会人力资源市场的变化,掌握用人单位对人才内涵需求的变化;第四,掌握不同专业类别、来自不同地域、不同家庭背景学生的就业思想,分门别类为他们提供针对性的就业指导;第五,引入企业文化,聘请企业高管做专场讲座,了解企业需求,开展网上咨询、职业测评等;第六,精心策划组织职业生涯规划比赛和培训,努力增强学生的就业竞争力。

3. 拓展就业渠道,推动校企合作

实施顶岗实习与就业一体化战略,与省内外相关企业尤其是黔东南州所辖16

个县市的人民医院建立长期合作关系,形成较为稳定的人才输送渠道。

着力挖掘社会企业及人才资源,让企业与社会人才进入校园,加强对学生实习实践的指导。2015 年,贵州丹寨宁航蜡染有限公司、黔东南太阳鼓苗侗刺绣有限公司、黔东南九黎苗妹工艺品有限公司 3 家企业落户学院,学院初步建立起校园民族文化技术实践基地,并开展师徒制教学活动,让绣娘、银匠、工艺大师参与人才培养全过程,与学院教师共同承担教学实习任务,共同对学生的学习、技能、品德实施考核。

与中国港中旅集团公司、贵州省中科汉天下电子有限公司、贵州大地建设集团共同组建二级学院:港中旅旅游学院、汉天下物联网学院、大地建筑学院。学院举校企合作旗,走工学结合路,共建互动平台,不仅促进了企业和院校的共同发展,也提高了毕业生质量,提升了他们的就业竞争力。

4. 深化校地合作,服务基层

根据教育部《关于做好 2015 年全国普通高等学校毕业生就业创业工作的通知》精神,学院着重发挥特色专业在地方的发展优势,引导毕业生到基层就业,推进校地深度合作。

一是加强毕业生思想教育。学院积极引导大学生树立正确的成才观和就业观,培养毕业生服务基层的观念意识,着力培养基层就业能力。二是逐步形成了"立足本地,面向企业,产教结合,双证融通"的办学特色。2015 年全院 9 个系已向乡镇卫生院、地方微型企业、房地产等领域输送 3724 名毕业生,形成了校地合作的良好态势。

5. 推进创新创业教育

教学中突出学生的主体地位,结合各专业特色开展创业讲座、创业大赛,培养学生创新精神,促进创业综合能力提升。通过当地就业局、工商管理局、税务局等相关部门,积极寻求政策、资金扶持,鼓励和支持学生毕业后自主创业,以创业带动就业。

根据"2015 年全国普通高校毕业生就业创业工作网络视频会议"精神,2015 年 10 月 12 日,我院承办人社部黔东南州 SYB 创业师资培训班,同时选送本院十名教师参加培训学习,初步建立学院创业师资团队,并通过多种途径持续提升创业师资质量,进一步加强创业师资队伍建设。

2016 年 6 月,教育部专家组进校实地调研,从创新创业课程设置、创业指导、创业扶持、创业平台建设等 9 个方面进行考察,专家组对我校创新创业教育工作给予充分肯定和高度评价,最终我校成功跻身首批 50 所全国创新创业典型经验高校。

6. 加强学生自主创业教育

一是对学生进行创业基础知识教育,宣传创业政策及成功案例,转变学生就业观念;二是对有创业意向或在校创业的同学进行一对一单独辅导;三是举办相关讲座。2015 年学院共举办相关讲座 8 次,其中 GYB 创业培训中参训学生 180人,有 142 人获得结业证书;四是为提升学生基本技能,学院每年开展创业技能大赛,如创业设计大赛、模拟商战等。

通过培养,学院目前已有汽车服务团队、519 团队、校园电子商务平台、凌跃团队、黔粹礼仪培训工作室、黔东南苗岭生态建筑工程公司等 7 支创业团队。

7. 以大学科技园、创业园为依托,实现创业实体化

学院围绕大健康产业、民族文化产业、生态农业三个重点,通过"一园三基地九中心"建设大学科技园。学院致力于将园区打造成黔东南州科技成果转化的重要窗口、科技企业孵化及高新技术企业培育的示范基地、产学研紧密合作的创新创业基地、服务区域经济社会发展不可或缺的科技创新核心引擎。2015 年 8 月,学院科技园经贵州省科技厅及贵州省教育厅评审认定为省级大学科技园,这是贵州省认定的第四家大学科技园,也是全省第一家高职高专大学生科技园。

围绕民族文化产业,位于科技园园区内的"黔粹传人工作室"众创空间。该空间围绕黔东南州民族文化工艺品产业发展需要,以保护和传承独具特色的以黔东南州苗侗银饰、刺绣、蜡染为代表的民族民间文化工艺技术技艺为使命,通过整合行业、高校相关人才、资金、成果、技术、市场等各方面资源,形成了集创业场地、创业辅导、创业培训、技术支持、人才支持、资金支持、政策支持、中介支持等多元功能为一体的良好创业环境,同时形成创新活跃、协同发展的众创空间文化,这对黔东南州民族文化工艺品产业的升级转型有良好的促进作用。2015 年 6 月,该空间经贵州省科技厅认定为省级众创空间,7 月获得省科技厅授牌。这是贵州省认定的 18 家众创空间之一,是黔东南州的第一家,也是全省第一家授牌的高职院校众创空间,目前,已将其申报为国家级众创空间。

2015 年,学院建立大学生创业园,提供启动资金,派驻专人定期组织开展创业指导、跟踪服务以及各种创业服务的专项活动,给学生营造一个稳定的创业环境。创业园可入驻 30 家创业团队,目前有 28 家创业设计大赛优胜团队入驻创业园。

五、就业指导工作的有效办法

(一)搭建就业平台

从学生角度,学校为毕业生提供了从生源信息核对、就业指导、就业政策宣传、就业面试指导、就业推荐、签约、派遣离校、报到等就业工作的"一站式"服务;从用人单位角度,学校为用人单位提供从前期预约、宣讲、笔试、面试、录取、签约

等的"一站式"服务。

通过学校对就业关系双方"一站式"服务的开展,初步打造了信息化的工作格局,结合学校的就业信息网、学校就业微博平台和毕业生调研系统,利用新媒体为学校的就业工作进行了网络化推广,推广成绩斐然。

(二)组织校园招聘会

学校一方面积极推进校园招聘工作,举办大型校园招聘会,开展校园招聘月活动;另一方面持续完善校园招聘准入制度,加强校园招聘活动的规范管理,不仅从量,更从质上提升校园招聘活动的整体水平。

在对校园招聘单位的邀请过程中,重视对学校冷门专业的扶持,以热门专业带动冷门专业的就业,在学校范围内成功实现了就业市场资源共享,各专业间优势互补、齐头并进,促进学校的就业工作平衡、全面发展。

(三)就业创业指导实践

学校基于人才培养的就业导向,将职业教育贯穿于学生在校期间的方方面面,全校开设《大学生职业发展与就业创业指导》课程,并通过全校性大赛来辅助课程教学,完成学生对就业创业指导学习,针对一年级新生进行职业生涯规划引导、新生问卷调查等帮助新生树立人生目标学习方向;针对二年级学生主要进行求职简历制作指导、模拟面试实训、招聘会志愿者与用人单位对接等形式,能更深层地结合自己的实际思考求职方向,珍惜专业实习实训机会,为求职做好充分准备;三年级毕业生通过在实习过程中接受学校不定期讲座、培训等对毕业生的求职面试、实习带就业及参加招聘会等进行全面辅导、指导及推荐。

第二十七章

毕业离校

第一节　概述

　　毕业生离校工作是学校对学生培养和教育管理的最后一个重要环节。做好文明离校,营造浓重热烈、健康和谐、文明有序的毕业离校氛围,表达学校及老师对毕业生的服务关爱之意,抒发毕业生对母校和大学生活的眷恋情怀,增强学生的爱校情结和感恩意识,确保毕业生安全、稳定、文明、有序离校,工作头绪多、涉及面广,需要学校各部门分工协作、通力配合。认真做好毕业生离校工作,体现学校整体的教育和管理水平,关系着学校的安全与稳定。

　　毕业教育既是大学生思想政治教育的重要内容,也是学校"全员育人、全过程育人、全方位育人"的重要环节,又是体现和检验学校教育与管理水平的重要方面。

　　本着"用心服务学生"的宗旨,坚持教育活动贴近实际、贴近生活、贴近学生的原则,通过思想引导,教育毕业生坚定理想信念,明确奋斗目标,科学规划人生,强化奉献社会、服务人民、报效祖国的责任感和使命感。

第二节　组织实施

一、指导思想

　　本着"以学生为中心"的原则,坚持贴近实际、贴近生活、贴近学生,通过教育引导,教育毕业生坚定理想信念,明确奋斗目标,科学规划人生,增强学生的母校情结和感恩意识,把"学生"变成"校友",营造健康、和谐、文明的校园文化环境,确保毕业生安全、文明、有序离校。

二、工作内容

(一)加强理想信念教育

认真学习领会《教育部关于做好2015年全国普通高等学校毕业生就业创业工作的通知》(教学[2014]15号)精神,大力加强中国特色社会主义理论体系教育和社会主义核心价值观教育,引导学生形成正确的世界观、人生观、价值观。教育引导学生提高自身觉悟,认清当前形势,自觉地把个人的命运同祖国的发展联系在一起,在激扬青春、开拓人生、奉献社会的进程中创立自己的美好人生,书写无愧于时代的壮丽篇章!

(二)加强就业、创业教育

帮助毕业生客观分析、正确把握当前的就业形势,全面了解专业前景,正确处理就业与深造、职业与事业的关系,增强毕业生就业的信心,提高他们适应社会的能力。鼓励、引导毕业生积极响应党和国家的号召,在毕业生中唱响到基层、到祖国最需要的地方去建功立业的主旋律。

(三)加强心理健康教育

多层面教育引导毕业生以积极的心态面对就业、情感、学业等方面的压力。在注重开展全面教育的同时,特别做好各类困难学生的就业工作,重点关注学生的思想教育和心理疏导工作。

(四)加强感恩、诚信教育

注重引导毕业生回顾自己的大学成长历程,心系母校,情留母校,感念老师培育之恩,感谢同学互助之情,强化爱校尊师意识,传承和弘扬学校精神,发挥榜样示范作用。给老师留下欣慰的情怀,给同学留下温馨的友爱,更给学弟、学妹留下良好的标杆。同时,结合毕业贷款学生的还贷工作、毕业生签约、毕业考试等情况,加强诚信教育,引导毕业生诚实守信、践诺守约。

(五)加强遵纪守法教育

加强对毕业生的法制和纪律教育,增强法律意识和纪律观念。通过重温校纪校规,就业安全教育,劳动法、合同法教育等,增强毕业生的自律意识、维权意识和自我保护意识,使其做到明理、循规、知法、懂法、守法。教育学生严禁酗酒起哄闹事,保持毕业生的良好形象,为自己的大学生活画上一个圆满的句号。

(六)加强安全稳定教育

开展消防安全、宿舍安全、饮食安全、交通安全、财产安全等教育,强化毕业生安全意识,提高安全防范能力。通过各种方式,缓解毕业生因各种压力产生的焦虑和不稳定情绪,鼓励他们以积极健康的心态走向社会,确保各项毕业生工作的稳定、有序开展。

三、工作方法

(一)通过开展就业创业教育专题讲座、毕业生班的辅导员、相关系部会议,认真为毕业生就业搭脉;结合我校专业特点,各教学系、各专业有针对性地举办就业困难学生座谈会,开展一对一的帮扶;邀请在基层工作的前优秀毕业生返院参加就业分享会,和毕业生们分享他们在基层工作的感悟以及对母校母院培养的感恩,帮助毕业生树立正确的择业观、就业观和创业观。另外,各学系结合实际,梳理优秀就业典型,并通过学院网站、微信平台和社会媒体等方式宣传其学习、生活和求职经验,利用榜样的力量推动我校就业质量的提升。

(二)学校领导、系领导、辅导员在值班过程中,深入毕业生宿舍、班级和学生之中,广泛听取学生的意见和建议,了解学生的所思、所想、所需,把教育引导和解决实际困难与问题相结合,在工作中增强师生情谊。

(三)开展党员教育活动。以“讲奉献,树旗帜,立标杆”为主题,在毕业生党员中开展廉洁从政教育,充分发挥毕业生党员和学生骨干的模范带头作用,畅通毕业学生管理信息渠道,制定毕业班学生党员、干部责任制,要求毕业生学生党员、干部在办理班级毕业手续、稳定班级秩序、保证班级文明离校等各项工作中以身作则,率先垂范,协助做好毕业生离校各项工作。

(四)开展各种形式的职业教育活动。教育学生拿出奉献精神,树立学生的基层服务意识,鼓励学生到基层去,凭借良好的职业道德努力成为社会需要的人。

四、注意事宜

(一)毕业生离校工作是学生思想政治教育工作的重要组成部分,各系、各有关部门要高度重视,抓住教育节点,加强情感交流,注重服务细节,教育和引导毕业生感恩母校,文明离校,增强社会责任感,在奉献和服务中实现自己的人生价值。

(二)开展以感恩教育、成长教育、奉献教育为主题的教育活动。开展“我为母校建言献策”活动,举办师生座谈会,鼓励师生通过各种“微话题”抒发情感;举办毕业典礼、师生座谈会活动,拍摄、制作有纪念意义的微视频,与学生“亲密接触,真心互动”。

(三)向毕业生严肃申明以健康文明的方式告别学校,反对损坏公物及其他扰乱校园秩序的行为;反对奢侈浪费、聚众狂欢;反对酗酒闹事、发泄怨气和消沉的情绪与行为。

（四）各系负责人、辅导员主动深入学生公寓、餐厅等一线，做好毕业生反映的问题、寻求帮助等事项的接待、协调和教育引导工作；关注没有就业、延缓毕业以及有思想、情感问题毕业生的思想动态。毕业生辅导员要掌握每位毕业生离校的时间、去向和交通方式，建立完善的毕业生通讯录。

附录一

黔东南民族职业技术学院辅导员、班主任工作规范

根据教育部《普通高等学校辅导员队伍建设规定》和《黔东南民族职业技术学院辅导员队伍建设实施办法》，结合学校学生工作实际，制定本规范。

一、工作意义

教育部《普通高等学校辅导员队伍建设规定》第三条明确：辅导员是高等学校教师队伍和管理队伍的重要组成部分，具有教师和干部的双重身份。辅导员是开展大学生思想政治教育的骨干力量，是高校学生日常思想政治教育和管理工作的组织者、实施者和指导者。辅导员应当努力成为学生的人生导师和健康成长的知心朋友。

辅导员、班主任工作的意义：一是培养德智体美全面发展的社会主义合格建设者和可靠接班人的需要；二是高校现实学生工作的需要；三是大学生自身健康成长成才的需要。

二、工作布局

（一）大学三年的工作（做什么）

一年级：重点是引导学生如何适应大学生活。

如何适应环境；如何融入校园；如何学习；如何安排个人生活；如何花钱；如何与宿舍和班级同学及男生、女生相处；如何规划自己，设计三年的人生目标；需要遵守学校的哪些规章制度；入党、奖学金、助学金的评定；做一个好学生应具备的条件；积极参加学生社团活动等。

二年级：重点是教育学生认识、热爱自己的专业。

如何认识专业；如何珍惜时间，勤奋学习；如何安排自己的业余生活；如何做到德智体美全面发展；如何利用图书馆资源；如何规划自己的未来职业；积极参加社会实践活动等。

三年级：重点是做好适应职业、社会的准备。

如何从师傅那里多学到一些技能;如何通过参加项目的实施,多掌握一门技术;主动培养动手能力;主动在实践中成长;主动做一个准职业人;善于与人沟通,努力培育团队精神等。

三年的辅导员、班主任工作有交叉,有重叠,有渗透,有重点。

(二)一学期的工作(做什么)

新学期开学的"七个第一":

第一会:正式上课的前一天召开主题班会,进行假期收心动员和安全教育(打架斗殴、学生财产安全,用火、电安全)

第一卫:正式上课的前一天把本班教室卫生、清洁区卫生打扫干净。

第一课:正式上课的前一天带领班干部领教材,发给学生,保证周一第一、二节正常上课。

第一律:教学周第一周,要从严管理,完全正常地进行早锻炼、上课、卫生保洁、晚自习。杜绝迟到、旷课等现象的发生。

第一寝:教学周第一周,要严格作息时间按时就寝。

第一数:正式上课的前一天要进行学生人数的清点,对还未到校的学生,通过电话等方式联系,落实原因。

第一查:正式上课的前一天进行安全大检查(本班教室玻璃窗和吊灯是否牢固,本班学生寝室的门窗玻璃是否安全,寝室插座是否有乱搭乱建的情况等)。

工作计划;开学初和节假日要检查人数;异动生情况;班委、班风、学风建设;学院制度的布置与落实;宿舍有没有执勤;开班干部会和班会要讲一学期班级活动设想;与每个学生谈话至少一次以了解学生的思想、学习和生活情况;定期进行安全教育(火灾、水灾、人灾、路灾、食灾、山灾);通过调查了解,重点解决 1~2 个影响班级学风建设的问题;根据开设课程组织探讨学习方法;读名著;校园文化活动的开展;学期末抓迎考讲考风;撰写心得体会、工作总结等。

(三)一个月的工作(做什么)

召开一次主题班会,一次班级总结会,一次班、团干部会;参加一次辅导员、班主任例会,一次政治业务学习;开展谈心活动,与家长、任课教师保持良好联系;检查早锻炼、到课率、晚自习以及就寝情况;开展专题讲座、助困工作、校园文化、网络交流、就业指导、心理健康、社会实践以及处理突发事件等。

(四)一天的工作(干什么)

早晨我的学生起床了吗? 白天我的学生上课了吗? 晚上我的学生上晚自习

吗? 我的学生回到宿舍都在干什么? 能按时休息吗? 学生一日三餐吃得好吗? 一天中除上课外,学生都参加哪些校园文化活动,学生是在玩游戏,还是在谈恋爱? 今天我的学生有没有出现什么不正常的情况? 等等。

带着这些思考,围绕这些疑问去工作、去行动、去履职,这天的工作应该没有大问题了。

三、工作内容

辅导员工作内容主要有四大块:思政教育、班级管理、宿舍管理、咨询服务。

思政教育包含马列主义、毛泽东思想、邓小平理论、"三个代表"重要思想和科学发展观的教育;公民素质教育(民主法制、人文素养);学校规范教育(校规校纪等);道德教育(《公民道德建设实施纲要》,为人民服务、集体主义、民族精神);班级和校园环境的自我管理、自我服务过程中的引导;时事政治教育(学生时事政策报告会,形势与政策课);理想信念教育(与生涯规划、就业指导相结合)。

班级管理包含队伍管理(党、团、班,建议采取民主化管理,做好授权工作,主要由学生自我管理,避免沦为大班长,将工作重点放在培训和设计激励上);信息管理(学生各类个人信息汇总,为学生建立个人信息档案库,包括学籍信息、成绩信息、道德信息、生理信息、心理信息、诚信信息、生涯规划信息);日常规范管理(主要靠寝室规范和班级规章来协调);事务管理(签字管理、学生权益保护、意外事故处理、贫困生、奖学金管理)。

宿舍管理包含宿舍卫生、宿舍成员和谐相处、宿舍安全、宿舍作息。

咨询服务包含学习辅导(理解能力、成功学、时间管理辅导等);生活辅导(保健、贫困生生活、心理、班级社团指导等);生涯辅导(个人生涯规划设计、就业指导等)。

(一)常规工作

1. 实施周日晚自习班会制度。辅导员每月每班召开一次班、团干会,一次班级总结会,一次主题班会(教育)。

2. 每班每月开展 2 次以上谈心活动,与学生家长联系 2 次以上,与任课教师联系 2 次以上。

3. 每月参加辅导员例会一次,组织每班学生政治业务学习一次,每学期开展专题讲座 2 次。

4. 每月每班检查晚自习 4 次以上,检查就寝 4 次以上。

5. 每月与学生网络交流 5 次以上(建 QQ 群,与学生广泛交流,及时了解、掌握学生的思想动态和生活、学习中的困难),积极组织学生参加校园文化活动,服从教学系安排的值日工作。

6. 做好班级建设,指导学生党支部和班团组织建设;做好学生骨干的遴选、培养、激励工作。

7. 参加学校或本系组织的升旗仪式;参与、督促学生的课外活动、晚自习以及早锻炼活动,负责对入住学生的作息管理。

8. 组织所带班级学生的评优及处理犯错违纪学生,参与学生突发事件的处置,负责所带班级学生评语的撰写、档案的建立与管理。

9. 做好迎新工作、新生军训和新生入学教育工作以及大学生预征入伍和应征入伍宣传工作。

10. 做好所带班级学生学籍档案的建立与完善,学生学籍相关信息的采集与校对工作;做好学生期中离校达两周及以上的及时上报工作。

11. 做好所带班级学生学籍管理宣传教育工作,掌握学生动向,定期、及时报送学生在校情况。

12. 做好所带班级学生国家级考试(英语等级和计算机等级考试)、技能鉴定的宣传、组织工作。

13. 辅导员入住学生公寓值班期间,要按照《辅导员入住公寓值班职责》要求,负责组织宿管员和宿舍管理小组成员对本栋学生宿舍学生就寝情况、卫生内务、就寝纪律、安全状况、违禁物品、大功率电器、设施设备进行认真细致的检查。

14. 积极参加教学系或学院组织的学生工作研讨会议,每学期撰写心得、论文各一篇,努力完成教学系、有关部门交办的工作任务。

(二)助困工作(助贷、勤工俭学、特困补助等)

按时上交助学金档案,上报本班学生流失情况,负责奖助学金、贷款等国家政策介绍,做好以诚信教育为主题的班会,帮助特困学生解决实际问题。

(三)就业指导工作

辅导学生做好职业生涯规划、职业道德教育,切实开展好就业创业讲座;掌握困难学生情况,有效开展就业援助;指导学生填写就业推荐表和就业协议书;保持与学生联络渠道,收集本班优秀毕业生素材,跟踪学生就业、创业情况,统计上报学生就业、创业数据。

(四)心理健康教育工作

切实开展好以心理健康为主题的班会,配合学院心理健康教育中心搞好学生心理健康档案的建立,及时做好学生的心理疏导和信息沟通。

（五）社会实践工作

积极组织文化、科技、卫生三下乡,积极开展科教、文体、法律、卫生四进社区,积极开展志愿者服务活动。

四、工作要求

（一）总要求

三到场:早锻炼到场;晚自习到场;集体活动到场。

四主动:新生报到时,主动安排好接待;学生有病时,主动看望;学生学习吃力时,主动联系教师辅导;学生有困难时,主动帮助解决。

五知道:知道学生的自然状况;知道学生的思想状况;知道学生的生活和守纪情况;知道学生的学习、工作情况;知道学生的身体状况。

六个要:要深入学生,做学生的良师益友;要以情感人,以行动人,以理服人;要严格要求自己,为人师表;要以表扬为主,重视教育、培养学生的良好行为习惯;要因人施教,善于做个别人的思想工作;要有无私奉献的精神和埋头苦干的作风。

七必谈:学生言行偏激时必谈;学生对学院工作有意见时必谈;学生情绪低落时必谈;学生有病时必谈;学生发生矛盾时必谈;学生不能正确对待恋爱时必谈;学生家庭不幸和发生特殊困难时必谈。

八到位:班级常规工作到位;宿舍管理到位;学籍、档案工作到位;处理突发事件到位;开展助困工作到位;开展就业指导工作到位;开展心理健康教育到位;开展社会实践到位。

九做好:做好工作计划与总结;做好新生入学教育;做好班集体建设和学生干部的选拔、培养工作;做好查课、随堂听课工作;做好学生请假、销假工作;做好学生评优评先工作;做好学生违纪处理工作;做好网络交流工作;做好辅导员工作日志。

十落实:落实主题班会;落实班、团干部会;落实班级总结会;落实安全教育制度;落实党建发展党员工作;落实与学生的谈话工作;落实与任课教师的联系工作;落实与学生家长的联系工作;落实学生课外活动管理引导工作。

（二）具体要求

1. 程序化

什么时候办什么事情,大脑中要有程序:如学生在校 3 年中,每一年怎么干,每一学期干什么,每一月干什么,每一天干什么等。

具体工作有程序:如学生请假的程序,学生奖学金、助学金、三好学生等的评定程序,学生入党程序等。

2. 规范化

重大工作程序材料要规划,如学生的重大违纪、突发事件、推优入党、有组织的学生活动、评优资助、特殊活动、班级和宿舍文化建设、安全稳定教育等。

每项工作要有记录:工作日记、班会记录、与学生谈话记录、与学生家长联系记录等。

工作档案的归档、整理、保管等。

3. 数字化

班级活动数字,学生取得成绩数字,不在校学生数字,异动生数字,经济困难、心理困难、行为困难的学生数字等。

工作数字:班会开几次,与班干部讨论几次,开展几次活动,宿舍去几次,找几个学生谈心,家长联系几次,向系党总支书记汇报几次,随堂听课几次,每周解决了班级学生思想、学习和生活方面的几个问题,你通过哪些渠道了解学生的情况等。

五、工作希望

(一)主动性

主动思考,主动研究,主动工作,主动汇报,主动作为。

(二)及时性

发现问题要及时调研、及时解决;发现问题学生要及时谈话、及时帮助;工作进程要及时汇报,争取帮助和把控。

(三)责任心

责任心是指个人对自己和他人、对家庭和集体、对国家和社会所负责任的认识、情感和信念,以及与之相应的遵守规范、承担责任和履行义务的自觉态度。它是一个人应该具备的基本素养,是健全人格的基础,是家庭和睦、社会安定的保障。具有责任心的员工,会认识到自己的工作在组织中的重要性,把实现组织的目标当成自己的目标。

辅导员、班主任应该具有怎样的责任心?

一是脑要想事。

二是心要装事。

三是眼要看事。

四是耳要听事。

五是嘴要说事。

六是手要做事。

七是腿要跑事。

辅导员、班主任工作是非常平凡的工作,但也是伟大而崇高的,是学校不可或缺的工作岗位,是教育事业中的一项职业岗位。这项工作没有最好,只有更好。为了更好,我们的工作需要用心,需要规范;为了更好,我们倾注身心,不惜青春与汗水,默默耕耘,永远在路上!

黔东南民族职业技术学院学生工作一览

月份	周次	一年级第一学期	二年级第一学期	三年级第一学期
八月	1 报到 注册		1. 统计学生返校情况。2. 关注贫困生、重点学生返校情况，做好特殊情况的处置工作。3. 修改、完善新学期工作计划。	1. 统计学生返校和实习情况并汇总上报，慰问同学。2. 制订新学期工作计划。
九月	1	学校领导班子集中研究部署学期工作；学校召开开学大会或中层领导干部会议；各系、各部门安排学期工作；老生报到注册；各教学班周日召开第一次班务会议。		
	2 新生 报到 前	1. 周一举行升国旗仪式。2. 印发《迎新工作方案》，召开迎新工作会议；培训迎新志愿者。3. 确定新生入学教育计划，新生班辅导员做好相关准备工作。4. 做好新生接待准备工作，布置新生迎新工作现场。5. 辅导员熟悉所带新生宿舍安排情况。6. 教学系选聘、培训新生班助理。	1. 周一举行升国旗仪式。2. 召开本学期学生思想政治教育工作专题会议。3. 启动、实施上学年度学生综合测评评优工作。4. 了解学年度最新思想动态及关注的热点问题。5. 启动学期初预算教育统计工作。6. 召开班干部会议，分析班级重点问题及解决办法。7. 做好迎新工作宣传及志愿者招募、培训等。8. 做好开学初"教育第一"工作。9. 组织开展尊师重教系列活动。	1. 检查已实习学生的工作情况，进行安全教育。2. 结合补考及学生纪律表现实施预警教育，并做好谈心谈话记录，针对重点学生进行一对一交流沟通。3. 召开毕业干部会议，分析毕业班重点问题及解决办法。

续表

月份	周次	一年级第一学期	二年级第一学期	三年级第一学期
	3、4新生报到、军训工作	1. 周一举行升国旗仪式。2. 组织迎新工作人员和迎新志愿者接待、注册，缴费，入住宿舍等。3. 接待新生家长。4. 及时向相关部门反馈新生报到情况，处理新生报到的特殊事宜。5. 做好新生"绿色通道"相关助困难工作，帮助困难新生顺利报到注册。6. 邀请领导走访新生宿舍。7. 统计新生报道人数，联系未报到、缓报到学生。8. 教学系组织召开军训见面会。9. 学校组织召开军训工作方案开展军训，做好爱国主义教育，纪律意识教育军训，做好爱国主义教育，纪律意识教育和集体凝聚力的营造；关注特殊学生军训期间的心理和身体情况，做好突发事件处置工作。11. 学校召开新生开学典礼暨军训汇演大会；各教学系组织开展入学教育。12. 安排学生过好在校的第一个中秋节。13. 心理健康教育中心组织开展心理健康入学教育。14. 中职学生助学金、免学费及当月资助数据收集、审查、汇总，归档及中职新生资助上报国家系统。15. 办理新生中职资助卡。16. 开展高职应征入伍学生学费代偿工作。	1. 周一举行升国旗仪式。2. 组织学习《学生手册》及有关规章。3. 结合上学期考试补考情况及学生纪律表现进行一对一交流、警醒教育，针对重点学生进行谈话记录。4. 召开学生干部会议，计划和部署新学期各项工作。5. 开展家庭经济困难学生重新认定工作。6. 上学年度学生综合测评评优结果公示。7. 做好省级三好生、优秀学生干部、先进班集体评选申报工作。8. 安排学生过好中秋节。9. 中职学生助学金、免学费及当月资助数据收集、审查、汇总，归档及月资助数据上报国家系统。10. 开展高职应征入伍学生学费代偿工作。	1. 做好学籍处理学生的思想稳定工作。2. 关注学生思想动态和热点问题。3. 做好家庭经济困难学生重新认定工作。4. 做好省级三好生、优秀学生干部、先进班集体评选申报工作。5. 对存在心理困惑的学生给予心理支持。6. 中职学生助学金、免学费及当月资料收集、审查、汇总，归档及当月资助数据上报国家系统。7. 开展高职应征入伍学生学费代偿工作。

续表

月份	周次	一年级第一学期	二年级第一学期	三年级第一学期
	5	1. 周一举行升国旗仪式。2. 组建班、团组织,确定负责人。3. 新生熟悉校园和教学环境。4. 切实做好学生手册《安全纪律教育学习》。5. 组织做好新生详细信息采集及档案整理工作。6. 做好新生UPI测试工作。7. 启动新生调查困难表收集。统计工作;需要补办、补充相关资料的学生要利用国庆假期办理。8. 做好贫困新生资料收集,补充相关资料的学生要利用国庆假期前安全纪律教育。9. 国庆假期前安全纪律教育。	1. 周一举行升国旗仪式。2. 开展申请办理助学贷款的政策宣传及资料审核、网报工作。3. 结合专业特点进行职业生涯规划指导,帮助学生进一步修正自我规划。4. 举行迎新晚会。5. 创业设计大赛。6. 学生社团系列活动。7. 国庆节前安全教育,消除各种安全隐患。	1. 启动学年度学生综合测评工作。2. 开展申请办理助学贷款的政策宣传及资料审核、网报工作。3. 结合专业特点进行就业指导,帮助学生顺利进入实习岗位。4. 国庆节前安全教育,特别是求职安全,消除各种安全隐患。
十月	6、7	1. 周一举行升国旗仪式。2. 掌握国庆假期后学生返校情况。3. 系列活动帮助新生尽快适应大学生活。4. 校史、校情教育,培养学生爱校情况。5. 观察、走访,谈心谈话了解家庭困难学生情况。6. 做好新生校卡、学生证办理工作。7. 学生工作例会。8. 心理健康教育中心启动对心理普查存在异常的同学复查工作,撰写普查报告及分类建档。	1. 周一举行升国旗仪式。2. 掌握国庆假期后学生返校情况。3. 通过座谈、讨论,帮助学生树立和培育正确的理想信念。4. 启动各项资助的申请工作,掌握申请学生各方面情况。5. 组织学生总结上学期学习工作情况和暑期实践活动情况,进行学习经验交流活动。6. 做好学生干部的培养和培训。7. 文明宿舍、优秀宿管评委评比;学生操行分评定。8. 教学系学生工作考核。9. 学生社团系列活动。	1. 掌握国庆假期后学生返校情况,掌握申请参加各项资助的申请情况。2. 启动各项资助的申请工作,掌握申请学生的各方面情况。3. 组织学生做好各项准备。4. 组织毕业生参加校园招聘会的各方面工作。4. 做好学生参加毕业生系列专题讲座。

续表

月份	周次	一年级第一学期	二年级第一学期	三年级第一学期
	8、9	1. 周一举行升国旗仪式。2.《学生手册》重点内容考试。3. 班主任、学生干部的交流座谈和培训工作。4. 开展国家、省市、学校各项资助政策宣传。5. 家庭困难学生资助认定工作。6. 开展申请办理助学贷款的政策宣传及资料审核、网报工作。7. 学生骨干分类培养、培训。8. 组织新生班级心理健康教育工作。9. 心理班级观察员进行业务培训。10. 办理、缴纳当月中职资助及意外伤害险，更新国家中职学生管理信息系统。11. 报送当月中职学生管理信息系统。	1. 周一举行升国旗仪式。2. 开展引导学生树立心中有祖国、有集体、有他人系列活动。3. 开展大学生创业培训和比赛工作。4. 开展业余团校培训工作。5. 启动开展国家助学金、国家奖学金、国家励志奖学金等各项评优评奖申请和资格审核工作。6. 召开大学生思想政治教育工作暨表彰大会。7. 办理、缴纳当月中职资助数据，更新国家中职学生管理信息系统。8. 报送当月中职学生管理信息系统。9. 学生社团系列活动。	1. 配合就业做好毕业生信息初审工作。2. 确定综合测评结果，并进行公示。3. 启动各项评优评奖申请和资格审核工作。4. 配合专业做好毕业生顶岗实习计划，做好实习岗位动员，关注毕业生思想和心理动态。5. 办理、缴纳当月中职资助数据，更新国家中职学生管理信息系统。6. 报送当月中职学生管理信息系统。
十一月	10、11	1. 周一举行升国旗仪式。2. 业余党校开学。3. 进行中预警教育，针对特殊学生进行一对一交流沟通。4. 骨干培养，进行分类培训。5. 学院秋季学期、高职助学金运动会开幕。6. 发放本学期中、高职助学金。7. 办理当月中职资助款数据，更新国家系统。8. 文明信念、优秀学系学生工作上报教育厅；学生操行分评定；教学系学生工作考核。9. 学生工作例会；辅导员工作例会。	1. 周一举行升国旗仪式。2. 业余党校开学。3. 进行中预警教育，针对特殊学生进行一对一交流沟通。4. 举办系列讲座，帮助学生树立乐业、敬业和精业意识。5. 做好各项资助的评定仪式。6. 做好助学金签约仪式工作。7. 发放当月中职助学金、高职助学金；报送本学期提前还款国家系统。8. 办理当月助学贷款提前还款国家系统。9. 文明信念、优秀宿舍；教学系操行分评定；教学系学生工作考核。10. 学生社团系列活动。	1. 组织学生参加校园招聘会，进一步进行求职技巧指导。2. 做好各项资助的评定工作。3. 做好学生资助签约仪式和感恩诚信教育。4. 发放本学期高职助学金；报送本学期助学贷款提前还款国家系统。5. 办理助学贷款提前还款官并上报教育厅。

续表

月份	周次	一年级第一学期	二年级第一学期	三年级第一学期
十二月	12、13	1. 周一举行升国旗仪式。2. 各项资助的评定工作。3. 助学贷款签约仪式和感恩诚信教育。4. 各新生班级创建优秀班级活动。	1. 周一举行升国旗仪式。2. 国家奖学金、励志奖学金、助学金评定结果公示。3. 做好获奖学生的先进事迹宣传工作，在学生中发挥榜样作用。4. 中华经典诵读大赛。5. 学生社团系列活动。	1. 做好学院奖学金、优秀学生干部评定。2. 国家奖学金、励志奖学金、助学金评定。3. 做好获奖学生的先进事迹宣传工作，在学生中发挥榜样作用。
	14	1. 周一举行升国旗仪式。2. 完善特殊学生资料，如:谈心谈话记录，各类证明等。3. "一二·九"主题团日活动。4. 学生购票优惠卡采购登记。5. 核对贷款学生学费到位情况，办理生源地助学贷款相关事宜。6. 报送当月中职资助数据，更新国家系统。7. 精准扶贫工作。8. 文明宿舍，优秀宿管委评比。	1. 周一举行升国旗仪式。2. 纪念"一二·九"主题团日活动。3. 核对贷款学生学费到位情况，办理生源地助学贷款相关事宜。4. 报送当月中职资助助数据，更新国家系统。5. 精准扶贫工作。6. 文明宿舍，优秀宿管委评比。	1. 鼓励学生参加招聘会，网上求职。2. 主动与用人单位联系，帮助学生实习、就业，做好大型招聘会的宣传动员工作。3. 核对贷款学生学费到位情况，办理生源地助学贷款相关事宜。4. 报送当月中职资助助数据，更新国家系统。5. 精准扶贫工作。
	15	1. 周一举行升国旗仪式。2. 各项校园文化活动。3. 发挥学生干部的作用。4. 学生操行分评定;教学学系工作考核。	1. 周一举行升国旗仪式。2. 完善特殊学生资料，如:谈心谈话记录，各类证明等。3. 学生操行分评定;教学学系工作考核。	1. 深入了解拟就业学生情况，有针对性地开展就业指导，帮助学生树立正确的求职观念。2. 探访学生实习情况。3. 关注重点毕业生的实习、就业情况，开展一对一交流沟通，帮助其顺利实习、就业。
	16	1. 周一举行升国旗仪式。2. 做好学风建设，如开展系列专业讲座等。3. 做好新生的职业生涯规划指导，撰写职业规划等。4. 认识自我，认识职场，认识职业生涯规划。5. 学生工作例会;辅导员工作活动。	1. 周一举行升国旗仪式。2. 加强对学生干部的督促，发挥学生干部的作用。3. 纪念"一二·九"系列活动。4. 学生社团系列活动。5. 学生工作例会;辅导员工作例会。	

续表

月份	周次	一年级第一学期	二年级第一学期	三年级第一学期
	17	1. 周一举行升国旗仪式。2. 团委推优，确定一批入党积极分子。	1. 周一举行升国旗仪式。2. 持续建工作，确定该年级学生第三批入党积极分子。第一批入党发展对象，发展一批学生预备党员，并发挥学生党员的积极带头作用。	
	18	1. 周一举行升国旗仪式。2. 组织开展"明礼知耻，崇德向善"主题教育活动。3. 召开学生家长座谈会。4. 辅导员工作交流研讨会。5. 元旦迎新联欢活动。	1. 周一举行升国旗仪式。2. 组织开展"明礼知耻，崇德向善"主题教育活动。3. 召开学生家长座谈会。4. 辅导员工作交流研讨会。5. 元旦迎新联欢活动。	1. 关注重点毕业生的实习、就业情况，开展一对一交流沟通，帮助其顺利实习、就业。
一月	19	1. 周一举行升国旗仪式。2. 期末考试动员，考风考纪和安全教育。3. 期末预警教育，进行谈心谈话工作，与同题突出学生的家长联系，通报好记学生的家长联系，通报好记情况，并做好记工作。4. 学生购票优惠卡发放工作。5. 文明宿舍、优秀宿管学生委评比。6. 学生操行分评定；教学系学生工作考核。7. 加强困难学生心理健康状况的跟踪、引导。8. 清理期末学期助学金未发放成功学生，进行第二批发放。9. 报送当月中职资助数据，更新国家系统。10. 精准扶贫工作。	1. 周一举行升国旗仪式。2. 期末考试动员，考风考纪和安全教育。3. 期末预警教育，进行谈心谈话工作，与同题突出学生的家长联系，通报好记情况，并做好记工作。4. 学生购票优惠卡发放工作。5. 文明宿舍、优秀宿管学生委评比。6. 学生操行分评定；教学系学生工作考核。7. 清理本学期助学金未发放成功学生，进行第二批发放。8. 报送当月中职资助数据，更新国家系统。9. 精准扶贫工作。	1. 做好期末考试动员工作，严肃考纪。2. 强调假期安全纪律。3. 强调就业安全，谨防求职陷阱。4. 清理本学期助学金末发放成功学生，进行第二批发放。5. 报送当月中职资助数据，更新国家系统。6. 精准省级优秀大学毕业生评选工作。7. 布置省级优秀大学毕业生评选工作。8. 总结本学期工作并思考、制订下学期工作计划。

247

续表

月份	周次	一年级第一学期	二年级第一学期	三年级第一学期
一月	20	1. 期终考试。2. 强调假期安全纪律，统计假期学生去向。3. 编制下学期工作实践工作方案。4. 编制本学期辅导员工作及思考要点。5. 总结下学期辅导员工作及思考，制订下学期工作计划。	1. 期终考试。2. 强调假期安全纪律，统计假期学生去向。3. 编制假期社会实践学生工作要点。4. 编制下学期辅导员工作计划。5. 总结本学期辅导员工作及思考，制订下学期工作计划。	
	21	暑假社会实践活动时间。各系、各部门认真抓好暑假学生社会实践活动实效。	暑假社会实践活动时间。各系、各部门认真抓好暑假学生社会实践和教师下企业的有关工作，确保社会实践活动实效。	
	22			
三月	1 报到注册	学校领导班子集中研究部署学期工作；学校召开开学典礼大会或中层领导干部会议；各系、各部门安排学期工作；老生报到注册；各教学班周日召开第一次班务会议。		
	2	1. 周一举行升国旗仪式。2. 掌握学生返校情况，特殊情况处置工作。3. 贫困生、特殊学生返校情况，慰问学生。4. 修改、完善新学期工作计划。5. 新学期动员，指导学生做好个人总结和制订新学期成长计划。6. 启动学期初预警新学期统计工作。7. 召开班干部会议，分析各班重点问题及解决办法。8. 召开大学生思想政治教育专题会议。	1. 周一举行升国旗仪式。2. 统计学生返校情况，做好特殊情况处置工作。3. 了解学生最新思想动态及关注的热点问题。4. 修改、完善新学期工作计划。5. 新学期动员，指导学生做好个人就业计划。6. 启动学期初预警教育统计工作。7. 召开班干部会议，分析各班重点问题及解决办法。8. 召开大学生思想政治教育专题会议。	1. 及时核对更新学生就业情况，及时限进学生在工作岗位中问题。2. 了解未就业学生情况，积极与用人单位联系，帮助就业。3. 启动优秀大学生毕业生评选工作。

月份	周次	一年级第一学期	二年级第一学期	三年级第一学期
	3	1. 周一举行升国旗仪式。2. 掌握学生返校后的学习、生活动态。3. 针对学习困难学生进行一对一交流沟通，帮助其修正学习方法，提升学习能力。4. 召开新学期学生干部专题会议，制订新学期工作计划及相关工作部署。5. 开展预警教育，进行谈心谈话工作，做好记录。6. 开展本学期中职中专免学费、助学金申报工作，上报工作，上报数据，及时更新国家系统。7. 学雷锋活动月系列活动。	1. 周一举行升国旗仪式。2. 掌握学生返校后的学习、生活动态。3. 开展预警教育，特别针对补考学生进行一对一交流沟通，做好记录。4. 关注学生心理健康动态，配合学生心理健康教育中心做好心理健康知识的宣传和教育。5. 开展本学期中职免学费、助学金申报工作，上报数据，及时更新国家系统。6. 学雷锋活动月系列活动。	1. 做好开学初预警教育，针对仍有挂科毕业生或有学籍处理毕业学生的在校情况，必要时联系学生家长，通报辅导和就业工作。2. 做好困难学生的心理辅导工作，帮助其尽快就业。3. 开展本学期中职免学费申报工作，上报数据，及时更新国家系统。
	4,5	1. 周一举行升国旗仪式。2. 组织学生观看《感动中国年度人物颁奖典礼》。3. 开展"职院是我家"主题教育活动。4. 启动节约用水宣传主题教育。5. 学习、宣传《贵州省学校人身伤害事故预防与处理条例》。6. 做好春季流行病预防、防治的宣传教育。7. 学生社团系列活动。	1. 周一举行升国旗仪式。2. 组织学生观看《感动中国年度人物颁奖典礼》。3. 开展"职院是我家"主题教育活动。4. 启动节约用水宣传主题教育。5. 学习、宣传《贵州省学校人身伤害事故预防与处理条例》。6. 做好春季流行病预防、防治的宣传教育。7. 配合就业处认真核实该届毕业生相关学籍信息，确保该届毕业生信息真实无误且无遗漏。8. 学生社团系列活动。	1. 做好就业困难学生和无意就业学生的思想工作，帮助其尽快就业。2. 配合就业办做好毕业生信息统计核对工作。3. 做好春季传染病预防、防治学生的宣传教育工作。4. 助学贷款学生的信息收集、整理。5. 组织毕业生参加招聘会，确保招聘信息的畅通。

续表

月份	周次	一年级第一学期	二年级第一学期	三年级第一学期
	6	1.周一举行升国旗仪式。2.缅怀革命先烈扫墓活动。3.开展"敬廉崇洁,诚信守法"主题教育。4.开展身边真善美与假丑恶大讨论活动。5.开展《老师,我好,我的好老师》主题教育活动。6.启动大学生预征报名工作。7.文明宿舍,优秀宿管委评比;学生操行分评定。8.特殊学生的心理危机干预工作,做好相关记录。9.报送当月中职资助数据,更新国家系统;精准扶贫工作。10.学生社团系列活动。	1.周一举行升国旗仪式。2.缅怀革命先烈扫墓活动。3.开展"敬廉崇洁,诚信守法"主题教育。4.开展身边真善美与假丑恶大讨论活动。5.开展《老师,我好,我的好老师》主题教育活动。6.启动大学生预征报名工作。7.文明宿舍,优秀宿管委评比;学生操行分评定。8.特殊学生的心理危机干预工作,做好相关记录。9.报送当月中职资助数据,更新国家系统;精准扶贫工作。10.学生社团系列活动。	1.激励学生党员在实习、就业岗位中发挥模范作用,并帮助就业困难学生。2.做好就业困难学生的心理危机干预工作,做好相关记录。3.做好全体毕业生的就业指导,如适应职场、了解劳动合同法等。4.优秀大学生三年级实习示、材料复审。5.缴纳中职、学生实习责任险。6.报送当月中职资助数据,更新国家系统。7.精准扶贫工作。
四月	7,8	1.周一举行升国旗仪式。2.校园文化艺术节开幕式暨国家奖学金、国家励志奖学金颁奖大会。3.开展防溺水安全教育。4.教学系学生工作考核。5.学生中开展感恩和诚信教育。6.做好大学生职业生涯规划,监督其落实和执行,并进一步了解社会,了解职场。7.召开学生工作例会;辅导员工作例会。	1.周一举行升国旗仪式。2.校园文化艺术节开幕式暨国家奖学金、国家励志奖学金颁奖大会。3.开展防溺水安全教育。4.教学系学生工作考核。5.在学生中开展感恩和诚信教育。6.开展职业生涯设计和大学生创业设计大赛。7.做好学生的就业指导,如就业形势政策宣讲、相关行业情况介绍。8.召开学生工作例会;辅导员工作例会。	1."三支一扶"政策宣传及网上登记。2.做好应届毕业生预征兵报名登记、动员会。3.及时统计和上报毕业生就业信息。4.优秀大学生毕业材料上报教育厅。
	9	1.周一举行升国旗仪式。2.开展期中预警教育,做好重点学生谈心谈话工作,有记录。3.做好节前安全教育工作,强调外出兼职、旅游等安全。	1.周一举行升国旗仪式。2.开展期中预警教育,做好重点学生谈心谈话工作,有记录。3.做好节前安全教育工作,强调外出兼职、旅游等安全。	

续表

月份	周次	一年级第一学期	二年级第一学期	三年级第一学期
五月	10、11	1. 周一举行升国旗仪式。2. 掌握节后学生返校情况。3. 开展五四青年节系列团日活动，加强班级凝聚力建设。4. 学生参加学校读书节系列活动，营造良好的读书氛围。5. 发放本学期中、高职助学金。6. 报送当月中职资助数据，更新国家系统。7. 开展诚信教育。8. 发展新团员。9. 文明宿舍，优秀宿管委评比。学生操行分评定；教学系学生工作考核。10. 召开学生工作例会；辅导员工作例会。	1. 周一举行升国旗仪式。2. 掌握节后学生返校情况。3. 开展五四青年节系列团日活动，加强班级凝聚力建设。4. 协助教学秘书做好学籍、处理学生的思想稳定工作。5. 发放本学期中、高职助学金。6. 报送当月中职资助数据，更新国家系统。7. 开展诚信教育。8. 文明宿舍，优秀宿管委评比。学生操行分评定；教学系学生工作考核。9. 召开学生工作例会；辅导员工作例会。	1. 制订毕业生离校方案。2. 启动应用毕业生预征报名工作。3. 毕业程序和派遣工作的宣传教育。4. 发放当月中职资助学金。5. 报送当月中职资助数据，更新国家系统。6. 开展诚信教育。
	12、13、14	1. 周一举行升国旗仪式。2. 心理健康教育中心开展系列活动（以"5·25"为中心）。3. 业余党校开学。4. 邀请行业领导、企业老总或专家做就业指导报告、学术讲座，企业行业推介等。5. 开展职业教育月活动。6. 文明宿舍，优秀宿管委评比。7. 学生社团系列活动。	1. 周一举行升国旗仪式。2. 配合心理健康教育中心组织开展系列活动。3. 业余党校开学。4. 邀请行业领导、企业老总或专家做就业指导报告、学术讲座，企业行业推介等。5. 开展职业教育月活动。6. 文明宿舍，优秀宿管委评比。7. 学生社团系列活动。	1. 优秀毕业生的申请和资格审核。2. 更新就业详细信息，第二次上报毕业生就业详细信息。3.《西部计划》宣传工作及材料收集。4. 配合就业办组织需办理暂缓就业的学生填写相关表格。

续表

月份	周次	一年级第一学期	二年级第一学期	三年级第一学期
	15、16	1. 周一举行升国旗仪式。2. 召开学生代表大会。3. 学生干部培训。4. 学生操行分评定;教学系学生工作考核。5. 规范意识教育,树立榜样,激励后进。6. 暑期挂职社会实践活动的前期筹备和宣传工作。7. 报送当月中职资助数据,更新国家系统。8. 召开学生工作例会;辅导员工作例会。	1. 周一举行升国旗仪式。2. 召开学生代表大会。3. 学生干部培训。4. 开展毕业生系列教育;教学系学生工作考核。5. 学生操行分评定;教学系学生工作考核。6. 加强规范意识教育,树立榜样,激励后进。7. 举办学习经验交流会,就业经验交流会。8. 提前做好专业学生的就业指导工作,如就业政策法规的宣讲、面试技巧的指导等,应聘材料的准备。报送当月中职资助数据,更新国家系统。9. 召开学生工作例会。	1. 开展助学贷款还款宣讲工作,和毕业生签订还款计划书。2. 做好毕业生提前还款工作。3. 应届毕业生应征入伍网上登记。4. 评选优秀毕业生并进行公示。5. 报送当月中职资助数据,更新国家资助系统。
六月	17、18	1. 周一举行升国旗仪式。2. 期末预警教育,进行谈心谈话工作,与问题突出学生的家长联系,通报情况,并做好记录。3. 开展"6·26"禁毒宣传系列教育活动。4. 开展送科技"三下乡"四进社区"活动。5. 大学生志愿服务西部招募工作。6. 做好考前动员,严肃考风考纪。7. 学生社团系列活动。	1. 周一举行升国旗仪式。2. 期末预警教育,进行谈心谈话工作,与问题突出学生的家长联系,通报情况,并做好记录。3. 开展"6·26"禁毒宣传系列教育活动。4. 开展送科技"三下乡"四进社区"活动。5. 大学生志愿服务西部招募工作。6. 做好考前动员,严肃考风考纪。7. 学生社团系列活动。	1. 认真核对毕业生就业协议书,就业方案有调整的及时报就业办,确保毕业生派遣准确无误。2. 做好毕业生学籍整理和档案整理工作。3. 领取、发放报到相关证、毕业证等材料,指导学生按时办理相关手续。4. 毕业生党团组织关系转出。5. 组织开好毕业生毕业典礼。6. 深入一线,做好毕业生文明离校及"感恩母校"活动。

续表

月份	周次	一年级第一学期	二年级第一学期	三年级第一学期
七月	19	1. 周一举行升国旗仪式。2. 做好暑期社会实践前期培训和材料准备工作。3. 文明宿舍、优秀宿管委评比。4. 学生操行分评定;教学系学生工作考核。	1. 周一举行升国旗仪式。2. 做好学生的实习安排,关注学生实习前的思想和心理动态。3. 文明宿舍、优秀宿管委评比。4. 学生操行分评定;教学系学生工作考核。	1. 整理好每位毕业生档案并封口盖章,交学院就业办(以报到证为准),交学院就业办。2. 第三次上报毕业生就业详细信息。3. 跟踪毕业生就业后续情况。4. 暑假期间,跟踪毕业生续签工作。5. 报送当月中职资助数据。6. 精准扶贫工作。7. 总结国家系统,更新数据。7. 总结本学年辅导员工作及思考,制订新学年工作计划。
	20	1. 期终考试。2. 强调假期安全纪律,统计假期学生去向。3. 编制假期社会实践工作方案。4. 迎新现场调研,编制迎新工作要点。5. 根据招生计划,预安排、落实新生辅导员。7. 对接凯里军分区,编制军训工作方案。8. 报送当月中职资助数据,更新国家系统;精准扶贫工作。9. 总结本学期辅导员工作及思考,制订下学期工作计划。	1. 期终考试。2. 强调假期安全纪律,统计假期学生去向。3. 编制假期社会实践工作方案。4. 编制下学期学生工作要点。5. 迎新现场调研,编制迎新工作方案。6. 根据招生计划,预安排、落实新生辅导员。7. 对接凯里军分区,编制军训工作方案。8. 报送当月中职资助数据,更新国家系统;精准扶贫工作。9. 总结本学期辅导员工作及思考,制订下学期工作计划。	
八月	21、22	暑假社会实践活动,各系、各部门认真抓好暑假学生社会实践和教师下企业的有关工作,确保社会实践活动实效。		

续表

253